LEI ANTICORRUPÇÃO

APONTAMENTOS SOBRE A LEI Nº 12.846/2013

3ª edição revista, atualizada e ampliada

CONTRACORRENTE

ANTONIO ARALDO FERRAZ DAL POZZO
AUGUSTO NEVES DAL POZZO
BEATRIZ NEVES DAL POZZO
RENAN MARCONDES FACCHINATTO

LEI ANTICORRUPÇÃO

APONTAMENTOS SOBRE A LEI Nº 12.846/2013

3ª edição revista, atualizada e ampliada

São Paulo

2019

CONTRACORRENTE

Rua Dr. Cândido Espinheira, 560 | 3º andar
São Paulo – SP – Brasil | CEP 05004 000
www.editoracontracorrente.com.br
contato@editoracontracorrente.com.br

Dados Internacionais de Catalogação na Publicação (CIP)
(Câmara Brasileira do Livro, SP, Brasil)

D136 Dal Pozzo, Antonio Araldo Ferraz et. al.

Lei Anticorrupção: apontamentos sobre a Lei nº 12.846/2013 – 3ª edição revista, atualizada e ampliada | Antonio Araldo Ferraz Dal Pozzo; Augusto Neves Dal Pozzo; Beatriz Neves Dal Pozzo; Renan Marcondes Facchinatto – São Paulo, Editora Contracorrente, 2019.

ISBN: 978-85-69220-53-4

Inclui bibliografia

1. Direito. 2. Direito Administrativo. 3. Direito constitucional. 4. Direito público. 5. Direito processual civil. 6. Política. I. Título.

CDU - 342-9

Impresso no Brasil
Printed in Brazil

SUMÁRIO

NOTA À 2ª EDIÇÃO

Logo após a edição da Lei nº 12.846, em 1º de agosto de 2013, houve a publicação da primeira edição desta obra, na qual os autores analisaram as diversas disposições daquele diploma legal, buscando harmonizar conceitos que foram desenvolvidos pela doutrina e jurisprudência tendo em vista a Lei de Improbidade Administrativa (Lei nº 8.429/92) com as novas regras legais.

A divulgação daquela primeira edição provocou inúmeros pedidos de exposição da matéria, não apenas em eventos voltados para o público especializado, mas, especialmente, em seminários desenvolvidos por empresas, dos mais variados setores de atuação.

Essa experiência foi extremamente enriquecedora, pois o operador do direito nem sempre consegue ter a visão dos problemas pela perspectiva dos empresários, diretores e executivos das empresas que atuam concretamente no mercado, especialmente as que estabelecem relações jurídicas com o Poder Público.

Esta segunda edição, que com muita alegria ora apresentamos, não se resume, pois, em mera revisitação de temas já expostos. Ao contrário, novas fronteiras de reflexão foram abertas e desbravadas, com a introdução de uma miríade de aspectos que, em nosso sentir, procuraram conferir maior robustez à obra, além da necessária atualização legislativa decorrente do recém-editado Decreto que disciplinou a matéria em âmbito da União com seus reflexos mediatos às demais entidades federativas, e, no que concerne aos aspectos judiciais, as emanações do novo Código de Processo Civil.

Esforçamo-nos para que a presente obra pudesse se apresentar como uma contribuição valiosa para aqueles que manejam a Lei Anticorrupção, com o estabelecimento de balizas que possam iluminar o caminho para uma interpretação adequada e que atendam os valores constitucionais que orientam a temática. Esperamos que consigamos atingir tal desiderato!

Os autores

NOTA À 3ª EDIÇÃO

A terceira edição desta obra busca atualizar a legislação citada, dadas as suas alterações e, principalmente, desenvolver o tema a respeito do Acordo de Leniência e o incentivo à instituição de mecanismos de *compliance*.

Para tanto, buscamos interessantes subsídios em documento da *United States Sentencing Comission*, que em 2015 publicou o *Supplementary Report On Sentencing Guidelines for Organizations*, cujo *CHAPTER 8*, em seu *§ 8, B2.1,* cuida, especificamente, *do Effective Compliance and Ethics Program*, no qual possivelmente se inspirou o art. 42 do Decreto nº 8.420, de 18 de março de 2015, que regulamentou a Lei Anticorrupção.

Outras observações decorrentes da atuação forense em casos de aplicação da Lei Anticorrupção foram adicionadas ao longo de toda a obra.

O recente Decreto nº 8.420, de 18 de março de 2015, que veio regulamentar a Lei Anticorrupção, também é abordado no texto, assim como as alterações supervenientes às normas regulamentares que tratam do tema na Controladoria-Geral da União e no Tribunal de Contas da União.

Esforços foram dedicados para a incorporação de aspectos decorrentes da profunda alteração da Lei de Introdução do Direito Brasileiro com a inclusão das normas constantes dos inéditos artigos 20 a 30, verdadeiras normas gerais de Direito Público.

Naturalmente, o vigente Código de Processo Civil também está devidamente referido.

O acordo de leniência foi objeto de aprofundamento e passou a ser tratado em capítulo próprio (Capítulo 7). Os capítulos seguintes foram mantidos e renumerados.

Os autores esperam que esta terceira edição possa trazer bons subsídios legais e doutrinários aos estudiosos e aplicadores do Direito.

Os autores.

Capítulo 1

CONSIDERAÇÕES PRELIMINARES SOBRE A LEI Nº 12.846/13 E O DECRETO Nº 8.420, DE 18 DE MARÇO DE 2015

A Lei nº 12.846, de 1º de agosto de 2013, a chamada "Lei Anticorrupção", veio dispor sobre a responsabilização administrativa de pessoas jurídicas pela prática de atos de corrupção contra a Administração Pública nacional ou estrangeira, como anuncia sua própria ementa.

A configuração básica do Estado tem sofrido evoluções sensíveis desde a queda do absolutismo e a instituição do Estado de Direito, que veio substituir o Estado de Polícia, e evolveu no tempo até ganhar os contornos que hodiernamente conhecemos de o Estado Social de Direito.

A moldura constitucional do Estado brasileiro prescreve a sua responsabilidade pelo desempenho de uma série de atividades, deixando aos particulares a maioria delas, especialmente as *atividades econômicas*, legitimando a atuação estatal nessa seara apenas quando "necessária aos imperativos de segurança nacional" ou "relevante interesse coletivo, conforme definido em lei" (art. 173, *caput*).

Dentre as atividades desempenhadas exclusivamente pelo Estado, situam-se a competência para a prestação de *serviços públicos* e aquela que tem pertinência ao tema do presente estudo, concernente ao *exercício de poder de polícia*.

A respeito do poder de polícia, o Professor Celso Antônio Bandeira de Mello recorda que ele tem por finalidade assegurar o cumprimento das leis evitando que os particulares possam promover comportamentos danosos ao conjunto social.[1]

A edição da Lei nº 12.846/2013, que prevê atos ilícitos, a possibilidade de apená-los em processo administrativo e, no caso de aplicação de sanção pecuniária, inscrever o valor da multa na dívida ativa, de modo a constituir um título executivo extrajudicial – sem dúvida decorre, justamente, do exercício do poder de polícia estatal.[2]

Ao introduzir o tema, o Professor Celso Antônio Bandeira de Mello, com extrema felicidade, afirma que, em "suma, é necessário que o uso da *liberdade* e da *propriedade* esteja entrosado com a utilidade coletiva, de tal modo que não implique barreira capaz de obstar a realização dos objetivos públicos".[3]

Assim, se, de um lado, o Estado Brasileiro se afasta do puro modelo neoliberal, ao não confiar cegamente na chamada lei do mercado e ao criar a possibilidade de intervenção na atividade econômica, de outro, busca preservar certos valores coletivos, pela imposição de determinadas condutas aos particulares e fixação de sanções administrativas, caso elas não sejam seguidas.

---

[1] BANDEIRA DE MELLO. *Curso de direito administrativo*, p. 684.

[2] Expressão largamente criticada pela doutrina, mas mantida por mera tradição.

[3] BANDEIRA DE MELLO. *Curso de direito administrativo*, p. 834. Mais adiante, oferece a seguinte definição de polícia administrativa: "a atividade da Administração Pública, expressa em atos normativos ou concretos, de condicionar, com fundamento em sua supremacia geral e na forma da lei, a liberdade e a propriedade dos indivíduos, mediante ação ora fiscalizadora, ora preventiva, ora repressiva, impondo coercitivamente aos particulares um dever de abstenção (*non facere*) a fim de conformar-lhes os comportamentos aos interesses sociais consagrados no sistema normativo" (p. 853).

> A atividade de condicionar a liberdade e a propriedade ajustando-as aos interesses coletivos designa-se "poder de polícia". A expressão, tomada neste sentido amplo, abrange tanto atos do Legislativo quanto do Executivo. Refere-se, pois, ao complexo de medidas do Estado que delineia a esfera juridicamente tutelada da liberdade e da propriedade dos cidadãos.[4]

Assim, a liberdade de participar de atividades que o Estado transfere ao particular ou de fornecer ao Estado bens ou serviços está – pela Lei nº 12.846/13 e doravante – condicionada à *não prática* de certas condutas, para que sejam, sob esse ângulo, entendidas como lícitas.

É importante notar que as normas que prescrevem condutas adotam, em verdade, a mesma estrutura das normas penais. Trata-se de normas que contêm, em uma mesma proposição normativa, o antecedente, que consiste na obrigação negativa relativa à conduta vedada, e o consequente da norma primária, que comina a sanção. Tal estrutura sintática, no entanto, não permite supor que a prática de determinada conduta não esteja vedada pelo sistema.

> No Código Penal, por exemplo, encontramos normas jurídicas em cujas hipóteses estão descritos centenas de comportamentos ou condutas vedadas, ainda que escritas de forma positiva, pois a pena imposta é que dá o conteúdo de proibição à conduta, como, por exemplo, no art. 121 do Código Penal:
>
> Art. 121. Matar alguém:
>
> Pena – reclusão, de 06 (seis) a 20 (vinte) anos.
>
> Nesse caso, a hipótese, em verdade, é "não matar" – e o preceito é a pena de reclusão de seis a vinte anos: quem realizar essa hipótese sofrerá essa consequência prevista no preceito da norma jurídica.[5]

---

[4] BANDEIRA DE MELLO. *Curso de direito administrativo*, p. 838.

[5] DAL POZZO. *Teoria geral de direito processual civil*, p. 35.

Portanto, a Lei nº 12.846/13 é, sem dúvida, manifestação do poder geral de polícia do Estado, o qual lhe possibilitou a instituição de diversos comportamentos que são havidos como atos ilícitos porque **lesivos à Administração Pública** e que representam verdadeiros atentados aos valores que ela busca tutelar: o *patrimônio público nacional* ou *estrangeiro, os princípios da Administração Pública* e os *compromissos internacionais assumidos pelo Brasil* (art. 5º, *caput*).

O Decreto nº 8.420, de 18 de março de 2015, veio regulamentar "a responsabilização administrativa de pessoas jurídicas pela prática de atos contra a Administração Pública, nacional ou estrangeira, de que cuida a Lei nº 12.846, de 1º de agosto de 2013".

Os dois diplomas legislativos representam um passo importante no combate à corrupção, que infelizmente se faz muito presente na vida *política* brasileira, nessa expressão abrangendo todos os setores da atividade estatal.

De se registrar que, depois da segunda edição desta obra, vieram à luz centenas de casos de corrupção das mais variadas formas e nos mais diversos órgãos governamentais.

Capítulo 2

DOS ATOS LESIVOS À ADMINISTRAÇÃO PÚBLICA E DOS ATOS DE IMPROBIDADE ADMINISTRATIVA. SUJEITOS ATIVOS E PASSIVOS ADEQUADOS

A Lei nº 8.429, de 2 de junho de 1992, a Lei de Improbidade Administrativa, dispôs sobre as sanções aplicáveis aos *agentes públicos* pela prática de atos ilícitos que ela tipifica como atos de improbidade administrativa.

Para a tipificação do ato de improbidade administrativa, portanto, é preciso um *sujeito ativo adequado* – agente público, servidor ou não –, e também um *sujeito passivo adequado*: administração direta, indireta ou, ainda, fundacional, de quaisquer dos três Poderes da União, dos Estados, do Distrito Federal, dos Municípios ou Territórios, bem como entidade que receba subvenção, benefício ou incentivo, fiscal ou creditício, de órgão público além daquelas entidades para cuja criação ou custeio o erário haja concorrido ou concorra com menos de cinquenta por cento do patrimônio ou da receita anual, limitando-se, nestes casos, a sanção patrimonial à repercussão do ilícito sobre a contribuição dos cofres públicos (Lei de Improbidade Administrativa, art. 1º e parágrafo único).

Segundo a Lei nº 8.429/92, *agente público* é todo aquele que "exerce, ainda que transitoriamente ou sem remuneração, por eleição, nomeação, designação, contratação ou qualquer outra forma de investidura ou vínculo, mandato, cargo, emprego ou função nas entidades mencionadas no artigo anterior" (art. 2º).[6]

Porém, dada a possibilidade de haver um ato ilícito contra esses mesmos *sujeitos passivos*, porém cometidos sem a participação de um *agente público*, veio à luz a Lei nº 12.846, de 1º de agosto de 2013, a descrever os atos ilícitos que, na dicção legal, caracterizam os "**atos lesivos à Administração Pública**".

No cenário jurídico que ora se examina, duas espécies de ilícitos passaram a coexistir: *os atos de improbidade administrativa* (Lei nº 8.429/92) e os *atos lesivos à Administração Pública* (Lei nº 12.846/13).

Para a Lei nº 12.846/13, no entanto, o *sujeito ativo* adequado são as *pessoas jurídicas* (art. 1º), ou seja, "sociedades empresárias e às sociedades simples, personificadas ou não, independentemente da forma de organização ou modelo societário adotado, bem como a quaisquer fundações, associações de entidades ou pessoas, ou sociedades estrangeiras, que tenham sede, filial ou representação no território brasileiro, constituídas de fato ou de direito, ainda que temporariamente" (art. 1º, parágrafo único).

O art. 5º da nova Lei parece reforçar essa ideia, quando afirma que "constituem atos lesivos à Administração Pública, nacional ou estrangeira, para os fins desta Lei, todos aqueles praticados pelas pessoas jurídicas mencionadas no parágrafo único do art. 1º".

Todavia, assim como pela Lei de Improbidade Administrativa, o particular pode ser penalizado por prática de ato de improbidade administrativa (art. 3º), pela Lei nº 12.846/13, também pode haver

---

[6] O particular pode ser alcançado pela Lei de Improbidade Administrativa, pela norma de extensão do art. 3º: "As disposições desta lei são aplicáveis, no que couber, àquele que, mesmo não sendo agente público, induza ou concorra para a prática do ato de improbidade ou dele se beneficie sob qualquer forma direta ou indireta".

responsabilização da pessoa natural, seja dirigente ou administrador da pessoa jurídica, seja simplesmente autora, coautora ou partícipe do ato ilícito, como estatui o art. 3º, *caput*:

> Art. 3º A responsabilização da pessoa jurídica não exclui a responsabilidade individual de seus dirigentes ou administradores ou de qualquer pessoa natural, autora, coautora ou partícipe do ato ilícito.

Porém, à pessoa natural, não se aplicam as sanções da Lei Anticorrupção, adequadas, apenas, às pessoas jurídicas.

A pessoa natural responderá perante a pessoa jurídica infratora pelos atos que praticou e, perante o Estado, na esfera penal, se a conduta praticada também for vedada pela lei penal. Em face da Administração Pública, contudo, quem responde é a pessoa jurídica.

A completar o quadro, as normas da Lei nº 12.846/13 buscam responsabilizar as pessoas jurídicas mesmo em caso de alteração contratual, transformação, incorporação, fusão ou cisão societária:

> Art. 4º Subsiste a responsabilidade da pessoa jurídica na hipótese de alteração contratual, transformação, incorporação, fusão ou cisão societária.
>
> § 1º Nas hipóteses de fusão e incorporação, a responsabilidade da sucessora será restrita à obrigação de pagamento de multa e reparação integral do dano causado, até o limite do patrimônio transferido, não lhe sendo aplicáveis as demais sanções previstas nesta Lei decorrentes de atos e fatos ocorridos antes da data da fusão ou incorporação, exceto no caso de simulação ou evidente intuito de fraude, devidamente comprovados.
>
> § 2º As sociedades controladoras, controladas, coligadas ou, no âmbito do respectivo contrato, as consorciadas serão solidariamente responsáveis pela prática dos atos previstos nesta Lei, restringindo-se tal responsabilidade à obrigação de pagamento de multa e reparação integral do dano causado.

Além das pessoas jurídicas nacionais, a Lei nº 12.846/13 inclui a Administração Pública estrangeira, como se lê no seu art. 1º:

> Art. 1º Esta Lei dispõe sobre a responsabilização objetiva administrativa e civil de pessoas jurídicas pela prática de atos contra a Administração Pública, nacional ou estrangeira.

O conceito legal sobre Administração Pública estrangeira foi introduzido no art. 5º, §§ 1º e 2º, *in verbis*:

> Art. 5º [...]
>
> § 1º Considera-se Administração Pública estrangeira os órgãos e entidades estatais ou representações diplomáticas de país estrangeiro, de qualquer nível ou esfera de governo, bem como as pessoas jurídicas controladas, direta ou indiretamente, pelo poder público de país estrangeiro.
>
> § 2º Para os efeitos desta Lei, equiparam-se à Administração Pública estrangeira as organizações públicas internacionais.

Ainda em referência à Administração Pública estrangeira, há que se lembrar da regra do art. 28:

> Art. 28. Esta Lei aplica-se aos atos lesivos praticados por pessoa jurídica brasileira contra a Administração Pública estrangeira, *ainda que cometidos no exterior.*

O art. 28 confere extraterritorialidade à Lei Anticorrupção: a empresa brasileira que participar de licitação em país estrangeiro, se cometer atos ilícitos nela previstos, será responsabilizada no Brasil.

Por fim, o § 3º do art. 5º menciona o agente público estrangeiro, conquanto, e aparentemente, a lei nada mais diga a respeito:

> Art. 5º [...]
>
> § 3º Considera-se agente público estrangeiro, para os fins desta Lei, quem, ainda que transitoriamente ou sem remuneração, exerça cargo, emprego ou função pública em órgãos, entidades estatais ou em representações diplomáticas de país estrangeiro,

> assim como em pessoas jurídicas controladas, direta ou indiretamente, pelo poder público de país estrangeiro ou em organizações públicas internacionais.

Portanto, o agente público estrangeiro pode ser protagonista de um dos comportamentos ilícitos previstos na Lei nº 12.846/13, como se fora agente público brasileiro.

É de toda relevância rememorar que devem ser observados os preceitos fundamentais de interpretação e aplicação das normas jurídicas, quando envolvidos fatos ou atos que impliquem o reconhecimento de aplicação de direito alienígena, estatuídos na Lei de Introdução às Normas do Direito Brasileiro (Decreto-Lei nº 4.657/42), tanto mais diante da recente sanção da Lei nº 13.655, em 25 de abril de 2018, por meio da qual foram introduzidos os artigos 20 a 30 naquela norma.

Trata-se de normas que correspondem a um verdadeiro "capítulo" da LINDB, dedicado às normas gerais acerca do Direito Público, algo que há muito se fazia necessário para padronizar, nacionalmente, as regras de interpretação e aplicação especificamente incidentes sobre o regime de Direito Público. Sobre o tema, comentários cabíveis serão apresentados, sobretudo, nos Capítulos 5 e 7, que tratam dos processos por meio dos quais se dá concretude à Lei Anticorrupção.

Capítulo 3

DA RESPONSABILIDADE NA LEI ANTICORRUPÇÃO

3.1 DA RESPONSABILIDADE CIVIL – BREVE VISÃO GERAL

O tema da responsabilidade no universo do direito tem sido objeto de inúmeras pesquisas e profundas reflexões doutrinárias, constituindo um tema sobre o qual se debruçam juristas de todos os matizes e quadrantes, desde há muito tempo, e sobre qual foram formuladas várias doutrinas.[7]

A responsabilidade é coetânea do direito. Nascendo, assim, no âmbito das relações jurídicas, a responsabilidade funciona como um *atributo coercitivo* a exigir o cumprimento de um direito e de uma obrigação, que são posições jurídicas que se situam nessas relações.[8]

---

[7] Interessante notícia dessas teorias e da evolução dos conceitos se pode ler em: DIAS. *Da responsabilidade civil*, p. 55 *et seq*.

[8] Com a singular inteligência e visão do direito que possuía Giuseppe Chiovenda, em suas *Instituições*, logo na abertura, escreve sobre a relação jurídica: "Todo direito subjetivo pressupõe (como sua fonte ou causa imediata) uma *relação jurídica entre duas ou mais pessoas* regulada pela vontade da lei e formada pela verificação de *um fato*" (*Istituzioni di diritto processuale civile*, v. 1, p. 3). Da mesma forma, em seus "*Principii di*

Realmente, sem essa coercitividade, de nada adiantariam as normas jurídicas que, sem ela, seriam letra morta.

Para simplificarmos a questão, dados os limites destas indagações, podemos dizer que, num dos polos de uma relação jurídica, há o titular de um direito e, no outro, aquele que deve cumprir uma obrigação.

Examinando-se o problema mais de perto, podemos também asseverar que essa relação jurídica pode ter nascido de um *ato lícito* ou de um *ato ilícito*, isto é, praticado contra o direito.

A compra e venda, por exemplo, é um ato jurídico lícito (se preenchidas, obviamente, as condições legais) e sua prática faz nascer uma relação jurídica entre comprador e vendedor. Simplificando ainda mais a questão, temos que o titular do direito tem a responsabilidade de pagar o preço e, aquele que assumiu a obrigação, a responsabilidade de entregar a coisa.[9] Essas posições jurídicas podem se exaurir pelo cumprimento dessas responsabilidades: o comprador paga o preço e o vendedor entrega a coisa vendida.

O *ato ilícito*, que dá origem a uma relação jurídica na qual alguém tem o direito à reparação do dano e outrem a obrigação de repará-lo, pode ser praticado no âmbito de outra, já existente (como, no caso acima, o comprador não paga o preço ou o vendedor não entrega a coisa vendida) ou não (um atropelamento, por exemplo) – e sobre esse fenômeno aparentemente simples é que se construiu a *teoria da*

---

diritto processuale civile: le azioni, il processo di cognizione", escreve: "Toda relação entre duas ou mais pessoas, regulada por uma norma jurídica diz-se *relação jurídica*. Se um fato, previsto abstratamente pela lei como causa de uma relação jurídica ocorre realmente a vontade da lei não mais se apresenta como abstrata, mas como *concreta*" (p. 31). Entendemos que a percepção desse fenômeno é deveras importante em todos os ramos do direito, uma vez que no seio da relação jurídica é que se situam as posições jurídicas, tais como deveres, direitos, obrigações, ônus, faculdades.

[9] Mesmo uma relação jurídica assim tão simples comporta várias posições jurídicas: o direito do comprador em receber a coisa e de pagar o preço, bem como a obrigação de realizar esse pagamento; direito do vendedor de receber o preço e de entregar a coisa e a obrigação de entrega desta última.

responsabilidade civil, a qual é, "na essência, a imputação de resultado de conduta antijurídica, e implica necessariamente a obrigação de indenizar o mal causado", escreve Caio Mário da Silva Pereira.[10]

Mas, a verdade é que as hipóteses figuradas são diversas entre si: diante de uma relação jurídica já existente, o ato ilícito consistente em descumprimento da respectiva obrigação[11] dá lugar à denominada *culpa contratual*; a segunda hipótese pressupõe a *inexistência* dessa relação jurídica anterior e a obrigação de reparar o dano nasce da relação jurídica gerada diretamente pelo ato ilícito[12] – e aqui se fala em *culpa extracontratual* ou *aquiliana*.

Mas, por razões que veremos em seguida, hodiernamente se buscou a superação dessa modalidade de responsabilização com base na culpa (em sentido amplo) para se desenvolver a chamada responsabilidade sem culpa ou responsabilidade objetiva.

3.2 DA RESPONSABILIDADE NA LEI Nº 12.846/13

A Lei nº 12.846/13 estabelece dois tipos de responsabilidade:

a) responsabilidade objetiva para as pessoas jurídicas; e

b) responsabilidade subjetiva para as pessoas naturais (dirigentes ou administradores, autores, coautores ou partícipes – art. 3º, *caput* e § 2º).

3.3 DA RESPONSABILIDADE SUBJETIVA EM GERAL

A responsabilidade se diz *subjetiva*, quando o ato que causa dano a outrem é praticado com *culpa* do agente – culpa essa entendida no seu sentido amplo, de molde a alcançar o *dolo* e a *culpa em sentido estrito*.

---

[10] PEREIRA. *Instituições de direito civil*, v. 1, p. 660.

[11] Obrigação de pagar ou de entregar a coisa, no exemplo dado no texto.

[12] O atropelamento, no exemplo do texto.

A responsabilidade subjetiva pode estar presente nos casos de culpa extracontratual ou aquiliana e nos casos de culpa contratual, conquanto os fundamentos legais sejam diversos.

3.3.1 Dolo[13]

No âmbito do Direito Civil, duas são as acepções do dolo.

Quando a ele nos referimos como *vício de consentimento*, que torna nulo o ato jurídico, o conceito geralmente aceito pela doutrina é aquele expendido por Clóvis Beviláqua: "o artifício ou expediente astucioso, empregado para induzir alguém à prática de um ato, que o prejudica, e aproveita ao autor do dolo ou a terceiro".[14]

Todavia, quando se cuida do dolo que se apresenta como elemento subjetivo daquele que pratica um *ato ilícito*, voltamos o olhar para o disposto no art. 186 do Código Civil:

> Art. 186. Aquele que, por ação ou omissão voluntária [...] violar direito e causar dano a outrem, ainda que exclusivamente moral, comete ato ilícito.

Agora o conceito civilista se aproxima daquele expendido pela Ciência Penal e constante do art. 18 do código respectivo:

> Art. 18. Diz-se o crime:
>
> I – doloso, quando o agente quis o resultado ou assumiu o risco de produzi-lo.

No primeiro caso (o chamado *dolo direto*), o agente pretende alcançar o resultado ilícito; no segundo (*dolo indireto*), ele assume o risco de produzir o resultado e, em ambos os casos, seja por ação ou

---

[13] Sempre considerando os limites destas análises, tanto o dolo quanto a culpa serão analisados em seus aspectos mais gerais e mais relevantes para a matéria de fundo.

[14] *Apud* PELUSO (Coord.). *Código Civil comentado:* doutrina e jurisprudência, p. 117.

omissão. Essa espécie de dolo, prevista no art. 180 do Código Civil, é o fundamento legal da *responsabilidade dolosa extracontratual ou aquiliana.*[15]

Quando se cuida de dolo em caso de responsabilidade de *natureza contratual*, o fundamento da responsabilização está no art. 389 do Código Civil:

> Art. 389. Não cumprida a obrigação, responde o devedor por perdas e danos, mais juros e atualização monetária segundo índices oficiais regularmente estabelecidos, e honorários de advogado.[16]

3.3.2 Da culpa

Quando se trata da culpa em sentido estrito é de ser afastado o querer do agente voltado para o resultado ilícito ou a assunção do risco de produzi-lo: aqui o agente provoca o resultado por proceder com imprudência, negligência ou imperícia. A circunstância que deve estar presente é a *previsibilidade do resultado* – previsibilidade essa que não ocorreu exatamente por ter o sujeito agido com imprudência, negligência ou imperícia.

A culpa em sentido estrito também vem mencionada no art. 186 do Código Civil:

> Art. 186. Aquele que, por ação ou omissão voluntária, negligência ou imprudência, violar direito e causar dano a outrem, ainda que exclusivamente moral, comete ato ilícito.[17]

Note-se novamente a semelhança com o Direito Penal:

> Art. 18. Diz-se o crime: [...]
>
> II – culposo, quando o agente deu causa ao resultado por imprudência, negligência ou imperícia.

---

[15] RODRIGUES. *Direito civil*, v. 1, p. 308.

[16] Note-se que, em caso de dolo e culpa por ato ilícito no âmbito da responsabilidade contratual, a prova desses elementos subjetivos se faz praticamente pela prova do inadimplemento da obrigação. Cf. RODRIGUES. *Direito civil*, v. 1, p. 308.

[17] No Código Civil, não há referência à imperícia – mas ela pode estar presente e caracterizar a culpa.

Assim, o fundamento legal da responsabilidade culposa (em sentido estrito) extracontratual ou aquiliana também se encontra no art. 186, e o fundamento legal da responsabilidade culposa contratual está no já citado art. 389 do Código Civil.[18]

3.3.3 Responsabilização subjetiva do agente

Portanto, a responsabilização subjetiva do agente depende da presença dos seguintes requisitos:

a) ação ou omissão *dolosa* ou *culposa* em sentido estrito;

b) resultado danoso;

c) nexo de causalidade entre a ação ou omissão e o resultado.[19]

3.4 DA RESPONSABILIDADE OBJETIVA EM GERAL

Todos os doutrinadores assinalam a insuficiência da responsabilidade com culpa em sentido amplo para a reparação dos danos, especialmente nos dias de hoje, em que o complexo das atividades humanas pode causar prejuízos que, por aquela modalidade de responsabilização, ficariam sem indenização alguma.

Como escreve Rui Stoco, "a multiplicação das oportunidades e das causas de danos evidenciou que a responsabilidade subjetiva mostrou-se insuficiente para cobrir todos os casos de reparação".[20]

---

[18] *Vide* nota 16, *supra*.

[19] Cf. Sílvio Rodrigues (*Direito civil*, p. 309), que, todavia, separa a ação ou omissão do elemento dolo ou culpa. Aguiar Dias também aponta os elementos em todos os casos de responsabilidade: "a) o dano, que deve ser certo; b) a relação de causalidade, a *causal connection*, laço ou relação direta de causa a efeito entre o fato gerador da responsabilidade e c) o dano" (*Da responsabilidade civil*, p. 131-132).

[20] STOCO. *Tratado de responsabilidade civil:* doutrina e jurisprudência, p. 182. Mais adiante, o autor assinala que "a exigência de provar a vítima o erro de conduta do agente deixa o lesado sem reparação, em grande número de casos" (p. 183).

Uma das circunstâncias mais importantes é apontada pelo ilustre autor citado – na teoria clássica da culpa, cabe à vítima provar a culpa (em sentido amplo) do causador do dano, o que nem sempre é tarefa exequível: daí, num primeiro momento o ordenamento jurídico ter adotado a *presunção da culpa*, circunstância que inverte o ônus da prova e significa um primeiro passo a caminho da responsabilidade objetiva.

Todavia, abandonando essa estrada, o Código Civil vigente passou a adotar, "ainda que por exceção, em *numerus clausus*, a responsabilidade objetiva, como, por exemplo, nas atividades perigosas",[21] seguindo, assim, o pensamento de Raymond Saleilles e Louis Josserand.[22]

No direito moderno, porém, verifica-se a coexistência da responsabilidade subjetiva e da responsabilidade objetiva.

O mais aclamado fundamento da teoria da responsabilidade objetiva é a teoria do *risco criado*, "pela qual o dever de reparar o dano surge da atividade normalmente exercida pelo agente que cria risco a direitos ou interesses alheios".[23]

No campo de aplicação do Código Civil, a norma que se evoca para fundamentar a responsabilidade objetiva é o parágrafo único do art. 927:

> Art. 927. Aquele que, por ato ilícito (arts. 186 e 187), causar dano a outrem, fica obrigado a repará-lo.
>
> Parágrafo único. Haverá obrigação de reparar o dano, independentemente de culpa, nos casos especificados em lei, ou quando a atividade normalmente desenvolvida pelo autor do dano implicar, por sua natureza, risco para os direitos de outrem.

---

[21] STOCO. *Tratado de responsabilidade civil:* doutrina e jurisprudência, p. 183.

[22] Caio Mário da Silva Pereira esclarece que Saleilles "assentou a indenização no conceito material do fato culposo", ao passo que Josserand buscou "conciliar a responsabilidade objetiva com o Código de Napoleão" (*Instituições de direito civil*, v. 3, p. 561).

[23] MONTEIRO. *Curso de direito civil*, v. 5, p. 510.

Comentando a norma desse parágrafo único, Cláudio Luiz Bueno de Godoy assinala que ela não está a exigir um risco anormal, mas "um risco especial naturalmente induzido pela atividade e identificado de acordo com dados estatísticos existentes sobre resultados danosos que lhe sejam resultantes, ou seja, conforme a verificação da regularidade estatística com que o evento lesivo aparece como decorrência da atividade exercida", lembrando caso de protesto de títulos ou de atividades de bancos de dados ou de cadastro de consumidores.[24]

Caio Mário da Silva Pereira, porém, adverte que caberá à jurisprudência interpretar, junto com a doutrina, o que se deva entender por *atividade que por sua natureza cause risco para direitos de outrem*, mas alerta que, por exemplo, dirigir um automóvel "constitui atividade que põe em risco os direitos de outrem, sendo, portanto, a partir de agora a responsabilidade por acidentes de trânsito de natureza objetiva".[25]

Porém, como veremos adiante, não será com os princípios que informam a responsabilidade objetiva do Direito Civil que será possível explicar aquela que preside a Lei nº 12.846/13 – mas, isto sim, com os princípios que informam a responsabilidade objetiva do Estado.

Tudo quanto se disse até este ponto deixa meridianamente claro que o instituto da responsabilidade nasceu no âmbito da vida de relação dos particulares.

A transposição dessas noções para o envolvimento do Estado, ou seja, a aceitação de que o Estado também pudesse ser responsável por reparação do dano foi ocorrendo através de um árduo e penoso caminho, ao longo de muitos anos, sujeita às marchas e contramarchas ocorridas com a própria concepção filosófica e política do Estado. Essa evolução representa a vitória dos membros da coletividade em face do Estado absoluto, com a sua submissão à ordem jurídica – com a evolução, isto é, do Estado absoluto para o Estado de direito.

---

[24] *In:* PELUSO (Coord.). *Código Civil comentado:* doutrina e jurisprudência, p. 925.

[25] PEREIRA. *Instituições de direito civil*, v. 1, p. 563.

Mesmo nos primórdios do Direito Público a irresponsabilidade total do Estado era a regra geral, com poucas exceções.[26]

Com a progressiva ampliação dos setores de atuação estatal, aos poucos sua responsabilidade foi sendo reconhecida, num primeiro momento por meio da distinção dos atos que caracterizavam o *iure imperii* (manifestações da soberania) e o *iure gestionis* (quando o Estado atua no mesmo plano dos particulares) e, depois, abandonando a ideia de culpa e fixando a responsabilidade estatal em termos objetivos.[27]

No que diz respeito à responsabilidade objetiva do Estado, Celso Antônio Bandeira de Mello distingue os seus fundamentos, entendendo que, quando se trata de comportamentos *ilícitos* (sejam comissivos ou omissivos), a reparação do dano deve ocorrer em face do *princípio da legalidade*, mas se o comportamento for comissivo, aquele dever decorre também do *princípio da igualdade*. Porém, em caso de comportamentos *lícitos* que causam dano, diz o ilustre publicista:

> [...] entendemos que o fundamento da responsabilidade estatal é garantir uma equânime repartição dos ônus provenientes de atos ou efeitos lesivos, evitando que alguns suportem prejuízos ocorridos por ocasião ou por causa de atividades desempenhadas no interesse de todos. De conseguinte, seu fundamento é o *princípio da igualdade*, noção básica do Estado de direito.[28]

A responsabilidade objetiva do Estado se encontra positivada no § 6º do art. 37 da Constituição Federal e no art. 43 do Código Civil:

> Art. 37. [...]
>
> § 6º As pessoas jurídicas de direito público e as de direito privado prestadoras de serviços públicos responderão pelos danos que

---

[26] Celso Antônio Bandeira de Mello aponta essas exceções (*Curso de direito administrativo*, p. 1017).

[27] O tema comportaria exposição mais profunda, mas que fugiria dos propósitos da obra.

[28] BANDEIRA DE MELLO. *Curso de direito administrativo*, p. 1023.

> seus agentes, nessa qualidade, causarem a terceiros, assegurado o direito de regresso contra o responsável nos casos de dolo ou culpa.
>
> Art. 43. As pessoas jurídicas de direito público interno são civilmente responsáveis por atos dos seus agentes que nessa qualidade causem danos a terceiros, ressalvado direito regressivo contra os causadores do dano, se houver, por parte destes, culpa ou dolo.

Sobre esse tema, discorre Celso Antônio Bandeira de Mello com maestria: "Assim como o Direito constrói a realidade (jurídica) 'pessoa jurídica', também constrói para elas as realidades (jurídicas) vontade e ação, imputando o querer e o agir dos agentes à pessoa do Estado".[29]

A responsabilização objetiva das pessoas jurídicas, como veremos, tem por fundamento essa mesma equação que explica e justifica a responsabilidade objetiva do Estado.

3.5 DA RESPONSABILIDADE OBJETIVA NA LEI Nº 12.846/13

No que concerne à responsabilidade objetiva das pessoas jurídicas, a questão vem expressa nos artigos 1º e 2º:

> Art. 1º Esta Lei dispõe sobre a *responsabilização objetiva* administrativa e civil de pessoas jurídicas pela prática de atos contra a Administração Pública, nacional ou estrangeira.
>
> Art. 2º As pessoas jurídicas serão responsabilizadas objetivamente, nos âmbitos administrativo e civil, pelos atos lesivos previstos nesta Lei praticados em seu interesse ou benefício, exclusivo ou não (grifos nossos).

Na mesma linha, o Decreto nº 8.420/15:

> Art. 1º Este Decreto regulamenta a *responsabilização objetiva* administrativa de pessoas jurídicas pela prática de atos contra a

[29] BANDEIRA DE MELLO. *Curso de direito administrativo*, p. 1024.

administração pública, nacional ou estrangeira, de que trata a Lei nº 12.846, de 1º de agosto de 2013.

Como se colhe nas lições de Celso Antônio Bandeira de Mello acima lembradas, a "pessoa jurídica" é uma ficção jurídica, um ente que existe apenas no mundo do direito, mas que não tem vontade própria e nem age por si mesma – sua vontade é aquela que externam as pessoas qualificadas por seus estatutos e contratos e seu "agir" é a ação de seus órgãos, administradores e prepostos.

Ora, se voltarmos os olhos para a questão doutrinária da responsabilidade objetiva, como acima exposta, verificaremos que a teoria do risco e a norma do parágrafo único do art. 927 do Código Civil não têm aplicação ao caso da Lei nº 12.846/13 – e por essa razão é que os fundamentos dessa responsabilidade devem ser buscados no Direito Público.

Com efeito, ocorre aqui algo parecido com a responsabilidade objetiva do Estado:

> A relação entre a vontade e a ação do Estado, preleciona o ilustre Professor Celso Antônio Bandeira de Mello, e de seus agentes é uma relação de *imputação direta* dos atos dos agentes ao Estado. Esta é precisamente a peculiaridade da chamada relação orgânica. O que o agente queira, em qualidade funcional – pouco importa se bem ou mal desempenhada –, entende-se que o Estado quis, ainda que haja querido mal. *O que o agente nestas condições faça é o que o Estado fez.* Nas relações não se considera tão só se o agente obrou (ou deixou de obrar) de modo conforme ou desconforme com o Direito, culposa ou dolosamente. Considera-se – isto sim – se o Estado agiu (ou deixou de agir) bem ou mal[30] (grifos nossos).

Assim, em se tratando de responsabilidade objetiva, aquele que se manifesta em nome da empresa e comete um dos atos lesivos à Administração Pública estará atribuindo esse ato *diretamente* à própria

[30] BANDEIRA DE MELLO. *Curso de direito administrativo*, p. 1024.

pessoa jurídica, como se ela própria agisse, independentemente do ânimo ou do elemento subjetivo que o levou a agir (dolo ou culpa em sentido estrito, conquanto dificilmente esta possa ocorrer em face da natureza dos atos lesivos à Administração Pública, como se verá oportunamente).

Nessa hipótese, basta o nexo de causalidade entre o ato lesivo à Administração Pública e o agir do sujeito ativo e a relação jurídica entre este e a empresa, para que esta seja responsável pelo ilícito.

Todavia, aqui é preciso considerar não apenas aquele que representa a pessoa jurídica segundo seus estatutos ou contratos sociais, nem apenas os que estão formalmente vinculados a ela por qualquer espécie de relação jurídica documentalmente comprovável (carteira profissional, contrato etc.), mas também aqueles que *informalmente* agem pela empresa, segundo seus usos e costumes comerciais.

De se notar, ainda, que muitos atos lesivos à Administração Pública são *atos ilícitos de mera atividade*, não exigindo um resultado para se consumarem – como "prometer vantagem indevida a agente público" (art. 5º, I).

Daí o enorme cuidado que doravante terão que ter todas as pessoas jurídicas que travam relações jurídicas com os entes públicos, no que diz respeito às pessoas que possam representá-las.[31]

Como dissemos acima, duas são as circunstâncias que devem estar provadas para que haja a responsabilização objetiva da pessoa jurídica:

a) De um lado, o nexo etiológico entre a conduta do agente e o ato lesivo à Administração Pública, consista aquela numa mera atividade ou produza um resultado diverso do agir.

b) De outro, a relação jurídica entre o agente e a empresa, que o legitime a agir em nome daquela.

---

[31] Seria mesmo de se estabelecer, nos estatutos ou contratos sociais, que as pessoas autorizadas a falar em nome da empresa devem ostentar nomeação específica para tanto. Além disso, seu sistema de *compliance* (sobre o qual falaremos adiante) deve ser suficientemente sofisticado para detectar desvios éticos e funcionais.

Realmente, é indispensável a prova do *nexo de causalidade* entre a conduta do representante da empresa e o ato ilícito: suponha-se que o oferecimento de vantagem ilícita tenha sido feito por alguém se dizendo autorizado a agir em nome de determinada empresa e que reste comprovado que essa, absolutamente, não o tenha autorizado a tanto. Aqui, ocorre a falta de nexo de causalidade, assim como no exemplo ministrado por Celso Antônio Bandeira de Mello: se um veículo particular abalroa um veículo do exército, é evidente que não há nexo de causalidade entre o resultado danoso e ato de preposto do Estado, elidindo-se a responsabilidade deste.

A pessoa jurídica ainda não responderá objetivamente se seu representante (ou preposto) agiu para, deliberadamente, prejudicar a empresa que representa: neste caso há interrupção do nexo de causalidade. Se assim não for, a "guerra de mercado" poderá incentivar o suborno de representantes empresariais (ou prepostos) para praticarem atos ilícitos aqui examinados, de forma que a empresa subornadora fique livre da concorrente.

No caso da responsabilidade objetiva do Estado, o problema quase nunca se coloca, pois, a qualidade de servidor público sempre será possível de se demonstrar documentalmente.[32]

O art. 3º da Lei nº 12.846/13 ainda contém importante regra, no seu § 1º:

> Art. 3º [...]
>
> § 1º A pessoa jurídica será responsabilizada independentemente da responsabilização individual das pessoas naturais referidas no *caput*.

---

[32] A Lei nº 12.846/13, neste passo, cria o seguinte impasse: se se exigir prova documental para a comprovação da representação, será facilmente burlada; mas se não se exigir prova de atuação do representante em prol da empresa (ainda que em mares ilícitos), o suborno, como se disse no texto, é um risco inteiramente previsível. Ainda de se lembrar da Súmula nº 341 do STF: "É presumida a culpa do patrão ou comitente, pelo ato culposo do empregado ou preposto".

É que, como veremos em seguida, a responsabilização das pessoas naturais mencionadas no *caput* do art. 3º depende de comprovação de terem elas agido com dolo ou culpa – eis que respondem por responsabilidade subjetiva.

3.6 DA RESPONSABILIDADE SUBJETIVA NA LEI Nº 8.429/92 – LEI DE IMPROBIDADE ADMINISTRATIVA

Além da pessoa jurídica, respondem pelos atos lesivos à Administração Pública os seus dirigentes ou administradores ou qualquer pessoa natural, autora, coautora ou partícipe do ato ilícito, como prescreve o art. 3º da Lei nº 12.846/13:

> Art. 3º A responsabilização da pessoa jurídica não exclui a responsabilidade individual de seus dirigentes ou administradores ou de qualquer pessoa natural, autora, coautora ou partícipe do ato ilícito.

Todavia, elas respondem por *culpa subjetiva*:

> § 2º Os dirigentes ou administradores somente serão responsabilizados por atos ilícitos na medida da sua culpabilidade.

A Lei nº 12.846/13 distingue duas classes de pessoas físicas:

a) o dirigente ou administrador; e

b) o autor, coautor ou partícipe do ato ilícito (que pode cumular essa qualificação com a de dirigente ou administrador).

No que diz respeito às últimas e, considerando os tipos de atos lesivos à Administração Pública previstos na lei, o único elemento subjetivo compatível com a sua prática é o dolo, pois elas são o sujeito ativo do ato lesivo à Administração Pública.

Com efeito, "sujeito ativo é aquele que pratica a conduta descrita na lei, ou seja, o fato típico. Só o homem isoladamente ou associado a outros (coautoria ou participação), pode ser sujeito ativo", para importarmos conceitos do Direito Penal.[33]

No que tange aos dirigentes ou administradores, podem responder por culpa (conquanto mais comumente devam responder por dolo), se, por exemplo, escolheram mal o representante da empresa, que veio a praticar o ato lesivo à Administração Pública.

Como veremos mais tarde, a responsabilização das pessoas físicas não ocorrerá em processo administrativo previsto pela Lei nº 12.846/13, que o destina apenas às pessoas jurídicas. Elas nem mesmo responderão pelas sanções previstas naquela Lei, que deve ser interpretada restritivamente, considerando que as penalidades previstas são atribuídas apenas às pessoas jurídicas (artigos 6º e 19).

Aliás, as pessoas físicas sequer são sujeitos ativos adequados para os atos lesivos à Administração Pública:

> Art. 5º Constituem atos lesivos à Administração Pública, nacional ou estrangeira, para os fins desta Lei, todos aqueles praticados *pelas pessoas jurídicas* mencionadas no parágrafo único do art. 1º, que atentem contra o patrimônio público nacional ou estrangeiro, contra princípios da Administração Pública ou contra os compromissos internacionais assumidos pelo Brasil, assim definidos: [...] (grifos nossos).

Porém, se a responsabilização da pessoa jurídica não elide a responsabilização das pessoas físicas[34] e se estas não praticam os atos lesivos à Administração Pública e nem se sujeitam às sanções da Lei nº 12.846/13, elas serão responsabilizadas nos termos da legislação civil

[33] MIRABETE; FABBRINI. *Manual de direito penal*, p. 110.

[34] "Art. 3º A responsabilização da pessoa jurídica não exclui a responsabilidade individual de seus dirigentes ou administradores ou de qualquer pessoa natural, autora, coautora ou partícipe do ato ilícito".

por danos causados à Administração Pública nacional ou estrangeira (art. 1º) e à pessoa jurídica, em ação de regresso, quando esta for possível.

Note-se, ainda, que a Lei nº 12.846/13 não inclui o sócio enquanto tal, a menos que também seja dirigente ou administrador da empresa, ou, ainda, se for autor, coautor ou partícipe do ato ilícito. Apenas a qualidade de sócio não o inclui dentre as pessoas que podem ser alcançadas pela Lei nº 12.846/13.

Capítulo 4

DOS ATOS LESIVOS À ADMINISTRAÇÃO PÚBLICA

4.1 DAS INFRAÇÕES E SANÇÕES ADMINISTRATIVAS

Como salienta o Professor Celso Antônio Bandeira de Mello, em capitulo de sua obra que tem o título em epígrafe, "*infração e sanção administrativa* são temas indissoluvelmente ligados. A infração é prevista em uma parte da norma, e a sanção em outra parte dela. Assim, o estudo de ambas tem que ser feito conjuntamente, pena de sacrifício da inteligibilidade quando da explicação de uma e de outra".

E prossegue, ensinando que "*infração administrativa* é o descumprimento voluntário de uma norma administrativa, para a qual se prevê sanção cuja imposição é decidida *por autoridade no exercício de função administrativa* – ainda que não necessariamente aplicada nessa esfera".[35]

Já escrevemos sobre a estrutura da norma sancionatória:

> Em sua estrutura básica uma norma jurídica apresenta uma *hipótese* e um *preceito*.

---

[35] BANDEIRA DE MELLO. *Curso de direito administrativo*, p. 863.

> A hipótese consiste na descrição de uma situação que pode vir a ocorrer no mundo real, mas referida em seus elementos constitutivos básicos e fundamentais, de tal sorte que nela possam se subsumir milhares de situações concretas. É um molde suficientemente elástico para que nele se ajustem ou se enquadrem um número incontável de segmentos concretos da vida real.
>
> Ademais, a hipótese é sempre *genérica*, porque tem por destinatários todos os membros da coletividade e, ainda, é *abstrata*, pois se refere a uma situação que venha a ocorrer concretamente depois de sua entrada em vigor, ou seja, uma situação futura.[36] A hipótese ou contempla um comportamento vedado ou um comportamento desejado pelo legislador, que assim interpreta as circunstâncias de um determinado momento da vida social.
>
> O preceito é a previsão, também *genérica* e *abstrata*, de uma consequência que advirá para aquele que realizar a conduta vedada pela norma jurídica ou para quem não mantiver um comportamento de acordo com o que a norma prescreve. No preceito se encerra o elemento coativo da norma jurídica, que se traduz na sua obrigatoriedade, pois ele irá ser imposto mesmo contra a vontade das pessoas.[37]

A sanção administrativa se submete a alguns princípios para que seja válida – e o principal é o da legalidade. Sem norma anterior, não

---

[36] O Estado de Direito é constituído por uma série de princípios gerais, que lhe dão esse contorno e esse atributo. Dentre eles, há o princípio da segurança jurídica, que não está escrito na nossa Constituição Federal, mas cujas manifestações estão presentes não apenas em várias passagens da Carta Magna como da legislação infraconstitucional. Na Constituição Federal, há duas garantias fundamentais que têm conexão com a matéria do texto, que estão em dois incisos do art. 5º: (a) inciso "XXXIX – Não há crime sem lei anterior que o defina, nem pena sem prévia cominação legal" (*nullum crimen, nulla poena sine praevia lege*); (b) inciso "XXXVI – a lei não prejudicará o direito adquirido, o ato jurídico perfeito e a coisa julgada". Nessas duas regras jurídicas, o princípio da segurança jurídica está a exigir que a norma jurídica tenha validade para o futuro e nessa exigência está o caráter de abstração de todas as normas jurídicas positivas. Se a lei pudesse valer para o passado, não haveria segurança jurídica alguma. No que tange à irretroatividade da lei, todavia, há que se lembrar do inciso XL do mesmo art. 5º da Constituição Federal: "a lei penal não retroagirá, salvo para beneficiar o réu"(chamada retroatividade em *bonam partem*).

[37] DAL POZZO. *Teoria geral de direito processual civil*, p. 34.

há que se falar em sanção aplicável (princípio da anterioridade) e ainda há que se respeitar a tipicidade – a norma jurídica deve conter os elementos constitutivos básicos da infração e deve ser redigida de forma clara e precisa, sem ambiguidades.

4.2 DOS BENS JURÍDICOS TUTELADOS PELA LEI Nº 12.846/13

A Lei nº 12.846/13 denominou os atos ilícitos que prevê de "atos lesivos à Administração Pública", em seu art. 5º, *verbis*:

> Art. 5º Constituem **atos lesivos à Administração Pública**, nacional ou estrangeira, para os fins desta Lei, todos aqueles praticados pelas pessoas jurídicas mencionadas no parágrafo único do art. 1º, que *atentem contra o patrimônio público nacional ou estrangeiro, contra princípios da Administração Pública ou contra os compromissos internacionais assumidos pelo Brasil*, assim definidos: [...] (grifos nossos).

Portanto, a regra insculpida no *caput* menciona três *bens jurídicos* que a legislação visa proteger: o *patrimônio público nacional ou estrangeiro*; os *princípios da Administração Pública*; e os *compromissos internacionais assumidos pelo Brasil*.

Vejamos cada um dos aludidos bens jurídicos para que se tenha uma breve noção acerca de seus requisitos constituidores.

4.2.1 Patrimônio público

A expressão "patrimônio público" é de largo espectro e abrange todos os bens públicos, os quais, segundo o Código Civil, podem ser:

a) de uso comum do povo, tais como rios, mares, estradas, ruas e praças;

b) os de uso especial, tais como edifícios ou terrenos destinados a serviço ou estabelecimento da Administração federal, estadual, territorial ou municipal, inclusive os de suas autarquias;

c) os dominicais, que constituem o patrimônio das pessoas jurídicas de direito público, como objeto de direito pessoal ou real, de cada uma dessas entidades (art. 99, CC).[38]

Mas, também integram o patrimônio público alguns bens protegidos pela Lei da Ação Civil Pública (Lei nº 7.347, de 24 de julho de 1985), em seu art. 1º:

a) meio ambiente; e

b) bens e direitos de valor artístico, estético, histórico, turístico e paisagístico.

Por se referir ao patrimônio público estrangeiro, os §§ 1º a 3º do art. 5º emitem as seguintes explicações:

> Art. 5º [...]
>
> § 1º Considera-se **Administração Pública estrangeira** os órgãos e entidades estatais ou representações diplomáticas de país estrangeiro, de qualquer nível ou esfera de governo, bem como as pessoas jurídicas controladas, direta ou indiretamente, pelo poder público de país estrangeiro.
>
> § 2º Para os efeitos desta Lei, equiparam-se à Administração Pública estrangeira as **organizações públicas internacionais**.
>
> § 3º Considera-se **agente público estrangeiro**, para os fins desta Lei, quem, ainda que transitoriamente ou sem remuneração, exerça cargo, emprego ou função pública em órgãos, entidades estatais ou em representações diplomáticas de país estrangeiro, assim como em pessoas jurídicas controladas, direta ou indiretamente, pelo poder público de país estrangeiro ou em organizações públicas internacionais (grifos nossos).

---

38 O parágrafo único do art. 99 assim estatui: "Não dispondo a lei em contrário, consideram-se dominicais os bens pertencentes às pessoas jurídicas de direito público a que se tenha dado estrutura de direito privado".

O art. 1º da Lei nº 12.846/13 refere-se ao patrimônio público estrangeiro, e, pois, aquele pertencente à Administração Pública estrangeira e organizações públicas internacionais. Por outro lado, define o que entende por agente público estrangeiro, que será o destinatário do comportamento ilícito, tal qual o será o agente público nacional.

Ainda de se recordar o disposto no art. 219 da Constituição Federal, que considera o mercado interno como integrante do patrimônio nacional:

> Art. 219. O mercado interno integra o patrimônio nacional e será incentivado de modo a viabilizar o desenvolvimento cultural e sócio-econômico, o bem-estar da população e a autonomia tecnológica do País, nos termos de lei federal.

Segundo Ives Gandra da Silva Martins, conquanto se possa falar em vários tipos de mercado (de arte, cultural, de trabalho etc.), no art. 219 parece que o constituinte se referiu ao mercado de densidade econômica, "isto é, os relacionados com a produção, circulação e consumo de bens, que, de rigor, são os que geram recursos para financiar o desenvolvimento e sustentar não só o Estado prestador de serviços, mas os próprios detentores do Poder".[39]

A livre concorrência que deve instalar-se quando há uma licitação e, pois, deve ser protegido o mercado interno – ainda que de forma reflexa – pois a Lei nº 12.846/13 busca tutelar também esse aspecto do patrimônio público.

4.2.2 Princípios da Administração Pública

A Lei nº 12.846/13 considera **atos lesivos à Administração Pública** aqueles que atentem "contra os princípios da Administração Pública". Certamente buscou inspiração no art. 37 da Constituição Federal:

---

[39] Cf. BASTOS; MARTINS. *Comentários à Constituição do Brasil:* promulgada em 5 de outubro de 1988, v. 8, p. 218.

> Art. 37. A Administração Pública direta e indireta de qualquer dos Poderes da União, dos Estados, do Distrito Federal e dos Municípios obedecerá aos princípios de legalidade, impessoalidade, moralidade, publicidade e eficiência e, também, ao seguinte [...]

Essa mesma norma constitucional já servira de base para uma das espécies de ato de improbidade administrativa, previsto no art. 11 da Lei nº 8.429/92:

> Art. 11. Constitui ato de improbidade administrativa que atenta contra os princípios da Administração Pública qualquer ação ou omissão que *viole os deveres de honestidade, imparcialidade, legalidade, e lealdade às instituições*, e notadamente: [...] (grifos nossos).

Note-se a falta de correspondência exata entre as normas: Na Constituição, são relacionados os princípios: (i) da legalidade; (ii) da impessoalidade; (iii) da moralidade; (iv) da publicidade; e (v) da eficiência. Na Lei de Improbidade, os deveres de: (i) honestidade; (ii) imparcialidade; (iii) legalidade; e (iv) de lealdade às instituições.

Todavia, entende-se que o comando constitucional prevalece e, para essa finalidade, são feitas as seguintes conexões:

(i) dever de honestidade – princípio da moralidade;

(ii) dever de imparcialidade – princípio da impessoalidade;

(iii) dever de legalidade – princípio da legalidade e da publicidade;

(iv) dever de lealdade às instituições – princípio da eficiência.

De outro lado, é importante observar que, em verdade, a Lei de Improbidade Administrativa não considerou o ato ilícito aquele que se volta contra os *princípios* enumerados no art. 37 da Constituição Federal, mas a violação de *deveres* impostos aos agentes públicos em função desses mesmos princípios.

Contudo, não tem sido essa a tônica dos que enfrentam o tema – seja na doutrina, seja na jurisprudência –, o que nos leva, ainda que *a vol d'oiseau,* a examinar tais princípios.

O mais polêmico deles, sem dúvida, é o princípio da *moralidade administrativa*, que se espraiou pela doutrina, mas dividindo-a em dois grupos: (i) aqueles que entendem que a norma constitucional jurisdicionalizou a moral como um todo; (ii) aqueles que buscam conferir ao princípio um conteúdo mais restrito – e mesmo assim, sem unanimidade quanto ao seu núcleo.

Voltando às origens desse princípio, constatamos que a moralidade administrativa foi introduzida no Direito Administrativo francês por Maurice Hauriou, que se valeu desse mecanismo para poder adentrar o *mérito* de atos administrativos que, não obstante praticados absolutamente de acordo com o padrão legal, não eram realizados em favor do interesse público, mas em prol de interesses particulares. Maurice Hauriou via nesses atos (embora legais) *abuso* ou *desvio de poder*. Ora, dizia o publicista emérito, esse ato fere a *moralidade administrativa*. Com esse instituto o Conselho de Estado começou a derrubar atos formalmente legais, nos primórdios com enormes dificuldades, eis que, à época, a lei tinha em França um alcance muito maior que hoje, pelas ideias revolucionárias então ainda prevalentes. Valia até mais que a própria Constituição, porque representava a vontade do povo.

Porém, com o passar do tempo, abandonou-se praticamente o fundamento da moralidade administrativa para anular o ato administrativo, que foi substituído pelo princípio da *impessoalidade*: o ato não pode ser praticado para satisfazer interesse particular, pessoal, mas o interesse público. O abuso ou desvio de poder preservam esse princípio e passou a ser seu fundamento.

Com a Constituição Federal de 88 o tema voltou à tona – e a doutrina cuidou de lhe dar conteúdo.

Para nós o princípio da moralidade administrativa tem por núcleo a tutela da *confiança legítima do administrado*.[40, 41]

O dever de honestidade, quase sempre traduzido sob o aspecto moral – tese com a qual discordamos radicalmente – dentro do panorama jurídico delineado conecta-se com o princípio da moralidade administrativa, entendida esta como obediência à confiança legítima do administrado.

Portanto, viola o dever de moralidade aquele que defrauda a confiança legítima do administrado.

O princípio da legalidade (art. 37, *caput*) está insculpido no art. 5º, inciso II, da Constituição Federal ("*ninguém será obrigado a fazer ou deixar de fazer alguma coisa senão em virtude de lei*") e sua violação consiste exatamente em obrigar alguém a fazer ou a não fazer alguma coisa, sem lei correspondente (por exemplo: não participar de uma licitação). A ele corresponde o *dever de respeitar a legalidade* (art. 11 da Lei de Improbidade Administrativa). Também viola o dever de legalidade a falta de publicidade dos atos administrativos.

O princípio da impessoalidade (art. 37, *caput*) se conecta com o *dever de imparcialidade,* segundo o qual o agente público deve agir em

---

[40] O princípio da confiança legítima é um dos esteios do Estado de Direito. Segundo Gabriel Valbuena Hernandéz (na obra "*La defraudación de la confiança legítima – Aproximación crítica desde la teoria de la responsabilidad del Estado*" – Edição da Universidad Externado de Colombia, p. 153), "A noção de confiança legítima está intimamente ligada à preocupação de proteger os particulares daquelas modificações normativas, de critérios e de posturas, que, embora sejam legais, se tornam juridicamente inadmissíveis em razão de seu caráter brutal e inopinado". Em seguida enumera seus pressupostos: 1) Expectativas fundadas em fatos ou circunstâncias atribuíveis ao Estado – que é sua base objetiva; 2) Legitimidade da confiança; 3) Decisões tomadas com base na confiança; 4) Defraudação da confiança legítima; 5) Medidas de transição; e 6) Prevalência em face de outros princípios.

[41] Gabriel Valbuena Hernandéz também assinala a correlação entre o princípio da moralidade administrativa e a proteção à confiança legítima – tema ainda pouco explorado pela doutrina brasileira (obra citada, p. 195). Sobre o tema, V. "Ensaio sobre o conteúdo jurídico da confiança legítima e sua incidência no setor de infraestrutura", de Antonio Araldo e Augusto Neves Dal Pozzo, Editora Contracorrente, 2019.

nome do interesse público, e não para beneficiar ou prejudicar a si próprio ou a terceiros.

O dever de lealdade às instituições tem correlação com o princípio da eficiência.

O princípio da eficiência vem descrito por Mario R. Spasiano como "a capacidade do poder público de realizar exatamente aqueles objetivos que a ele atribui o ordenamento", reproduzindo pensamento da doutrina italiana.[42]

Linha antes o autor houvera sublinhado:

> Se, portanto, a eficiência se substancia numa relação entre instrumentos e objetivos, decorre que a sua afirmação pressupõe antes de tudo a consideração da funcionalidade operativa das estruturas postas ao exercício da atividade administrativa: e esta é uma tarefa que é do legislador e da Administração, em particular, no exercício de seus poderes estatutários (onde previstos) e regulamentares.[43]

No Brasil, os Poderes de Estado devem cumprir os objetivos traçados no Plano Plurianual, na Lei de Diretrizes Orçamentárias e na Lei Orçamentária Anual. Essas são as referências para se medir a eficiência.[44]

Expostos, ainda que de forma muito abreviada, os princípios que devem nortear o comportamento da Administração Pública, é preciso prestar atenção para o fato de que o ato do particular não pode, por si mesmo, violar quaisquer desses princípios, pois o sujeito ativo adequado para tal violação é o servidor público (na ampla acepção da Lei nº 12.846/13). Mas, o particular pode agir para fazer com que o servidor viole tais princípios e responderá como sujeito passivo da ação por ato de improbidade administrativa por força do art. 3º da Lei de Improbidade.

---

[42] *In*: RENNA; SAITTA (Dir.). *Studi sui principi del diritto amministrativo*, p. 127.

[43] *In*: RENNA; SAITTA (Dir.). *Studi sui principi del diritto amministrativo*, p. 126.

[44] Parte da doutrina italiana entende que a eficiência se mede pela execução do plano de governo exposto quando das eleições.

Note-se que o art. 5º da Lei nº 12.846/13 considera alguns dos atos lesivos à Administração Pública como se fossem crimes de mera conduta, como veremos adiante, ou seja, que se consumam apenas com determinado comportamento. Assim, oferecer vantagem indevida a agente público para que viole um dos princípios acima mencionados será ato ilícito previsto na Lei Anticorrupção. Todavia, se o agente público aceitar a oferta, o caso se desloca para a Lei de Improbidade Administrativa e o particular responderá por força do art. 3º dessa Lei. Mas, se o servidor não aceitar, a *empresa* terá praticado ato lesivo à Administração Pública.

4.2.3 Os compromissos internacionais assumidos pelo Brasil

A escalada da globalização teve reflexos na Lei nº 12.846/13, a ponto de o legislador considerar os compromissos internacionais assumidos pelo Brasil (e que podem ser alvo de ato lesivo à Administração Pública) um dos bens jurídicos por ela tutelados.

Se um cartel for organizado para fraudar o Mercosul (Mercado Comum do Sul), poderá estar caracterizado um ato lesivo à Administração Pública.

Portanto, os tratados internacionais que implicam compromissos internacionais do Brasil são bens jurídicos tutelados pela Lei nº 12.846/13.

4.3 DOS ATOS LESIVOS À ADMINISTRAÇÃO PÚBLICA

Para a proteção dos bens jurídicos acima delineados, a Lei nº 12.846/13 cuidou de tipificar a conduta *do particular*.[45]

Seu art. 5º define os atos lesivos à Administração Pública, dividindo-os em três grandes grupos: *(i)* o primeiro abrange atos de caráter

---

[45] Não se olvide que se houver agente público envolvido o caso será de improbidade administrativa, campo de aplicação da Lei nº 8.429/92.

mais geral; *(ii)* o segundo, aqueles que têm conexão com as licitações e contratos administrativos e o terceiro *(iii)* é relativo a atos praticados quando de investigação ou fiscalização pelos órgãos públicos competentes.

4.3.1 Atos lesivos à Administração Pública de caráter geral

Estão no primeiro grupo os seguintes atos típicos:

> Art. 5º [...]
>
> I – prometer, oferecer ou dar, direta ou indiretamente, vantagem indevida a agente público, ou a terceira pessoa a ele relacionada;
>
> II – comprovadamente, financiar, custear, patrocinar ou de qualquer modo subvencionar a prática dos atos ilícitos previstos nesta Lei;
>
> III – comprovadamente, utilizar-se de interposta pessoa física ou jurídica para ocultar ou dissimular seus reais interesses ou a identidade dos beneficiários dos atos praticados [...]

Como não estamos diante de uma lei que cuida de ato de improbidade administrativa, para cuja prática se exige um servidor público, mas diante de atos lesivos à Administração Pública, que são praticados por particulares, a Lei nº 12.846/13 cuida da matéria como sendo, praticamente, o reverso da medalha em relação à Lei de Improbidade Administrativa: enquanto nesta, para ser alcançado o fim ilícito, o particular necessita que o agente público pratique um ato de improbidade para o qual, no entanto, ele o induziu ou concorreu (art. 3º da Lei de Improbidade Administrativa), em caso de atos lesivos à Administração Pública deve haver *unicamente* o comportamento do particular ou dos particulares. A atuação conjunta do servidor público sem dúvida desloca o fato para a Lei de Improbidade Administrativa.

O primeiro ato lesivo à Administração Pública consiste em "prometer, oferecer ou dar, direta ou indiretamente, vantagem indevida a agente público, ou a terceira pessoa a ele relacionada" (art. 5º, inciso I).

Se estivéssemos na seara do Direito Penal, a *promessa ou o oferecimento* tipificaria um crime de *mera conduta* (ou de simples atividade). Nos crimes de mera conduta, escreve Mirabete, a lei não exige qualquer resultado naturalístico, contentando-se com a ação ou omissão do agente. Não sendo relevante o resultado material, há uma ofensa (de dano ou de perigo) presumida pela lei diante da prática de uma conduta. O exemplo clássico é o delito de invasão de domicílio.[46]

Para a consumação do delito de invasão de domicílio é suficiente que o agente entre ou permaneça – nas circunstâncias apontadas pela norma do art. 150 do Código Penal. Entrar e permanecer são meras ações – meras condutas ou simples atividades do agente.

Mutatis mutandis, "prometer" e "oferecer" são ações, meras condutas que já consumam o ato lesivo à Administração Pública. Remarque-se: se a promessa ou o oferecimento forem aceitos pelo agente público, o ilícito caracterizará ato de improbidade administrativa.

O que a lei pretende coibir e desestimular é a ação isolada do particular.

O ato lesivo à Administração Pública consistente em "dar", já exige um resultado – a entrega da vantagem, direta ou indiretamente. É um ilícito que exige o resultado para se aperfeiçoar. Mas, para que seja tipificado o ato lesivo à Administração Pública é preciso a recusa do servidor, pois se ele aceitar a oferenda, estaremos no campo da improbidade administrativa.

O segundo ato lesivo à Administração Pública, previsto no art. 5º, II, consiste em "financiar, custear, patrocinar ou de qualquer modo subvencionar a prática dos atos ilícitos previstos nesta Lei".

Mudando nossa posição anterior, neste caso também se exige um resultado naturalístico para a consumação do ilícito, qual seja, a

---

[46] "Art. 150. Entrar ou permanecer, clandestina ou astuciosamente, ou contra a vontade expressa ou tácita de quem de direito, em casa alheia ou em suas dependências".

prática de atos que caracterizem o financiamento, custeio, patrocínio ou subvenção, ainda que parcial.

Vale advertir que, se houver atuação do agente público por força desses comportamentos, haverá a prática de ato de improbidade administrativa.

Por fim, o terceiro ato lesivo à Administração Pública de caráter geral (art. 5º, III) se consuma com a utilização de "interposta pessoa física ou jurídica para ocultar ou dissimular seus reais interesses ou a identidade dos beneficiários dos atos praticados".

Neste caso, o agente se vale de outra pessoa física ou jurídica para dissimular seus reais interesses ou a identidade de quem será beneficiário do ato.

Esse terceiro, quando se trata de pessoa jurídica, não raramente é instituída pelo próprio agente, ou, então, é paga para ser o "laranja", que é o jargão próprio para o caso.

O "laranja" e aquele que dele se valeu responderão pelo ato lesivo à Administração Pública. Incerta a origem da expressão. Quase sempre o "laranja" nem sabe que seu nome está sendo usado.

Testa de ferro já é expressão utilizada no mesmo sentido, embora mais própria para aquele que sabe mais que o "laranja".

A expressão vem do Duque Emanuele Filiberto di Savoia, conhecido como o "Testa di Ferro", porque apesar de rei de Chipre e Jerusalém, não tinha poder algum, segundo Câmara Cascudo ("Locuções Tradicionais no Brasil").

A hipótese do inciso em análise pode ser utilizada para a prática de quaisquer dos atos ilícitos previstos no art. 5º ou se constituir num ato lesivo por si mesmo: o agente se vale de um "laranja", por exemplo, para emissão de notas frias, como meio de praticar o ato lesivo.

Resta observar que, nos incisos I e II, a norma principia com uma condição: "comprovadamente". Não é de boa técnica legislativa a utilização dessa expressão, pois a comprovação do ato lesivo é indispensável para a *decisão condenatória*, mas não para a investigação e o processo.

Para evitar a conclusão que a lei contém palavras inúteis, o que a regra está a exigir é uma comprovação mínima da autoria e da materialidade do ato lesivo, para a respectiva investigação ou processo.

Mas, no fundo, a expressão pouco acrescenta à regra, pois encerra exigência ínsita em qualquer caso.

4.3.2 Atos lesivos à Administração Pública que têm conexão com as licitações e contratos administrativos

No segundo grupo, há uma série de atos típicos previstos nas diversas alíneas do inciso IV do art. 5º. Vamos examinar cada uma delas separadamente.

4.3.2.1 Art. 5º – Inciso IV, "a": frustrar ou fraudar, mediante ajuste, combinação ou qualquer outro expediente, o caráter competitivo de procedimento licitatório público

O inciso diz respeito àqueles comportamentos que retiram da licitação o que deva ser de sua essência: a competição livre e verdadeira entre os participantes, para ensejar a escolha da melhor oferta para a Administração Pública.

A combinação de preços entre os licitantes, ou a formação de um cartel, é exemplo desse ato lesivo à Administração Pública.

Todavia, se o caráter competitivo da licitação vem comprometido também por ato de servidor público, o ilícito será um ato de improbidade administrativa, cuja Lei (8.429/92) contém norma semelhante, no inciso VIII do art. 11, conquanto dirigida ao servidor público:

> Art. 11. [...]
>
> VIII – frustrar a licitude de processo licitatório ou dispensá-lo indevidamente.

Portanto, se a competição vier a ser frustrada por ação apenas de particulares, o caso se enquadra na alínea "a" do inciso IV do art. 5º da Lei nº 12.846/13, mas se houver a participação de servidor público, o enquadramento correto será no inciso VIII do art. 11 da Lei nº 8.429/92.

Ambas as regras jurídicas não especificam a que tipo de expediente ardiloso estão se referindo. Portanto, qualquer fraude que viole as regras da competição será um ato lesivo.

O inciso VIII da Lei de Improbidade também menciona a dispensa indevida da licitação – mas se vale da expressão em seu sentido genérico, de molde a abranger a dispensa propriamente dita (Lei 8.666/93, art. 24) e a inexigibilidade de licitação (Lei 8.666/93, art. 25), as quais configuram, em última análise, em defraudação do processo licitatório.

Porém, nesses casos toda cautela é necessária, pois são institutos que ensejam interpretações diversas, tanto em doutrina como na jurisprudência dos Tribunais de Contas e dos Tribunais Judiciários. Haverá ato lesivo em caso de dispensa ou inexigibilidade que configure erro grosseiro.

4.3.2.2 Art. 5º – Inciso IV, "b": impedir, perturbar ou fraudar a realização de qualquer ato de procedimento licitatório público

Nesse item, ao contrário do anterior, a Lei não considera o procedimento licitatório como um *todo*, mas qualquer *ato* do procedimento.

Claro está que não será típico o ato do licitante que pleiteie invalidar o edital ou uma decisão da Comissão de Licitação, com base em direito que julga ter, seja por via de recurso administrativo ou mandado de segurança, por exemplo.

Todavia, será ato lesivo à Administração Pública impedir, por ameaça, *v.g.*, que determinado licitante oferte os documentos de habilitação em licitação em andamento e com as fases invertidas, como ocorre no Estado de São Paulo: sabedor de que o licitante concorrente oferecera menor preço, o agente pretende, ilicitamente, conseguir a sua desclassificação, para vencer o certame.

Três são os núcleos das condutas previstas: impedir, perturbar ou fraudar ato do procedimento licitatório.

Impedir é obstar a prática de um dos atos do procedimento, qualquer que seja a sua forma. Neste caso, o ato não se realiza.

Perturbar significa provocar desordem ou desarranjos sem razão jurídica, protraindo a realização do ato por qualquer que seja a razão (conseguir certidão negativa de débito fiscal; obter qualificação técnica etc.). O ato acaba se realizando, mas tardiamente. A Lei nº 12.846/13 quer coibir esse adiamento, provocado por atos meramente protelatórios ou com abuso de direito.

Fraudar é se valer de expedientes ilegais para tornar o ato nulo ou anulável, futuramente, como, por exemplo, falsificar a assinatura de concorrente ausente à reunião da comissão de licitação e depois arguir ou provocar outrem a pleitear a anulação do ato.

4.3.2.3 Art. 5º – Inciso IV, "c": afastar ou procurar afastar licitante, por meio de fraude ou oferecimento de vantagem de qualquer tipo

Agora a atuação do particular se volta para um dos concorrentes.

Duas são as condutas típicas previstas: o efetivo afastamento de licitante ou a tentativa de afastamento, ainda que o agente não esteja participando da licitação.

Na primeira hipótese, exige-se o resultado (afastamento) e, na segunda, os atos tendentes ao mesmo fim, sem consegui-lo.

4.3.2.4 Art. 5º – Inciso IV, "d": fraudar licitação pública ou contrato dela decorrente

Nesta alínea "d" o núcleo do verbo é genérico – fraudar licitação pública, o que alcança qualquer ato ou comportamento por parte de licitante que comprometa a validade do certame, como apresentação de atestados falsos.

Todavia, em outras anteriores, há referência a certos fatos ou comportamentos específicos e, então, nelas deverá ser feito o enquadramento correto. Assim, frustrar o caráter competitivo da licitação é fraudar a licitação, mas, por especificidade, o enquadramento correto será na alínea "a".

No que tange à defraudação do contrato, entendemos que dificilmente o particular encontrará meios para tanto, seja quando da sua confecção, seja quando de sua formalização, pois a respectiva minuta já consta do edital (Lei 8.666/93, arts. 38, X, e 40, III), previamente aprovada pela assessoria jurídica da Administração (art. 38, parágrafo único), cujas cláusulas obrigatórias são determinadas pela Lei (arts. 54 e 55), inclusive condições de acréscimos (art. 55, § 1º) e assim por diante.

Fraudar o contrato, portanto, poderá ocorrer na sua execução – sempre sem a participação de agente público, para não deslocar a hipótese para a Lei de Improbidade – como, por exemplo, fazer constar volume de serviços maiores que o real (como retirada de terra para obras) etc.

Contudo, não basta simples falha na execução contratual para a caracterização do ato lesivo à Administração. É indispensável que haja certa gravidade e agressão séria ao interesse público na inexecução, que torne as sanções da Lei Anticorrupção adequadas, proporcionais e necessárias.

4.3.2.5 Art. 5º – Inciso IV, "e": criar, de modo fraudulento ou irregular, pessoa jurídica para participar de licitação pública ou celebrar contrato administrativo

Novamente, a lei busca impedir que a pessoa jurídica se valha de "laranja" ou testa de ferro para participar de licitação, a fim, por exemplo, de dar cobertura aos preços constantes de sua proposta.

Observe-se que a norma tem um núcleo importante: *criar* ilicitamente uma pessoa jurídica para participar de licitações ou celebrar contrato administrativo. Se o agente se vale de pessoa jurídica já existente, a tipificação será numa das outras alíneas ou incisos, conforme o caso concreto.

A cobertura de preços (para mais ou para menos) é um dos frequentes motivos para a criação de empresa "laranja". Às vezes, ela tem que ganhar a competição e celebrar o contrato apenas para repassá-lo ao agente, como pode ocorrer nas concessões.

4.3.2.6 Art. 5º – Inciso IV, "f": obter vantagem ou benefício indevido, de modo fraudulento, de modificações ou prorrogações de contratos celebrados com a Administração Pública, sem autorização em lei, no ato convocatório da licitação pública ou nos respectivos instrumentos contratuais

O ato lesivo à Administração Pública previsto nesta alínea, sob a modalidade de "prorrogação de contrato", segundo nos parece, dificilmente ocorrerá sem a participação de agente público, o que desloca o caso para a Lei de Improbidade Administrativa: como a prorrogação é um ato bilateral, difícil conceber um modo fraudulento que impeça o agente público de verificar se a prorrogação é legal, contratual ou prevista no edital.

Porém, não é de se descartar a possibilidade de a Administração Pública confiar (ou não dispor de equipe técnica para tanto) em documentos elaborados pelo agente, contendo dados falsos, visando à prorrogação contratual. De outro lado, suponha-se que pequena prefeitura, sem condições de realizar exame geológico da área, confie nos cálculos da empresa, que se vale da modificação contratual ou para se utilizar de método mais econômico de construção.

Uma advertência: se houver repercussão no equilíbrio econômico-financeiro do contrato, a hipótese se desloca para a alínea "g", que será examinada em seguida.

4.3.2.7 Art. 5º – Inciso IV, "g": manipular ou fraudar o equilíbrio econômico-financeiro dos contratos celebrados com a Administração Pública

Trata-se de apresentação das dificuldades "fabricadas", para gerar repercussão no equilíbrio econômico-financeiro do contrato, como, por exemplo, a falsificação do número de usuários de uma linha de ônibus, em total desacordo com os estudos de viabilidade econômica que acompanharam o edital de licitação.

O caso é de fraude em contrato administrativo, acima, letra "d" – mas essa fraude com fim específico se enquadra nessa alínea "g".

4.3.3 Atos lesivos à Administração Pública concernentes a dificultar a atividade investigatória

No inciso V do art. 5º, lê-se:

> Art. 5º [...]
>
> V – dificultar atividade de investigação ou fiscalização de órgãos, entidades ou agentes públicos, ou intervir em sua atuação, inclusive no âmbito das agências reguladoras e dos órgãos de fiscalização do sistema financeiro nacional.

A norma é autoexplicativa. A lei cria, por assim dizer, o dever de colaboração das empresas com os órgãos de fiscalização competentes, quando lhes forem solicitadas informações e documentos.

Assim, se a fiscalização ocorre *in loco*, na empresa, por exemplo, não será lícito ao fiscalizado dificultá-la com obstáculos removíveis.

Por fim, consiste ato lesivo à Administração Pública intervir na atuação dos órgãos de investigação ou de fiscalização. A lei não especifica como pode ocorrer essa interferência, o que lhe dá uma larga amplitude que, no entanto, não pode ser subjetiva, isto é, sem fatos concretos e demonstráveis. O agente da investigação ou da fiscalização deve se apoiar em fatos reais, passíveis de descrição, e não apenas naqueles que estão na sua mente, ou seja, em sua subjetividade. Contudo, basta a interferência: estamos diante de um ilícito de mera conduta, sendo indiferente se surtiu ou não o resultado esperado.

De outra banda, a interferência não precisa ser realizada diretamente pela pessoa jurídica interessada, mas, a pedido desta, por interposta pessoa – um parente do agente público, por exemplo. Caberá ao servidor público denunciar o fato e, obviamente, se afastar do caso, pois sua atuação *impessoal* já não será mais possível.

4.4 DA TIPICIDADE DOS ATOS LESIVOS À ADMINISTRAÇÃO PÚBLICA

Demonstrando, com largo apoio em doutrinadores de renome, que a teoria da responsabilidade subjetiva não mais se presta para cobrir as multifárias maneiras pelas quais os atos ilícitos se apresentam na complexa realidade hodierna, mas que devem ser objeto de punição ou de ressarcimento, vale repetir a lição de Rui Stoco quando afirma, com toda razão, que o Código Civil abandonou "em grande parte e com vantagem, a culpa presumida para adotar, ainda que por exceção e sempre expressamente e em *numerus clausus*, a responsabilidade objetiva, como, por exemplo, nas atividades perigosas (art. 927, parágrafo único)".[47]

A regra da *responsabilização objetiva* das empresas, que se constitui em exceção no nosso sistema jurídico e adotada pela Lei nº 12.846/13 torna o art. 5º *taxativo*, e não meramente exemplificativo, como ocorre com os atos de improbidade administrativa da Lei nº 8.429/92.

---

[47] STOCO. *Tratado de responsabilidade civil:* doutrina e jurisprudência, p. 183. O art. 927 do Código Civil assim dispõe: "Aquele que, por ato ilícito (arts. 186 e 187), causar dano a outrem, fica obrigado a repará-lo. Parágrafo único. Haverá obrigação de reparar o dano, independentemente de culpa, nos casos especificados em lei, ou quando a atividade normalmente desenvolvida pelo autor do dano implicar, por sua natureza, risco para os direitos de outrem".

Capítulo 5

DO PROCESSO ADMINISTRATIVO DE RESPONSABILIZAÇÃO

A Lei nº 12.846/13 prevê a projeção da responsabilidade por ato lesivo à Administração Pública em duas órbitas: a administrativa (arts. 6º e 7º) e a judicial (arts. 18 a 21). Vejamos, separadamente, as hipóteses, seguindo a exposição da Lei nº 12.846/13.

Antes, porém, necessária uma rápida digressão a respeito do microssistema normativo de prevenção e combate à corrupção, de acordo com a evolução do tema nos textos legais e, depois, a constatação de que faltou à Lei Anticorrupção sistematizá-lo e harmonizá-lo, uma vez que potenciais conflitos podem surgir, como veremos. Ainda são necessárias algumas considerações sobre as normas introduzidas no ordenamento pátrio por meio da Lei nº 13.655/18, que acrescentou as regras contidas no texto dos artigos 20 a 30 à Lei de Introdução às Normas de Direito Brasileiro, representada pelo Decreto-Lei nº 4.657/42.

Vencidas tais análises legais é que adentraremos o campo do processo administrativo de responsabilização propriamente dito.

5.1 MICROSSISTEMA NORMATIVO DE PREVENÇÃO E COMBATE À CORRUPÇÃO

5.1.1 Gênese e evolução histórico-normativa no direito pátrio

A promulgação da Lei Federal nº 12.846 (chamada Lei Anticorrupção), por sua publicação no Diário Oficial da União, veiculado em 2 de agosto de 2013, certamente, veio a reboque das (então) recentes e intensas manifestações sociais que marcaram o País.

Na época de sua promulgação, o Poder Público sustentou um discurso de *novidade* a propósito da norma para se mostrar engajado na luta contra esse verdadeiro flagelo que é a corrupção. Escândalos, que tomam conta do noticiário, da mídia escrita, televisiva e radiofônica, grassavam e ainda grassam pelo País.

Será, no entanto, que a tutela jurídica da corrupção, por meio da Lei "Empresa Limpa", seria, mesmo, um ineditismo no ordenamento jurídico somente em 2013?

A resposta é negativa: em verdade, antes dela o nosso ordenamento jurídico já continha instrumental significativo para punição dos praticantes desses atos, que lesam a própria nação.

Para não retrocedermos em demasia,[48] lembremos que a própria Constituição Federal já instituíra, em 1988, mecanismos de controle

---

[48] No plano internacional, há normas extremamente relevantes para a formação histórica (e até normativa, dado o efeito de demonstração) da tutela jurídica da corrupção: *Securities Exchange Act*, de 1934, que tutela a corrupção, sobretudo, no mercado de valores mobiliários, *Foreign Corrupt Practices Act – FCPA*, de 1977, ambos dos Estados Unidos, e *UK Antibribery Act*, no Reino Unido. Pode-se afirmar que tais normas serviram de base e referência para o texto normativo editado em vários países do mundo. Além disso, há que se considerar os tratados e convenções internacionais, sobre os quais, para aprofundamento nos respectivos teores, remete-se o leitor para o artigo de Marcio Bonini Notari: *As convenções internacionais ratificadas pelo Brasil no combate à corrupção.* Revista de Direito Internacional e Globalização Econômica. vol 1, nº 1, jan./jun. 2017, p. 60-77.

interno e externo da Administração Pública, acerca dos quais se tratará um pouco adiante, além de haver positivado vários princípios que orientam a Administração Pública no *caput* do artigo 37.

Aliás, certamente, a preocupação com a prevenção e o combate à corrupção, de maneira bastante ampla, também veio no bojo da instituição do regime social democrático, na medida em que, antes de tudo, o próprio Estado e os agentes públicos se submetem ao império da legalidade.

O Estado, em verdade, não é titular do Poder. O Poder pertence, sempre, ao povo, como, a propósito, também restou positivado na Constituição.[49] O seu exercício é desempenhado de forma representativa por meio das funções atribuídas ao Estado, também pela Constituição, ao Legislativo, Executivo e Judiciário.

Mas, como tais entidades são ficções jurídicas, é necessário que suas funções sejam materializadas por meio de pessoas, os *agentes públicos*.[50] No exercício da *função*, os agentes, igualmente, não são titulares nem do Poder, tampouco do patrimônio sob sua guarda e tutela. São, portanto, gestores de coisas alheias, de toda a sociedade.

Desse modo, o Estado e todos os seus agentes estão sujeitos ao regime jurídico: estes não são "donos" da coisa pública, mas a tutelam em favor da sociedade por meio da função para a qual estão investidos, atribuída pelo ordenamento jurídico.

Daí a preocupação com os desvios. Em função disso, é que já havia instrumentos na conformação original do ordenamento constitucional em vigor para tutelar o desempenho da função: a correção de desvios também integra e é uma das facetas do desempenho da função ligada ao exercício do Poder.

---

[49] Art. 1º [...] Parágrafo único. Todo o poder emana do povo, que o exerce por meio de representantes eleitos ou diretamente, nos termos desta Constituição.

[50] Em sentido amplíssimo, sem considerar a natureza política ou administrativa, permanente ou temporária, da investidura.

As funções de controle interno e externo, por natureza, já compunham o mecanismo de freios e contrapesos destinado a prevenir e combater desvios na aplicação dos recursos públicos.

No ordenamento constitucional, foram previstas as competências atreladas aos *controles* externo e interno da Administração. No caso do controle externo, o Tribunal de Contas da União – TCU, por expressa atribuição constitucional, é o órgão auxiliar do Congresso Nacional que detém a competência de exercer o *controle externo* da Administração Pública Federal (CF, art. 71).

Vastas e importantes são as atribuições dessa Corte de Contas, como fica muito evidente pelo exame das normas contidas nos artigos 71 e seguintes, da Constituição Federal, e, ainda, da Lei nº 8.443, de 16 de julho de 1992 (Lei Orgânica do Tribunal de Contas da União), cujo artigo 1º estatui a sua competência.

O artigo 71[51] arrola, ainda em sede constitucional, as competências materiais do Tribunal de Contas da União, com especial destaque

---

[51] Art. 71. O controle externo, a cargo do Congresso Nacional, será exercido com o auxílio do Tribunal de Contas da União, ao qual compete: I – apreciar as contas prestadas anualmente pelo Presidente da República, mediante parecer prévio que deverá ser elaborado em sessenta dias a contar de seu recebimento; II – julgar as contas dos administradores e demais responsáveis por dinheiros, bens e valores públicos da administração direta e indireta, incluídas as fundações e sociedades instituídas e mantidas pelo Poder Público federal, e as contas daqueles que derem causa a perda, extravio ou outra irregularidade de que resulte prejuízo ao erário público; III – apreciar, para fins de registro, a legalidade dos atos de admissão de pessoal, a qualquer título, na administração direta e indireta, incluídas as fundações instituídas e mantidas pelo Poder Público, excetuadas as nomeações para cargo de provimento em comissão, bem como a das concessões de aposentadorias, reformas e pensões, ressalvadas as melhorias posteriores que não alterem o fundamento legal do ato concessório; IV – realizar, por iniciativa própria, da Câmara dos Deputados, do Senado Federal, de Comissão técnica ou de inquérito, inspeções e auditorias de natureza contábil, financeira, orçamentária, operacional e patrimonial, nas unidades administrativas dos Poderes Legislativo, Executivo e Judiciário, e demais entidades referidas no inciso II; V – fiscalizar as contas nacionais das empresas supranacionais de cujo capital social a União participe, de forma direta ou indireta, nos termos do tratado constitutivo; VI – fiscalizar a aplicação de quaisquer recursos repassados

para o disposto em seu inciso II, que fala sobre o dever de *julgar as contas dos administradores e demais responsáveis por dinheiros, bens e valores públicos da administração direta e indireta, incluídas as fundações e sociedades instituídas e mantidas pelo Poder Público federal, e as contas daqueles que derem causa a perda, extravio ou outra irregularidade de que resulte prejuízo ao erário público.*

Nota-se que a competência constitucionalmente atribuída ao Tribunal de Contas da União é bastante abrangente, justamente, com o propósito de dotá-lo de mecanismos efetivos de fiscalização e controle do uso dos recursos públicos.

E, não por acaso, a Constituição já previra a possibilidade de que agentes privados pudessem ser responsabilizados, o que se evidencia pelo emprego da expressão: "demais responsáveis por dinheiros" (inciso II). A norma, interpretada em conjunto com a parte final do inciso, demonstra a competência do Tribunal para analisar a legalidade do uso de recursos públicos pelos particulares que, eventualmente, os recebem. Aliás, a EC nº 19, de 4 de junho de 1998, deixou a matéria ainda mais indene de dúvidas ao alterar a norma introduzida no parágrafo único do artigo 70.

Ou seja: a função de controle externo emprega, como critério de discriminação para efeito de sua incidência, a responsabilidade pela aplicação de recursos públicos, independentemente da qualidade ou do regime jurídico a que se sujeitam as pessoas que dele venham a dispor.

---

pela União mediante convênio, acordo, ajuste ou outros instrumentos congêneres, a Estado, ao Distrito Federal ou a Município; VII – prestar as informações solicitadas pelo Congresso Nacional, por qualquer de suas Casas, ou por qualquer das respectivas Comissões, sobre a fiscalização contábil, financeira, orçamentária, operacional e patrimonial e sobre resultados de auditorias e inspeções realizadas; VIII – aplicar aos responsáveis, em caso de ilegalidade de despesa ou irregularidade de contas, as sanções previstas em lei, que estabelecerá, entre outras cominações, multa proporcional ao dano causado ao erário; IX – assinar prazo para que o órgão ou entidade adote as providências necessárias ao exato cumprimento da lei, se verificada ilegalidade; X – sustar, se não atendido, a execução do ato impugnado, comunicando a decisão à Câmara dos Deputados e ao Senado Federal; XI – representar ao Poder competente sobre irregularidades ou abusos apurados.

A seu turno, o ordenamento constitucional também introduziu regras que obrigam ao exercício da competência de controle interno por todos os entes federados.

No âmbito da União Federal, a *Controladoria-Geral da União* – CGU, a seu turno, também tem sua matriz constitucional, no artigo 70, uma vez que este dispositivo comanda a que todas as funções de Poder – Executivo, Legislativo e Judiciário – estabeleçam mecanismos de *controle interno* de seus atos.

Nesse sentido, a CGU foi criada com o propósito de desempenhar o *controle interno* da Administração Pública Federal, servindo como instância de exercício do *dever-poder* de autotutela administrativa. Porém, sua efetiva instalação somente veio a ocorrer no ano de 2002, como será apontado logo adiante.

O microssistema de combate à corrupção foi ampliado, expressivamente, com a edição de normas esparsas relevantes. Em 1990, foi editada a Lei nº 8.137, que estabeleceu os crimes contra a ordem econômica e, em 1992, com a edição da Lei nº 8.429, que dispõe sobre as sanções aplicáveis em função da prática de atos de improbidade administrativa.

Em 1993, com a publicação da Lei Federal nº 8.666, que dispõe sobre regras gerais acerca de licitações públicas e contratos administrativos, novas condutas antijurídicas foram tipificadas pelo legislador e que podem ser classificadas, em sentido lato, como atos de corrupção: há, nos artigos 89 ao 98, condutas tipificadas como crime, cuja essência são atos de corrupção.

Em 1994, é introduzida a Lei Federal nº 8.884, que instituiu o Conselho Administrativo de Defesa da Ordem Econômica e definiu as condutas administrativas passíveis de responsabilização. Com isso, o ordenamento, ainda no início da década de 1990, dava nítidos sinais de estruturação de uma resposta para uma ampla gama de condutas que, em maior ou menor grau, podem ser identificadas como práticas corruptas.

O próximo passo em direção à efetiva institucionalização dos mecanismos de combate à corrupção foi a regulamentação do sistema de controle interno da Administração Pública Federal, por meio do Decreto Federal nº 2.272, de 9 de julho de 1997, que instituiu o Programa de Acompanhamento Gerencial de Gastos e Avaliação Institucional no âmbito da Administração Pública Federal.

Na sequência, foi editado o Decreto Federal nº 3.591, de 6 de setembro de 2000, que instituiu o Sistema de Controle Interno do Poder Executivo.

Nesse meio tempo, o Brasil ratificou dois importantes Tratados Internacionais: a Convenção sobre o Combate da Corrupção de Funcionários Públicos Estrangeiros em Transações Comerciais Internacionais, aprovada pela Organização para a Cooperação Econômica e Desenvolvimento (OCDE), introduzida no ordenamento por meio do Decreto nº 3.678, de 30 de novembro de 2000, e a Convenção Interamericana contra a Corrupção, promulgada pela Organização dos Estados Americanos (OEA), introduzida no Direito brasileiro por força do Decreto nº 4.410, de 7 de outubro de 2002.

Logo após, foi publicado o Decreto nº 4.490, de 28 de novembro de 2002, que estruturou a Corregedoria-Geral da União, posteriormente revogado pelo de nº 4.785, de 21 de julho de 2003, que, finalmente, instituiu a estrutura da Controladoria-Geral da União e que introduziu, no rol de atividades expressamente mencionadas do artigo 1º, o *incremento da transparência da gestão* como a finalidade da atividade de controle interno.

A estrutura orgânica e funcional da CGU foi modificada ainda mais uma vez, agora pelo Decreto nº 5.683/06, quando, enfim, foi expressamente positivada a função de *prevenção e combate à corrupção* e atribuída a supervisão geral do sistema de controle interno à CGU.[52]

---

[52] Art. 1º A Controladoria-Geral da União, órgão central do Sistema de Controle Interno do Poder Executivo Federal e integrante da estrutura da Presidência da República, dirigida pelo Ministro de Estado Chefe da Controladoria-Geral da União, tem como competência assistir direta e imediatamente o Presidente da República no desempenho de suas atribuições, quanto aos assuntos e providências que, no âmbito do

Posteriormente, essa norma foi revogada pelo Decreto nº 8.109/13, que estabeleceu a estrutura da Controladoria-Geral da União vigente até sua extinção e criação do Ministério da Transparência em 2017, sendo certo que a norma introduzida no inciso V do seu artigo 1º previu, expressamente, a atribuição de "prevenção da corrupção".[53]

No mesmo ano de 2013, é que foi, enfim, sancionada a Lei nº 12.846, que instituiu a responsabilização civil e administrativa específica das pessoas jurídicas por atos de corrupção.

A grande modificação introduzida no ordenamento por meio dessa norma foi a positivação da responsabilidade civil objetiva da pessoa jurídica: o sistema então vigente exigia a demonstração do elemento subjetivo – dolo ou culpa grave – para caracterização de ilícitos tutelados pelo microssistema.

Poder Executivo, sejam atinentes à defesa do patrimônio público, ao controle interno, à auditoria pública, à correição, à prevenção e ao combate à corrupção, às atividades de ouvidoria e ao incremento da transparência da gestão no âmbito da administração federal. Parágrafo único. Compete ainda à Controladoria-Geral da União exercer a supervisão técnica dos órgãos que compõem o Sistema de Controle Interno, o Sistema de Correição e das unidades de ouvidoria do Poder Executivo Federal, prestando, como órgão central, a orientação normativa que julgar necessária.

[53] Art. 1º A Controladoria-Geral da União, órgão central do Sistema de Controle Interno do Poder Executivo federal e integrante da estrutura da Presidência da República, dirigida pelo Ministro de Estado Chefe da Controladoria-Geral da União, tem como competência assistir direta e imediatamente o Presidente da República no desempenho de suas atribuições quanto aos assuntos e providências, no âmbito do Poder Executivo federal, relativos a: I – defesa do patrimônio público; II – controle interno; III – auditoria pública; IV – correição; V – prevenção e combate à corrupção; VI – atividades de ouvidoria; e VII – incremento da transparência da gestão. § 1º Compete à Controladoria-Geral da União exercer a supervisão técnica dos órgãos que compõem o Sistema de Controle Interno, o Sistema de Correição e das unidades de ouvidoria do Poder Executivo federal, e prestar orientação normativa na condição de órgão central. § 2º A Controladoria-Geral da União prestará orientação aos dirigentes públicos e administradores de bens e recursos públicos quanto a correição, controle interno, prevenção da corrupção e ouvidoria.

Isso não significa, no entanto, que pessoas jurídicas não pudessem ser responsabilizadas, ainda que indiretamente, em função da responsabilização de seus agentes, antes da Lei nº 12.846/13.

A Lei de Licitações, por exemplo, já dispunha da previsão abstrata de penas de suspensão do direito de licitar e contratar e de declaração de inidoneidade. A própria Lei de Improbidade já foi aplicada, inúmeras vezes, contra pessoas jurídicas, mas, novamente, a responsabilização se aperfeiçoa, ao menos em tese, pelo aspecto subjetivo.

Nesse contexto, não é difícil constatar que o tema do combate à corrupção não é tão recente quanto se quis fazer crer com o advento da Lei Anticorrupção.

Nada obstante, como todo conhecimento científico é *contingente*,[54] naturalmente, a compreensão do fenômeno "corrupção" se retroalimenta com o acúmulo da experiência e, com isso, produz-se conhecimento que permite a criação de mecanismos novos e aperfeiçoamento dos existentes para seu combate.

Ou seja, pode-se dizer, por outro lado, que o tema evoluiu, gradativamente, com a instituição paulatina dos mecanismos de controle interno e externo, desde o início da década de 1990, sendo que, a rigor, talvez sequer fosse necessária menção expressa sobre a tutela da probidade nas normas que estruturam as respectivas competências: é da natureza do controle zelar pela aplicação adequada dos recursos públicos e, a reboque, prevenir e combater os desvios. O uso expresso do dêitico "corrupção", portanto, não altera a substância ou a eficácia do microssistema, mas, sem dúvida, pode gerar um apelo extrajurídico.

[54] Agustín Gordillo apresenta a questão de forma magistral ao propor que todas as ciências apenas admitem o conhecimento contingente de seus objetos em função da infinitude de suas propriedades ou predicados diante da finitude da percepção humana, mesmo com todos os recursos da ciência. GORDILLO, Agustín. *Tratado de derecho administrativo y obras selectas*. Tomo I, Parte General. 11. ed. Buenos Aires: F.D.A., 2013. p. I-29/I-30.

Nada obstante, até por conta do acordo de colaboração celebrado entre o Brasil e a Organização para a Cooperação e Desenvolvimento Econômico – OCDE, em junho de 2015, o tema do combate à corrupção vem ganhando tratamento positivo cada vez mais expressivo.[55]

Trata-se, enfim, do aperfeiçoamento das regras do Estado de Direito, como resultado do processo de evolução da sociedade, que traça na seara do direito o reconhecimento de que é preciso haver uma resposta institucional e jurídica para esse fenômeno pernicioso, com o propósito de coibi-lo ao máximo.

Também não se pode perder de vista que, desde 1965, vige a Lei da Ação Popular, instrumento para qualquer cidadão levar ao conhecimento do Judiciário ato administrativo lesivo ao patrimônio público, o qual, não raramente, decorre de corrupção.

Nesse diapasão, também é de se lembrar da Lei Federal nº 7.347/85 (Lei da Ação Civil Pública), que regula a legitimidade e o manejo da ação civil pública, também é ferramenta apta a postular a reparação de danos causados ao patrimônio público.

Outra norma muito relevante no combate à corrupção, mencionada alguns parágrafos acima, em sentido mais estrito, é a Lei de Improbidade Administrativa – Lei Federal nº 8.429/92 – que viabiliza a punição de agentes públicos e agentes privados (pessoas naturais). Este diploma legal é extremamente relevante como mecanismo de combate à corrupção.

Outra norma mencionada é a legislação antitruste, sistematizada, originalmente, pela Lei nº 8.884/94, revogada pela Lei nº 12.529/11, que estruturou o Sistema Brasileiro de Defesa da Concorrência.

---

[55] A Organização para Cooperação e Desenvolvimento Econômico – OCDE, fundada em 16 de abril de 1948, tem sede em Paris e conta com 34 membros. Em 2012, o Brasil foi considerado *key partner* da OCDE.

A Lei de Acesso à Informação – Lei nº 12.527/11 também merece notório destaque como mecanismo à disposição do cidadão para exercer o controle da gestão pública, muito embora o acesso à informação pública não precisasse de lei para ser exercido, diante do que já dispunha a Constituição Federal, desde sua promulgação, no inciso XIV de seu artigo 5º.[56]

Ainda assim, a entrada em vigor da Lei de Acesso à Informação também configura notável avanço no aparelhamento da democracia, ante o reconhecimento efetivo de que todo e qualquer cidadão tem o direito público subjetivo de conhecer informações relativas à administração dos interesses sociais, independentemente do motivo.[57]

E, ainda mais recentemente, foi sancionada a Lei nº 13.655, em 25 de abril de 2018, que, inexoravelmente, também passa a integrar o microssistema: conforme rápida menção no início do capítulo, por meio de tal lei, foram introduzidas as normas constantes dos inéditos artigos 20 a 30, da Lei de Introdução ao Direito Brasileiro, por meio das quais, enfim, o Direito Público ganhou normas gerais sistematizadas sobre interpretação e aplicação do Direito, especificamente, para as qualificadas relações entre público e privado.

A cidadania, nesse contexto, é motivo mais que suficiente para que qualquer entidade administrativa de quaisquer dos poderes forneça acesso pleno e irrestrito à informação, pois, pelo princípio da solidariedade, todos os cidadãos contribuem para o custeio do funcionamento

56 Art. 5º [...] XIV – é assegurado a todos o acesso à informação e resguardado o sigilo da fonte, quando necessário ao exercício profissional.

57 Art. 10. Qualquer interessado poderá apresentar pedido de acesso a informações aos órgãos e entidades referidos no art. 1º desta Lei, por qualquer meio legítimo, devendo o pedido conter a identificação do requerente e a especificação da informação requerida. § 1º Para o acesso a informações de interesse público, a identificação do requerente não pode conter exigências que inviabilizem a solicitação. § 2º Os órgãos e entidades do poder público devem viabilizar alternativa de encaminhamento de pedidos de acesso por meio de seus sítios oficiais na internet. § 3º São vedadas quaisquer exigências relativas aos motivos determinantes da solicitação de informações de interesse público.

do Estado, tendo, portanto, direito incontrastável de conhecer o que é feito em nome da sociedade.

Pode-se afirmar, assim, ao menos no que tange aos mecanismos de prevenção e combate à corrupção no âmbito federal que, com a entrada em vigor da Lei Anticorrupção, o direito brasileiro deu mais um passo na sistematização do um microssistema jurídico dedicado a esse fim, antes objeto de legislação esparsa, geralmente setorial, como é o caso das normas acerca de licitações e das normas antitruste.

Seria de se esperar, nesse panorama, que todos os órgãos envolvidos na missão de prevenir e combater a corrupção buscassem cooperação, intercâmbio de experiências e, porque não, atuação conjunta no combate à corrupção.

Mas, desde a primeira edição desta obra, já se antevia potencial conflito de competência entre os órgãos possivelmente legitimados, do ponto de vista jurídico, para desempenhar as funções de controle, em especial, o Tribunal de Contas da União e a Controladoria-Geral da União, sem perder de vista o próprio Ministério Público, fiscal da lei por vocação constitucional e institucional.

Infelizmente, essa hipótese acabou por se confirmar. Tanto que, após a publicação da segunda edição desta obra, foi editada a Medida Provisória nº 703, em 18 de dezembro de 2015, cujo objeto era sistematizar as competências dos órgãos de controle e fiscalização, bem como introduzir normas que confeririam maior segurança jurídica, sobretudo, à celebração de acordos de leniência.

Com efeito, no texto da Medida, os regramentos contidos nos §§ 11 a 14 introduziram normas sistemáticas que buscariam harmonizar a superposição de ações de responsabilização pelos diversos órgãos competentes, como, por exemplo, o sobrestamento ou o impedimento do ajuizamento da ação de improbidade ou de natureza civil, a competência conjunta do chefe do Poder em conjunto com representante do Ministério Público e o limite da competência do controle externo para apurar dano ao erário em caso de acordo.

A norma do artigo 15 tratava de obrigar a comunicação ao Ministério Público acerca da instauração de processo administrativo de responsabilização; o artigo 16 previu a negociação de acordos de leniência mediante atuação conjunta do Ministério Público e dos órgãos de controle interno e suas advocacias públicas.

Nada obstante, tais registros pertencem, agora, à história do Direito. A Medida Provisória encerrou sua vigência e perdeu sua eficácia em 29 de maio de 2016. Em 28 de junho de 2016, foi apresentado, em Plenário, na Câmara dos Deputados, o projeto de Decreto Legislativo nº 420/16, cujo objeto seria a regulamentação dos efeitos das relações jurídicas entabuladas durante a vigência da MP: todos os acordos porventura celebrados com base nas regras estabelecidas por essa norma seriam considerados nulos.

Segundo a exposição de motivos do Projeto, a questão da disciplina jurídica dos acordos de leniência seria deveras "complexa" para ser tratada pela via sumária da Medida Provisória.[58]

Porém o Projeto em questão também não foi aprovado e introduzido como norma jurídica no ordenamento. O prazo para tanto, igualmente, transcorreu sem que o respectivo procedimento fosse concluído, tendo sido arquivado, na Câmara dos Deputados, em 25 de agosto de 2016.

Aliás, talvez essa seja a maior crítica a ser feita à Lei Anticorrupção: como norma integradora de competência de diversos órgãos que concorrem em funções similares, ela poderia ter dado mais destaque e valor à atuação institucional de todos os que se incumbem de atuar em sua aplicação: sistemas de controle interno e externo, Ministério Público, Advocacia Pública e Poder Judiciário, seja porque a atuação integrada e harmônica de tantos atores é requisito lógico para

[58] A complexidade da matéria veiculada na Medida Provisória nº 703, de 2015, a toda evidência não se compatibilizava com o rito legislativo sumário característico do referido instrumento. Não por outro motivo, a MP em questão caducou sem sequer ter sido apreciada pela Comissão Mista encarregada de examiná-la.

a efetividade na aplicação da norma, seja por força do federalismo cooperativo, que tanta experiência pode agregar aos entes públicos se eles atuarem em conjunto.

Contudo, a Lei não apresentou, em seu texto original, qualquer sistematização na atuação dos órgãos e entes incumbidos de aplicá-la. Em verdade, a Lei, de fato, acabou por incentivar a atuação em verdadeiros *clusters*, feudos, com nítida opção pela CGU em detrimento da atuação do TCU, sem que ao menos haja previsão de que todos os órgãos atuem em conjunto com o propósito de tornar mais célere, efetiva, e, ainda, transparente e adequada, à luz do princípio do devido processo legal, a investigação da prática de eventual ato de corrupção.

E, ainda que seja razoável supor que o objeto da MP 703 devesse ser apreciado em processo legislativo ordinário, perdeu-se a oportunidade de fazê-lo com mais celeridade, dado o impulso realizado pela própria MP.

Aliás, é até curioso notar que o texto da MP nº 703 coincidiu, em grande parte, com o texto proposto no Projeto de Lei nº 3.636/15 e, após o encerramento de sua vigência, seu teor foi, também, quase integralmente transposto para o Projeto de Lei nº 4.703/16. Aliás, ao PL nº 3.636/15, encontra-se apensa mais de uma dezena de outros projetos.[59]

De toda sorte, certamente a atuação conjunta do Ministério Público poderia ser aproveitada, seja pela ampla experiência consolidada na utilização do mecanismo do *ajustamento de conduta*, que, em essência, não se distancia do conceito geral de acordo de leniência, além do fato de que, como fiscal da Lei, poderia atuar, também, na fiscalização da própria

[59] A saber: PL 8.121/2014, PL 2.813/2015, PL 3.897/2015, PL 3.918/2015, PL 4.001/2015, PL 7.871/2017, PL 9.175/2017; PL 5.208/2016; PL 8.103/2017; PL 8.802/2017; PL 11.233/2018; além, claro, do próprio PL 4.703/2016. A propósito, o mais recente dentre todos os Projetos de Lei, o PL 11.233/2018, propõe a introdução de normas significativamente mais detalhadas, como a previsão de homologação dos acordos de leniência pelo Conselho Superior do Ministério Público (provavelmente, isso seria feito de forma similar à homologação de arquivamento de inquéritos, mas, trata-se de uma suposição baseada na experiência concreta).

atuação administrativa por meio do incentivo negativo aos excessos e às excentricidades que, por vezes, são encontradas na atuação administrativa. Interessante o ponto de vista de Roberto Livianu a respeito:

> Digno de registro que o acordo de leniência somente pode ser estabelecido com o próprio órgão do controle interno estatal. Talvez fosse mais interessante e apropriado que esta relação de colaboração fosse construída com o Ministério Público.
>
> Função Essencial à Justiça, o MP, por ter incumbência de fiscalizar o próprio Estado e por se situar fora do Executivo, teria, a meu ver, melhores e mais independentes condições de cumprir esse mister, especialmente diante da grande experiência acumulada com a construção e manejo dos Termos de Ajustamento de Conduta, nos mais diversos campos de defesa dos direitos difusos e coletivos.[60]

Com a entrada em vigor da Lei Anticorrupção, o grande desafio que se apresentou aos administradores públicos, e que, certamente, ainda se mantém, foi a necessidade de regulamentação local, dadas as particularidades de cada esfera federativa e, acima de tudo, de cada ente federado individualmente considerado.

A propósito desse aspecto, a Lei Anticorrupção, em verdade, impõe severa dificuldade aos demais entes federados para sua aplicação eficaz, efetiva e obsequiosa aos princípios do devido processo legal. Ocorre que, em função do princípio federativo, naturalmente, cabe a cada ente político estabelecer normas de procedimento e aparelhar seus sistemas de controle interno para recepcionar e concretizar a aplicação da Lei.

Contudo, não se pode negar que, em um País colossal, de dimensão continental, em que mais da metade da população ainda não tem acesso a serviços de saneamento básico, muitos municípios, quiçá até mesmo Estados membros, não disporão de recursos financeiros, humanos e técnicos para normatizar suas regras de procedimento, aparelhar suas estruturas físicas e operacionais para efetivamente cumprir a Lei, sem mencionar a falta de conhecimento mais apurado nessa área, sobretudo no que tange ao *compliance* e à colheita, análise e utilização dos meios de prova.

[60] *Corrupção incluindo a nova Lei Anticorrupção*. 2. ed. São Paulo: Quartier Latin, 2014. p. 187.

Diante desse breve relato histórico da evolução do microssistema normativo de prevenção e combate à corrupção, pode-se comentar o que se reputa o primeiro potencial conflito de normas regulamentares do microssistema jurídico de combate à corrupção, na exata medida em que as disposições regulamentares editadas pela CGU afastam, ou, aparentemente, pretendem afastar, a participação do TCU nos processos de apuração de atos de corrupção, com especial destaque para a celebração dos *acordos de leniência*. Tais desacertos normativos são propositais. Em sua obra "As raízes legais da corrupção", Héctor Mairal (Editora Contracorrente, 2018) explica, com o subtítulo do livro, o seu conteúdo: "ou de como o Direito Público fomenta a corrupção em vez de combatê-la".

5.1.2 Conflito positivo de competência entre o TCU e a CGU

Muito bem. Está claro que, ao menos no âmbito da Administração Pública Federal, há duas figuras bem delineadas, incumbidas de zelar pelo controle e pela fiscalização adequados do uso dos recursos públicos: o TCU, como órgão de controle externo, e a CGU, como órgão de controle interno.

Para iniciar a análise do tema, é bastante importante apontar o que a Lei Anticorrupção dispõe acerca da atuação da CGU: competência *concorrente* para instaurar processos administrativos de responsabilização e competência *originária* para avocar processos instaurados por outros órgãos ou entidades para controle de legalidade;[61] competência originária para instaurar processo e julgar atos de corrupção praticados contra a

[61] Art. 8º A instauração e o julgamento de processo administrativo para apuração da responsabilidade de pessoa jurídica cabem à autoridade máxima de cada órgão ou entidade dos Poderes Executivo, Legislativo e Judiciário, que agirá de ofício ou mediante provocação, observados o contraditório e a ampla defesa. § 1º A competência para a instauração e o julgamento do processo administrativo de apuração de responsabilidade da pessoa jurídica poderá ser delegada, vedada a subdelegação. § 2º No âmbito do Poder Executivo federal, a Controladoria-Geral da União – CGU terá competência concorrente para instaurar processos administrativos de responsabilização de pessoas jurídicas ou para avocar os processos instaurados com fundamento nesta Lei, para exame de sua regularidade ou para corrigir-lhes o andamento.

Administração Pública estrangeira[62] e competência originária para celebrar acordos de leniência.[63] Essa questão é de suma relevância, uma vez que a Lei não estabeleceu os limites dessa *competência concorrente*, matéria a ser examinada a breve passo.

Após a publicação da Lei Anticorrupção, a sociedade civil, em geral, e a comunidade jurídica, em especial, passaram a aguardar, ansiosamente, pela expedição do Decreto que regulamentaria os procedimentos previstos na Lei, sobretudo, as regras acerca do processo administrativo e de dosimetria das sanções aplicáveis e as regras acerca da celebração dos acordos de leniência.

Ocorre que o regulamento, veiculado pelo Decreto Federal nº 8.420, somente veio a ser publicado mais de um ano após o início da vigência da Lei, em 18 de março de 2015.

E, ao disciplinar a Lei, o Decreto determinou, em seu artigo 29,[64] que compete à CGU celebrar acordos de leniência no âmbito da Administração Pública Federal e nos casos de atos lesivos à Administração Pública estrangeira, sem fazer, no entanto, qualquer menção à atuação do Tribunal de Contas da União, ao menos no que respeita aos atos praticados em solo brasileiro, menos ainda à cooperação com os demais órgãos e instâncias de controle e fiscalização.

[62] Art. 9º Competem à Controladoria-Geral da União – CGU a apuração, o processo e o julgamento dos atos ilícitos previstos nesta Lei, praticados contra a administração pública estrangeira, observado o disposto no Artigo 4 da Convenção sobre o Combate da Corrupção de Funcionários Públicos Estrangeiros em Transações Comerciais Internacionais, promulgada pelo Decreto nº 3.678, de 30 de novembro de 2000.

[63] Art. 16. [...] § 10 A Controladoria-Geral da União – CGU é o órgão competente para celebrar os acordos de leniência no âmbito do Poder Executivo federal, bem como no caso de atos lesivos praticados contra a administração pública estrangeira.

[64] Art. 29. Compete à Controladoria-Geral da União celebrar acordos de leniência no âmbito do Poder Executivo federal e nos casos de atos lesivos contra a administração pública estrangeira.

Aliás, para não se dizer inexistir menção aos demais órgãos de fiscalização, o § 5º do artigo 9º prevê que, *após o julgamento do processo administrativo*, se detectados indícios de que os atos examinados podem configurar condutas puníveis em outras esferas jurídicas, aí, sim, serão encaminhadas cópias dos autos ao Ministério Público e à Advocacia Geral da União.[65] Contudo, trata-se de previsão despicienda e que nada colaborou para efetivamente instituir um mecanismo integrado de atuação de todos esses órgãos *para o processamento do processo administrativo de responsabilização* e eventual celebração de *acordo de leniência.*

Contudo, o TCU criou um grupo de estudos que propôs um projeto de instrução normativa para disciplinar a necessária atuação do TCU. Vale reproduzir as conclusões da equipe técnica retratadas no voto condutor da decisão proferida nos autos do processo administrativo interno que resultou na promulgação da Instrução Normativa nº 74/15, de 11 de fevereiro de 2015,[66] que regulamenta a celebração de acordos de leniência com a Administração Pública Federal:

> Em 16 de novembro de 2014, o grupo apresentou estudo no qual foram consignadas as seguintes conclusões:
>
> "– em matéria de competência do TCU, o processo administrativo específico da reparação integral do dano a que se refere a lei anticorrupção é o processo de Tomada de Contas Especial;[67]

---

[65] Art. 9º [...] § 4º O relatório final do PAR será encaminhado à autoridade competente para julgamento, o qual será precedido de manifestação jurídica, elaborada pelo órgão de assistência jurídica competente. § 5º Caso seja verificada a ocorrência de eventuais ilícitos a serem apurados em outras instâncias, o relatório da comissão será encaminhado, pela autoridade julgadora: I – ao Ministério Público; II – à Advocacia-Geral da União e seus órgãos vinculados, no caso de órgãos da administração pública direta, autarquias e fundações públicas federais; ou III – ao órgão de representação judicial ou equivalente no caso de órgãos ou entidades da administração pública não abrangidos pelo inciso II.

[66] Revogada, em 31 de dezembro de 2018, pela Instrução Normativa nº 83, sobre a qual serão tecidos comentários logo adiante.

[67] A norma se refere ao art. 13 da Lei Anticorrupção, que não aponta, no entanto, de que órgão é a competência para o processo administrativo específico de reparação integral do dano.

> – a instauração de processo de TCE atrai a jurisdição do TCU;
>
> – essa atração da jurisdição do TCU pela ocorrência de dano ao erário não prejudica a aplicação imediata das demais sanções estabelecidas na lei anticorrupção;
>
> – a celebração de acordo de leniência não é capaz de vincular a atuação do TCU no exercício de sua competência constitucional de controle externo; e
>
> – seria fator de estímulo à celebração do acordo de leniência a submissão prévia do acordo ao TCU para o exercício do controle administrativo".
>
> Tendo em vista as citadas conclusões do grupo de trabalho, nas quais foi consignada a competência do TCU para a fiscalização dos acordos de leniência eventualmente celebrados, considera-se oportuno colmatar a lacuna de regulamentação acerca do procedimento para a fiscalização desse acordo, a fim de incrementar a segurança jurídica, racionalizar os trabalhos desta Corte e contribuir para a solução dos potenciais conflitos.

E mais: na exposição de motivos que antecede o artigo 1º dessa Instrução Normativa, o TCU aponta sua competência constitucional e o dever do controle interno da Administração Pública de, com ele, colaborar:

> Considerando que a jurisdição própria e privativa do Tribunal abrange qualquer pessoa física ou jurídica, pública ou privada, que utilize, arrecade, guarde, gerencie ou administre dinheiros, bens e valores públicos ou pelos quais a União responda, ou que, em nome desta, assuma obrigações de natureza pecuniária;
>
> Considerando que cabe aos sistemas de controle interno dos Poderes Legislativo, Executivo e Judiciário apoiar o controle externo no exercício de sua missão institucional, na forma do inciso IV do art. 74 da Constituição Federal.

E, em seu artigo 2º, a Instrução, claramente, avoca, para o TCU, a competência para celebrar e acompanhar a execução de acordos de leniência, bem como estabelece os prazos para cada etapa de sua execução, desde as providências preliminares, até o acompanhamento de sua concretização ulterior:

> Art. 2º A autoridade responsável pela celebração do acordo de leniência encaminhará ao Tribunal de Contas da União a documentação descrita nos incisos I a V do artigo anterior, observados os seguintes prazos:
>
> I – até cinco dias após o recebimento de manifestações de pessoas jurídicas interessadas em cooperar para a apuração de atos ilícitos;
>
> II – até cinco dias após a conclusão da proposta de acordos de leniência contendo as condições e os termos negociados entre a administração pública e a pessoa jurídica envolvida;
>
> III – até dez dias após a efetiva celebração de acordos de leniência;
>
> IV – até noventa dias após a efetiva celebração de acordos de leniência, no caso do relatório de acompanhamento;
>
> V – até noventa dias após o cumprimento dos termos, condições e objetivo dos acordos, no caso do relatório conclusivo descrito no inciso V do artigo anterior.
>
> § 1º Eventuais alterações na proposta de acordo encaminhada na forma do inciso II deste artigo deverão ser informadas ao Tribunal, no mínimo, dez dias antes da celebração formal do acordo de leniência.
>
> § 2º Além dos documentos e informações descritos no artigo anterior, deverão ser encaminhados ao Tribunal, na forma e nos prazos estabelecidos pelo respectivo Relator, quaisquer outros que sejam necessários ao acompanhamento e à fiscalização dos acordos de leniência celebrados pela administração pública federal.

A seu turno, a regulamentação procedimental da atuação da CGU somente foi expedida no dia 7 de abril de 2015, por meio da Portaria nº 910, que, em seu artigo 3º, introduziu as seguintes disposições acerca da competência para instauração, processamento e, até mesmo, avocação de processos administrativos de responsabilização instaurados por outros órgãos ou entidades da Administração Pública:

> Art. 3º A Controladoria-Geral da União – CGU possui, em relação à prática de atos lesivos à administração pública nacional, no âmbito do Poder Executivo federal, competência:
>
> I – concorrente para instaurar e julgar PAR; e
>
> II – exclusiva para avocar PAR instaurado para exame de sua regularidade ou para corrigir-lhe o andamento, inclusive promovendo a aplicação da penalidade administrativa cabível.
>
> § 1º A competência prevista no inciso I do *caput* será exercida em razão de uma ou mais das seguintes circunstâncias:
>
> I – caracterização de omissão da autoridade originariamente competente;
>
> II – inexistência de condições objetivas para sua realização no órgão ou entidade de origem;
>
> III – complexidade, repercussão e relevância da matéria;
>
> IV – valor dos contratos mantidos pela pessoa jurídica com o órgão ou a entidade lesada; ou
>
> V – apuração que envolva atos e fatos relacionados a mais de um órgão ou entidade da administração pública federal.
>
> § 2º A competência concorrente de que trata o inciso I do *caput* poderá ser exercida pela CGU a pedido do órgão ou entidade lesada, nas hipóteses previstas nos incisos II a V do § 1º.
>
> § 3º A competência exclusiva para avocar PAR prevista no inciso II do *caput* será exercida pelo Ministro de Estado Chefe da CGU.

De se observar que a Lei nº 12.846/13 estabelece, no § 1º do art. 17, que "A Controladoria-Geral da União – CGU é o órgão competente para celebrar os acordos de leniência no âmbito do Poder Executivo federal, bem como no caso de atos lesivos praticados contra a administração pública estrangeira".

Em razão dessa norma, em seu texto original, a Portaria nº 910/15 também estabelecia os procedimentos a ser adotados pela CGU na negociação dos acordos de leniência.[68]

Todavia, a Instrução Normativa nº 74/15, do TCU, ao pressupor que "a celebração de acordo de leniência não é capaz de vincular a atuação do TCU no exercício de sua competência constitucional de controle externo" e ao dispor, no art. 2º que "A autoridade responsável pela celebração do acordo de leniência encaminhará ao Tribunal de Contas da União a documentação descrita nos incisos I a V do artigo anterior, observados os seguintes prazos", cria situação jurídica apta a dar azo a um conflito positivo de competências, sem que a Lei Anticorrupção tenha estabelecido como dirimi-lo.

Havia (e continua a haver, mas, de maneira indireta), portanto, *conflito positivo de competências* quando da aplicação da Portaria nº 910/15, da CGU, e da Instrução Normativa nº 74/15, do TCU, na medida em que ambas avocam a competência para celebração de acordo de leniência em âmbito federal, sem que haja, contudo, uma regra efetiva capaz de conciliar esta situação.

Isso porque, muito embora o inciso I do artigo 3º efetivamente estabeleça a possibilidade de exercício *concorrente* desta competência, o que poderia viabilizar a atuação conjunta com o TCU de plano, sobretudo na hipótese dos incisos III a V do § 1º, o § 2º estabelece a CGU como destinatária do pedido de atuação concorrente, e não como solicitante. Desse modo, a atuação conjunta somente seria possível se, a cada processo administrativo a ser instaurado por sua iniciativa, o TCU solicitasse a cooperação da CGU.

---

[68] Posteriormente, todas as disposições introduzidas pela Portaria nº 910/15 a propósito de acordos de leniência foram revogadas pela Portaria Interministerial CGU/AGU nº 2.278, de 15 de dezembro de 2016, que passou a reger o procedimento a ser adotado para as respectivas negociação e celebração com os órgãos do Poder Executivo federal.

Cabe comentar, a propósito, que a Instrução Normativa do TCU potencialmente violou o princípio da legalidade ao definir o conceito de competência concorrente de maneira assaz deturpada. Em essência, competência concorrente consiste na possibilidade de que mais de um legitimado possa exercer sua iniciativa concomitantemente, sem que uma iniciativa prejudique a outra.

E, no atual momento, em que esta obra está em sua 3ª edição, a situação sofreu pouca modificação substancial: a Instrução nº 74/15 foi revogada pela Instrução nº 83/18, publicada no dia 31 de dezembro de 2018.

Com efeito, a Instrução Normativa nº 74/15 havia introduzido normas deveras minuciosas sobre a atuação do TCU como verdadeira instância do processo de celebração do acordo de leniência por órgãos do Poder Público federal.[69]

---

[69] Art. 1º A fiscalização dos processos de celebração de acordos de leniência inseridos na competência do Tribunal de Contas da União, inclusive suas alterações, será realizada com a análise de documentos e informações, por meio do acompanhamento das seguintes etapas: I – manifestação da pessoa jurídica interessada em cooperar para a apuração de atos ilícitos praticados no âmbito da administração pública; II – as condições e os termos negociados entre a administração pública e a pessoa jurídica envolvida, acompanhados por todos os documentos que subsidiaram a aquiescência pela administração pública, com inclusão, se for o caso, dos processos administrativos específicos de apuração do débito; III – os acordos de leniência efetivamente celebrados, nos termos do art. 16 da Lei nº 12.846/2013; IV – relatórios de acompanhamento do cumprimento dos termos e condições do acordo de leniência; V – relatório conclusivo contendo avaliação dos resultados obtidos com a celebração do acordo de leniência. § 1º Em cada uma das etapas descritas nos incisos I a V, o Tribunal irá emitir pronunciamento conclusivo quanto à legalidade, legitimidade e economicidade dos atos praticados, respeitando a salvaguarda do sigilo documental originalmente atribuído pelo órgão ou entidade da administração pública federal. § 2º Para cada caso de acordo de leniência será constituído no Tribunal um processo de fiscalização, cujo Relator será definido por sorteio. § 3º A critério do respectivo Relator, o pronunciamento sobre quaisquer das etapas previstas nos incisos I a V poderá ser realizada de maneira conjunta.

Sob a égide da nova Instrução Normativa, vigente desde 13 de dezembro de 2018, o TCU deixa de ser uma instância decisória direta para se tornar indireta.

Explica-se: pelo teor da norma introduzida no artigo 1º, todos os processos de celebração de acordo de leniência continuam a se sujeitar ao dever de informação ao Tribunal, assim como os processos administrativos de responsabilização.

E, embora os processos de responsabilização e de celebração de acordo de leniência passem a se sujeitar ao controle posterior, tal como determina a norma constante do texto do artigo 3º, a influência indireta sobre a esfera decisória se evidencia na norma introduzida no artigo 4º:

> Art. 4º As autoridades celebrantes do acordo de leniência poderão ser responsabilizadas pela inclusão de cláusulas ou condições que limitem ou dificultem a atuação do Tribunal de Contas da União, bem como a eficácia e a execução de suas decisões, nos termos da Lei 8.443, de 1992.
>
> Parágrafo único. Estão abrangidas pelo disposto no *caput* as cláusulas que impeçam ou dificultem a execução judicial dos títulos executivos constituídos pelas deliberações do Tribunal de Contas da União.

Substancialmente, pois, o Tribunal mantém, ainda que indiretamente, a avocação de competência para decidir sobre o conteúdo do acordo de leniência, fato potencialmente agravado pelo teor da norma presente no *caput* do artigo 2º, que prescreve que o Tribunal poderá demandar, a qualquer tempo, informações e documentos relativos às fases do processo de celebração do acordo de leniência com o efeito de "instruir processos de controle".

Ora, qual será o conteúdo normativo decorrente dessa expressão? Novamente, remete-se à problemática da ausência de cláusulas de encerramento de sistema sobre as quais se tratou parágrafos acima: a delimitação clara do exercício das competências em favor da segurança jurídica e da previsibilidade da atuação dos demais órgãos em virtude, sobretudo, do acesso a informações e documentos que não seriam obtidos sem a colaboração espontânea que, naturalmente, não pode ser surpreendida com uma punição posterior.

Outro aspecto relevante se refere à competência concorrente para instauração do processo administrativo de responsabilização. No caso da Instrução Normativa da CGU, ao se analisar o conjunto de regras sobre o exercício da competência concorrente, nota-se, em verdade, que essa iniciativa deixa de ser vista como uma via de mão dupla: a CGU tem que ser instada por outros órgãos, mas o reverso não se aplica, o que se agrava pela competência para avocação de processos instaurados por outros órgãos.

Ou seja, pela via meramente regulamentar, a Portaria nº 910/15, da CGU, subverteu o conceito de competência concorrente previsto na Lei Anticorrupção e em seu Regulamento para lhe atribuir toda a característica de competência originária e exclusiva.

Em contrapartida, por força do disposto em sua Instrução Normativa nº 83/18, o TCU ainda exerce influência e controle indireto sobre o conteúdo dos acordos de leniência e sobre os processos administrativos de responsabilização, sobretudo ao vincular seu conteúdo às diretrizes do Plano de Controle Externo (artigo 3º da IN) e a cláusula de responsabilização introduzida no artigo 4º sobre a qual se tratou logo acima.

Ora, causa muita estranheza essa situação. Em primeiro lugar, porque, como mencionado, a Lei Anticorrupção já havia perdido a oportunidade de criar um sistema integrado de atuação entre os órgãos processantes, sobretudo a CGU, o TCU e o MPF. Não bastasse essa falha legislativa, também o regulamento peca pela falta de preocupação sistêmica e deixa uma lacuna ainda não totalmente colmatada, a ser saneada, diretamente, pelos órgãos que se entendem igualmente competentes para celebrar o acordo de leniência.

Causa ainda mais espécie, no entanto, a forma como o sistema procedimental foi estruturado pelo Decreto Federal nº 8.420/15, na exata medida em que, de acordo com as competências constitucionalmente previstas, a função do controle externo, inegavelmente, goza de significativa preponderância sobre o controle interno, já que este está jungido e submetido àquele, de modo que, também sob o prisma sistêmico de competências constitucionais, o mais adequado seria que o TCU detivesse a iniciativa, sem que se excluísse, em um cenário ideal, a atuação conjunta de todos os órgãos de controle, tanto interno, quanto externo, seja na celebração de acordos de leniência, seja na condução do processo administrativo de responsabilização.

5.1.3 Potencial conflito hermenêutico na aplicação das regras de procedimento relativamente às infrações à Lei de Licitações e Contratos Administrativos

Outro potencial conflito hermenêutico se instaura em função do procedimento de "apuração conjunta" estabelecido nos artigos 12 e 16 do Decreto Federal nº 8.420/15. O artigo 30 da Lei Anticorrupção contém cláusula de fechamento de sistema que preserva o processamento da investigação das condutas antijurídicas vedadas pelas Leis de Licitação – Leis Federais nº 8.666/93, 10.520/02 e 12.462/11:

> Art. 30. A aplicação das sanções previstas nesta Lei não afeta os processos de responsabilização e aplicação de penalidades decorrentes de:
>
> I – ato de improbidade administrativa nos termos da Lei nº 8.429, de 2 de junho de 1992; e
>
> II – atos ilícitos alcançados pela Lei nº 8.666, de 21 de junho de 1993, ou outras normas de licitações e contratos da administração pública, inclusive no tocante ao Regime Diferenciado de Contratações Públicas – RDC instituído pela Lei nº 12.462, de 4 de agosto de 2011.

Contudo, para surpresa do aplicador do direito, o Regulamento veiculado pelo Decreto Federal nº 8.420/15 determina que todas as infrações às leis de licitações que também consistam em atos reprimidos pela Lei Anticorrupção serão investigadas e processadas pelo rito procedimental da Lei Anticorrupção:

> Art. 12. Os atos previstos como infrações administrativas à Lei nº 8.666, de 21 de junho de 1993, ou a outras normas de licitações e contratos da administração pública que também sejam tipificados como atos lesivos na Lei nº 12.846, de 2013, serão apurados e julgados conjuntamente, nos mesmos autos, aplicando-se o rito procedimental previsto neste Capítulo.
>
> § 1º Concluída a apuração de que trata o *caput* e havendo autoridades distintas competentes para julgamento, o processo será encaminhado primeiramente àquela de nível mais elevado, para que julgue no âmbito de sua competência, tendo precedência o julgamento pelo Ministro de Estado competente.
>
> § 2º Para fins do disposto no *caput*, o chefe da unidade responsável no órgão ou entidade pela gestão de licitações e contratos deve comunicar à autoridade prevista no art. 3º sobre eventuais fatos que configurem atos lesivos previstos no art. 5º da Lei nº 12.846, de 2013.
>
> Art. 16. Caso os atos lesivos apurados envolvam infrações administrativas à Lei nº 8.666, de 1993, ou a outras normas de licitações e contratos da administração pública e tenha ocorrido a apuração conjunta prevista no art. 12, a pessoa jurídica também estará sujeita a sanções administrativas que tenham como efeito restrição ao direito de participar em licitações ou de celebrar contratos com a administração pública, a serem aplicadas no PAR.

Ora, se está diante de potencial atropelo ao princípio elementar de Direito, segundo o qual normas de escalão inferior não podem modificar ou revogar normas de escalão superior, o que produz, nesse caso, invalidade formal.

Mas, e apesar de, por exemplo, a Lei Federal nº 8.666/93 estabelecer um procedimento em contraditório quando se cogita da aplicação de sanções pela prática das condutas previstas nos artigos 86 a 88, não se pode deixar de notar que as regras de procedimento constantes do Regulamento da Lei Anticorrupção são mais benéficas aos acusados: prazo mais dilatado para defesa.

5.2 PROCESSO E PROCEDIMENTO

Houve, em épocas passadas, acirrado debate sobre o uso da expressão "processo" no âmbito da Administração Pública, pois deveria ela ser reservada para o âmbito jurisdicional. Para a Administração se reservava a expressão "procedimento". Reflexo dessa tendência era a norma do art. 2º do Código de Processo Civil revogado, que distinguia "parte" (para o processo judicial) e "interessado", para o procedimento administrativo de jurisdição voluntária.[70]

Hodiernamente, a questão está vencida, pois já se consagrou a expressão "processo administrativo" na doutrina publicista pátria.

De todo modo, ainda é preciso distinguir – seja no âmbito administrativo, seja no judicial – o *processo* do *procedimento*. Sobre o tema, já escrevemos:

> Processo *é o complexo de atos processuais tendentes à formulação ou à realização prática da regra jurídica concreta, por meio dos órgãos jurisdicionais.*
>
> O conceito de processo, como ficou subentendido acima, é eminentemente *finalístico* ou *teleológico*, porque sua ideia encerra a de uma unidade (compreendendo uma multiplicidade de atos) dado que ele é um sistema único para se alcançar finalidades determinadas – a formulação ou a realização prática da regra jurídica concreta.
>
> Quando nos referimos ao processo estamos diante de um ente único, formado por um complexo de atos diferentes entre si, mas que formam essa unidade porque todos eles buscam um fim comum – a formulação ou realização prática da regra jurídica concreta.

---

[70] O novo Código de Processo Civil não contém norma com os mesmos termos do art. 2º atual (CPC 1974), mas ao se referir à citação, assim dispõe: "Art. 238. Citação é o ato pelo qual são convocados o réu, o executado ou o *interessado* para integrar a relação processual". Também o novo CPC mantém os *procedimentos* e jurisdição voluntária (art. 719 e seguintes).

A visão do processo como uma unidade não é apenas uma questão teórica ou acadêmica.

Sendo um corpo único, pode ser atingido por inteiro por determinados efeitos jurídicos: se a pessoa que se diz juiz de direito na verdade não o é, todo o processo estará comprometido e invalidado, por exemplo. Mas há efeitos que atingem apenas um ato do processo e não o todo. Daí a importância da distinção entre o processo e o procedimento.

Por outro lado, há requisitos legais que se aplicam ao processo e outros, que dizem respeito ao procedimento.

A exata compreensão da existência dessas duas realidades, que no fundo constituem um fenômeno único é de extrema importância. É preciso visualizar essa duplicidade na mesma realidade: alguma coisa como a luz solar que parece única, mas que ao transpor um prisma se decompõe em várias.

[...]

Procedimento *vem a ser a disciplina legal da estrutura exterior de cada ato do processo, bem como da ordem em que eles devem se suceder.*[71]

Agora estamos diante daquele mesmo método, mas encarando-o sob o prisma dos elementos que o constituem, ou seja, dos seus atos processuais.

A expressão "disciplina legal da estrutura exterior de cada ato" significa a maneira pela qual a lei processual regula (*disciplina legal*) a forma do ato (*estrutura exterior*) e esse é o aspecto *formal* do conceito dado.

A forma do ato compreende: verificar o meio de expressão, isto é, se o ato deve ser realizado oralmente ou por escrito; a língua a ser utilizada e o local onde deva ser praticado. Todas essas questões formais são minuciosamente regulamentadas pela lei processual.

Mas, a lei processual também estabelece o tempo ou prazo em que o ato deva ser praticado e a ordem em que eles devem se

[71] O conceito de procedimento dado no texto baseia-se nas ideias de CALAMANDREI. *Opere giuridiche*, v. 4, p. 170.

> suceder um ao outro, formando uma cadeia de ações e reações contínuas. Este é o aspecto *dinâmico* do procedimento.
>
> Essa sucessão de atos numa determinada ordem pré-estabelecida chama-se rito procedimental ou rito do procedimento. Há ritos mais simples e outros, mais complexos, dependendo de certas circunstâncias que a lei processual prevê.[72]

Portanto, processo e procedimento se referem ao mesmo fenômeno jurídico, visto de ângulos diversos.

5.3 DAS ESPÉCIES DE PROCESSOS ADMINISTRATIVOS

Há uma primeira classificação entre processos internos e externos – mas os que nos interessam no momento são os externos que, a seu turno, podem ser ampliativos ou restritivos, dentre os quais examinaremos os últimos.

Segundo Celso Antônio Bandeira de Mello, os processos restritivos podem ainda se classificar em meramente restritivos (revogações em geral) e sancionadores, "que se preordenam à aplicação de uma sanção".[73]

No momento nos interessa exatamente o *processo restritivo sancionador*, que, por sua finalidade, apresenta grande afinidade com o processo judicial.

5.4 FASES PROCESSUAIS

No processo judicial, costumamos distinguir, de um modo geral:

a) fase postulatória;

b) fase do saneamento;

---

[72] DAL POZZO. *Teoria geral de direito processual civil*, p. 58-59.

[73] BANDEIRA DE MELLO. *Curso de direito administrativo*, p. 508.

c) fase instrutória;

d) fase decisória;

e) fase recursal.

No âmbito do processo administrativo, Celso Antônio Bandeira de Mello relaciona:

a) fase propulsória ou de iniciativa;

b) fase instrutória;

c) fase dispositiva;

d) fase controladora;

e) fase da comunicação.[74]

Hely Lopes Meirelles adota outra denominação:

a) instauração;

b) instrução;

c) defesa;

d) relatório;

e) julgamento.[75]

No processo administrativo, não há a fase postulatória tal qual é concebida no processo judicial porque, neste caso, o juiz é inerte,[76] ou seja, para atuar depende da iniciativa da parte – e no processo

---

[74] BANDEIRA DE MELLO. *Curso de direito administrativo*, p. 508.

[75] MEIRELLES. *Direito administrativo brasileiro*, p. 691.

[76] Trata-se do princípio da inércia da jurisdição, que tem por objetivo preservar a imparcialidade do Poder Judiciário. Com efeito, o magistrado – ao contrário da autoridade administrativa – deve ficar equidistante das partes e tratá-las isonomicamente. Se o processo judicial pudesse ser iniciado *ex officio*, o juiz apenas tomaria essa iniciativa se vislumbrasse, de antemão, a possibilidade de êxito – e essa circunstância é mais que suficiente para comprometer a sua imparcialidade.

administrativo a autoridade administrativa pode agir *ex officio*. De qualquer modo, há uma primeira fase – fase propulsória, ou de iniciativa ou de instauração.

Segue-se, caso iniciado o processo pela autoridade pública, a fase da defesa do interessado, seguindo-se a de produção de provas e a decisória, que pode conter um momento de controle (verificação de eventuais nulidades), a elaboração de relatório e a decisão propriamente dita pela autoridade administrativa competente.

5.5 PRINCÍPIOS A SEREM OBSERVADOS NO PROCESSO ADMINISTRATIVO

Como se disse, o processo administrativo restritivo sancionador apresenta grande afinidade com o processo judicial. Em função disso, ele se preordena a buscar, com o máximo comprometimento, a comprovação da existência da conduta contrária à norma e, quando o caso, do resultado danoso necessário para configurar o ilícito.

O processo administrativo é orientado por princípios, alguns muito próximos daqueles que animam o processo judicial, outros característicos dessa instância. Celso Antônio Bandeira de Mello indica quais os princípios devem reger o processo administrativo:

1. princípio da audiência do interessado;
2. princípio da acessibilidade aos elementos do expediente;
3. princípio da ampla instrução probatória;
4. princípio da motivação e publicidade;
5. princípio da previsibilidade;
6. princípio da representação;
7. princípio da boa-fé;
8. princípio da verdade material;
9. princípio da celeridade processual;

10. princípio da oficialidade;

11. princípio da gratuidade;

12. princípio do informalismo.[77]

Adiante, far-se-á breve exposição acerca de cada um destes princípios.

5.5.1 Princípio da audiência do interessado e princípio da acessibilidade aos elementos do expediente

Ambos os princípios estão contidos no princípio do contraditório (*audiatur et altera pars*), que é mais utilizado na seara do Direito Processual. Já escrevemos:

> Para que as partes tenham igual tratamento no processo, é preciso que tudo aquilo que os atos praticados por uma delas seja do conhecimento da outra e que esta tenha a oportunidade de reação – essa é a configuração do princípio do contraditório. [...]
>
> Além do princípio da isonomia (art. 5º, *caput*, da Constituição Federal), que por si só já asseguraria o contraditório, o constituinte fez questão de destacar a sua necessidade, ao dizer, no inciso LV desse mesmo dispositivo, que:
>
> "Art. 5º [...]
>
> LV – aos litigantes, em processo judicial ou administrativo, e aos acusados em geral são assegurados o contraditório e ampla defesa, com os meios e recursos a ela inerentes;"
>
> Sem obediência ao princípio do contraditório o processo não será válido.[78]

---

[77] BANDEIRA DE MELLO. *Curso de direito administrativo*, p. 509-510. Hely Lopes Meirelles aponta, ainda, o princípio da legalidade objetiva ("exige que o processo administrativo seja instaurado com base e para preservação da lei") e o princípio da garantia da defesa, que está no texto do Professor Celso Antônio Bandeira de Mello (*Direito administrativo brasileiro*, p. 687).

[78] DAL POZZO. *Teoria geral de direito processual civil*, p. 85.

No caso do processo administrativo, porém, convém salientar o princípio da acessibilidade aos elementos do expediente porque este, no caso em que examinamos, inicia-se por ato oficial, e a tudo aquilo que instrui a sua instauração deve ter acesso o interessado.

Todavia, o Decreto nº 8.420/15 houve por bem instituir uma investigação sigilosa:

> Art. 4º A autoridade competente para instauração do PAR, ao tomar ciência da possível ocorrência de ato lesivo à administração pública federal, em sede de juízo de admissibilidade e mediante despacho fundamentado, decidirá:
>
> I – pela abertura de investigação preliminar;
>
> § 1º A investigação de que trata o inciso I do *caput* terá caráter sigiloso e não punitivo e será destinada à apuração de indícios de autoria e materialidade de atos lesivos à administração pública federal.

A matéria será mais bem examinada adiante, ainda neste mesmo Capítulo, mas desde logo sublinhe-se a ilegalidade da norma, que vai além dos limites da lei.

5.5.2 Princípio da ampla instrução probatória e princípio da verdade real

No âmbito do Processo Civil, vigora o princípio dispositivo, cabendo às partes, em princípio, a produção da prova (art. 373 do Código de Processo Civil), conquanto o juiz detenha poderes instrutórios (art. 370), prevalecendo a verdade *formal*.[79]

---

[79] O CPC, quanto ao ônus da prova, no art. 373, conserva o princípio segundo o qual quem alega o fato deve prová-lo. No entanto, a lei processual admite a inversão do ônus da prova (art. 373, § 1º). Quanto às provas determinadas de ofício, a permissão está no art. 370, como registrado no texto.

Mas, no processo administrativo, a Administração deve buscar a verdade *real*, não ficando adstrita ao que alegaram e provaram os interessados, pois o que a move é o interesse público, e não um interesse parcial.

Todavia, os particulares têm o direito de acompanhar e de fiscalizar a realização das provas oficiais.

Todos os meios de prova lícitos e admitidos em direito podem ser utilizados.

5.5.3 Princípio da motivação e princípio da publicidade

No âmbito jurisdicional, não se concebe uma decisão imotivada, pois ela estaria em frontal antagonismo com o princípio da ampla defesa (art. 5º, LV, da Constituição Federal) – e essa exigência, para o Poder Judiciário, está expressa na norma do art. 93, inciso IX, da Constituição Federal:

> Art. 93. [...]
>
> IX – todos os julgamentos dos órgãos do Poder Judiciário serão públicos e *fundamentadas* todas as decisões, sob pena de nulidade, podendo a lei limitar a presença, em determinados atos, às próprias partes e a seus advogados, ou somente a estes, em casos nos quais a preservação do direito à intimidade do interessado no sigilo não prejudique o interesse público à informação.

No âmbito da Administração Pública, a motivação também é exigência constitucional, cujos fundamentos, segundo Celso Antônio Bandeira de Mello, são: "art. 1º, II, e parágrafo único, respeitantes à valorização da cidadania e à soberania popular; art. 5º, XXXIII, XXXIV, 'b', e LXXII, atinentes ao direito de informação sobre dados e registros administrativos; e art. 37, relativo ao dever administrativo de publicidade e, ainda, no art. 93, IX e X, por aplicação analógica de seus termos".[80]

---

[80] BANDEIRA DE MELLO. *Curso de direito administrativo*, p. 515. No entanto, como já se disse, o Decreto nº 8.420/15, de forma ilegal, permite uma investigação sigilosa.

5.5.4 Princípio da revisibilidade

Trata-se do direito de se recorrer administrativamente da decisão desfavorável, salvo se o processo administrativo foi instaurado pela mais alta autoridade, em grau de competência originária e última.

Nessa hipótese, havendo decisão desfavorável, o interessado poderá recorrer ao Poder Judiciário em função do princípio constitucional da inafastabilidade do controle de legalidade dos atos por esse Poder, conforme previsto no art. 5º, inciso XXXV, do Texto Magno.

O princípio da revisibilidade das decisões está inscrito no art. 5º, LV, da Constituição Federal.

A Lei nº 12.846/13 não previu recurso algum, dado que a competência decisória sobre o ato lesivo é da mais alta autoridade de cada um dos Poderes de Estado (art. 8º). Porém, o Decreto nº 8.420/15 estabeleceu um pedido de reconsideração em face de decisão condenatória (art. 11, *caput*), com efeito suspensivo e prazo de dez dias a contar da data da sua publicação. Temos que a norma é constitucional com fundamento no direito de petição (art. 5º, inciso XXXIV, letra "a").

5.5.5 Princípio da representação

No âmbito do processo civil, exige-se, como regra geral, a capacidade postulatória para atuar em juízo, normalmente exercida mediante a representação da parte por advogado regularmente inscrito na Ordem dos Advogados do Brasil.

No processo administrativo, não se exige a capacidade postulatória, mas o interessado pode se fazer representar por advogado e, além disso, tem direito a assessoramento técnico, quando for necessário.

5.5.6 Princípio da boa-fé

No campo do processo civil, o magistrado está obrigado a agir com imparcialidade, que é um de seus mais importantes atributos, sendo aquele que lhe confere legitimidade política para proferir julgamentos.

A Administração Pública está subordinada aos princípios enumerados no art. 37, *caput*, da Constituição Federal, dentre os quais o da impessoalidade – o que significa que, em sua tarefa de impulsionar, instruir e decidir o processo administrativo, deve ter em mira apenas o interesse público, ou, se preferirmos, deve agir imparcialmente, movida apenas pelo dever legal de apurar a efetiva ocorrência das condutas apontadas na Lei, no caso das condutas reprovadas pela Lei nº 12.846/13.

5.5.7 Princípio da celeridade processual

Sobre o tema escrevemos:

> Seguindo os passos da União Europeia, que aprovou a Carta Europeia dos Direitos Humanos (CEDU), a Emenda Constitucional nº 45, de 2004, deu a seguinte redação ao inciso LXXVIII do art. 5º da CF:
>
> "LXXVIII – a todos, no âmbito judicial e administrativo, são assegurados a razoável duração do processo e os meios que garantam a celeridade de sua tramitação".[81]
>
> Certamente as decisões dos órgãos jurisdicionais irão formar a jurisprudência sobre o que se deva entender por "duração razoável".
>
> Em caso de duração excessiva, o interessado deve se valer do disposto no art. 102, § 1º, da CF:
>
> "Art. 102. [...]
>
> § 1º A arguição de descumprimento de preceito fundamental, decorrente desta Constituição, será apreciada pelo Supremo Tribunal Federal, na forma da lei".[82]

---

[81] O § 1º do art. 6º da CEDU, sob o título "Direito a um processo equânime", dispõe: "toda pessoa tem direito que sua causa seja examinada de modo equânime, publicamente e dentro de um prazo razoável por um tribunal independente e imparcial, constituído pela lei, o qual decidirá seja as controvérsias sobre seus direitos e deveres de natureza cível, seja o fundamento de toda acusação penal que lhe seja feita" (*apud* TARZIA. *Lineamenti del processo civile de cognizione*, p. 1, nota de rodapé nº 1).

[82] Os países que integram a União Europeia se submetem, em caso de violação da norma do CEDU à Corte Europeia, com sede em Estrasburgo, na França. Giuseppe Tarzia noticia algumas decisões a respeito da duração não razoável do processo, como aquela em que o processo permanece por mais de três anos sem que alguma atividade instrutória (referente à produção de provas) já tenha sido realizada (*Lineamenti del processo civile de cognizione*, p. 13, nota de rodapé nº 28).

> Trata-se de uma norma de extrema importância, a do inciso LXXVIII do art. 5º da CF, pois a justiça que tarda demasiadamente é a mais terrível forma de injustiça – e, infelizmente, no Brasil, essa é uma realidade constante.[83, 84]

Essas considerações têm aplicação, *mutatis mutandis*, ao processo administrativo disciplinado pela Lei nº 12.846/13.

5.5.8 Princípio da oficialidade

Conquanto o processo administrativo ampliativo seja de iniciativa do particular, o restritivo é de iniciativa oficial e também segue avante por impulso oficial.

---

[83] A duração excessivamente longa do processo tem sido debitada, dentre outros fatores, principalmente ao Direito Processual Civil, que ensejaria mecanismos para que o réu prolongasse indefinidamente a causa. Há um pouco de verdade nessa afirmação. Mas, muito pouco. Na verdade o grande responsável pelo número imenso de processos nos juízos e tribunais brasileiros é o direito material, que não traz consigo regras sérias para desestimular o seu descumprimento. A impunidade pelo sucessivo e constante descumprimento da lei é a grande e verdadeira responsável pela quantidade absurda de processos em andamento. Basta dizer que, por mais que se reformule o pobre do Direito Processual, ele jamais impedirá o volume de demandas, que impedem a celeridade processual. Discorrendo sobre o Código de Processo Civil da Itália de 1940 (que entrou em vigor em 1942 e substituiu o de 1865) Liebman recorda das profundas e férteis discussões que se travaram antes de sua aprovação, das quais participaram, dentre outros, Chiovenda e Calamandrei. Todavia, à aprovação do Código não se seguiu a devida reestruturação da Magistratura e das estruturas dos órgãos judiciais – e toda crítica, injusta e indevida, recaiu sobre o Código de Processo, seguindo-lhe inúmeras leis que tentaram "corrigir" o que nada tinha a ver com o aspecto legal do processo (*Manuale di diritto processuale civile:* principi, p. 44). No Brasil, infelizmente o mesmo ocorre: o Código de 1974 é um excelente corpo de leis processuais civis e tudo quanto foi feito após teve por objeto não a evolução dos institutos (salvo raríssimas exceções), mas buscar soluções rápidas para os litígios, rapidez essa que, às vezes, atenta contra a segurança jurídica e o próprio Estado de Direito brasileiro. Muitas vezes, são "novidades" que nem mesmo amadureceram o suficiente no calor dos debates de pessoas que realmente entendem do que dizem.

[84] DAL POZZO. *Teoria geral de direito processual civil*, p. 86-87.

Esse princípio tem por fundamento a natureza mesma da atividade administrativa, que normalmente age de ofício (ao contrário do Poder Judiciário, que precisa da iniciativa da parte, dado que a jurisdição é uma atividade inerte), sempre na esteira da legalidade com o único objetivo de tutelar o interesse público.

5.5.9 Princípio da gratuidade

Seu fundamento está na ampla defesa (art. 5º, LV, da Constituição Federal), pois sem a gratuidade ela não poderia ser exercida, sem ônus para o inocente. No processo civil, a parte que perde a demanda paga as despesas – mas, no processo administrativo isso não ocorreria, pois ele se inicia por iniciativa oficial.

5.5.10 Princípio do informalismo

Significa, escreve Celso Antônio Bandeira de Mello, com apoio em Gordillo, que a Administração não poderá ater-se a rigorismos formais ao considerar as manifestações do administrado.[85]

Mesmo no âmbito do processo civil, o formalismo é entendido com ressalvas, pois, de um lado, não existem fórmulas sacramentais a serem usadas, e, de outro, ele é modulado pelo princípio da instrumentalidade das formas, segundo o qual o ato deve ser havido como válido se, realizado sem as formalidades previstas, atingiu sua finalidade, sem causar prejuízo ao direito de defesa.

No fundo, o formalismo processual é exigido apenas porque se ele for cumprido, há maior certeza de que o ato alcançou sua finalidade.

---

[85] BANDEIRA DE MELLO. *Curso de direito administrativo*, p. 513. O autor adverte que o princípio não se aplica a todos os processos administrativos, como nos casos de concorrência pública.

5.6 NORMAS LEGAIS A RESPEITO DO PROCESSO ADMINISTRATIVO NA LEI Nº 12.846/13 E NO DECRETO Nº 8.420, DE 18 DE MARÇO DE 2015

Diga-se, de pronto, que a Lei nº 12.846/13 não trouxe todo procedimento a ser seguido no processo administrativo e, por tal motivo, veio a ser complementada pelas normas do Decreto nº 8.420, de 18 de março de 2015:[86]

> Art. 1º Este Decreto regulamenta a responsabilização objetiva administrativa de pessoas jurídicas pela prática de atos contra a administração pública, nacional ou estrangeira, de que trata a Lei nº 12.846, de 1º de agosto de 2013.

Mesmo com a edição desse DECRETO, pode ser necessária a busca de subsídios na Lei nº 9.784, de 29 de janeiro de 1999, que regula o processo administrativo no âmbito da Administração Pública Federal, bem assim nas regras do Código de Processo Civil.

A LEI cuida do processo administrativo de responsabilização a partir de seu art. 8º até o art. 15. No DECRETO, a matéria está prevista no art. 2º, *usque* 14:

> Art. 2º A apuração da responsabilidade administrativa de pessoa jurídica que possa resultar na aplicação das sanções previstas no art. 6º da Lei nº 12.846, de 2013, será efetuada por meio de Processo Administrativo de Responsabilização – PAR.

Também deve ser lembrada a Portaria 910, de 7 de abril de 2015, da CGU:

> Art. 2º A apuração da responsabilidade administrativa de pessoa jurídica que possa resultar na aplicação das sanções previstas no art. 6º da Lei nº 12.846, de 2013, será efetuada por meio de Processo Administrativo de Responsabilização – PAR, com observância do disposto no Decreto nº 8.420, de 2015, e nesta portaria.

---

[86] Doravante, por mera comodidade de exposição, a Lei nº 12.846/13 será referida como "LEI", e o Decreto nº 8.420/15, como "DECRETO".

Portanto, a sigla PAR foi adotada para simplificação do texto legal e assim o consideraremos nesta obra.

5.7 FASES DO PROCESSO ADMINISTRATIVO DE RESPONSABILIZAÇÃO – PAR

5.7.1 Fase propulsória ou de iniciativa (instauração) – competência

5.7.1.1 Competência para instauração e julgamento do PAR

A LEI estabelece que o processo administrativo é instaurado pela "autoridade máxima de cada órgão ou entidade dos Poderes Legislativo e Judiciário", seja de ofício ou mediante provocação (art. 8º).[87] Todavia, a instauração poderá ser delegada, mas é proibida a subdelegação (art. 8º, § 1º).[88]

Como não poderia deixar de ser o DECRETO acompanha tal orientação normativa (inclusive a delegação), no seu art. 3º.[89] Porém, desde logo fixa a competência do *Ministro de Estado* respectivo, em caso de órgão da administração direta ser a vítima do ato lesivo, a quem incumbe instaurar, de ofício ou por provocação, e também julgar o PAR.

---

[87] (LEI) "Art. 8º A instauração e o julgamento de processo administrativo para apuração da responsabilidade de pessoa jurídica cabem à autoridade máxima de cada órgão ou entidade dos Poderes Executivo, Legislativo e Judiciário, que agirá de ofício ou mediante provocação, observados o contraditório e a ampla defesa".

[88] "§ 1º A competência para a instauração e o julgamento do processo administrativo de apuração de responsabilidade da pessoa jurídica poderá ser delegada, vedada a subdelegação".

[89] (DECRETO) "Art. 3º A competência para a instauração e para o julgamento do PAR é da autoridade máxima da entidade em face da qual foi praticado o ato lesivo, ou, em caso de órgão da administração direta, do seu Ministro de Estado". "Parágrafo único. A competência de que trata o *caput* será exercida de ofício ou mediante provocação e poderá ser delegada, sendo vedada a subdelegação".

Mas, em se cuidando de Administração Pública estrangeira, a competência passa a ser da Controladoria-Geral da União – CGU (art. 9º da LEI).[90]

O art. 12 do DECRETO estabelece um dever ao responsável pelo processo concorrencial:

> Art. 12. [...]
>
> § 2º Para fins do disposto no *caput*, o chefe da unidade responsável no órgão ou entidade pela gestão de licitações e contratos deve comunicar à autoridade prevista no art. 3º sobre eventuais fatos que configurem atos lesivos previstos no art. 5º da Lei nº 12.846, de 2013.

Assim, esta será uma das vias pelas quais os atos lesivos à Administração Pública chegarão ao conhecimento das autoridades que podem instaurar o PAR.

5.7.1.2 Instauração: expedientes previstos no DECRETO

Dispõe o art. 4º do Decreto nº 8.420/15:

> Art. 4º A autoridade competente para instauração do PAR, ao tomar ciência da possível ocorrência de ato lesivo à administração pública federal, em sede de juízo de admissibilidade e mediante despacho fundamentado, decidirá:
>
> I – pela abertura de investigação preliminar;
>
> II – pela instauração de PAR; ou
>
> III – pelo arquivamento da matéria.

---

[90] (LEI) "Art. 9º Competem à Controladoria-Geral da União – CGU a apuração, o processo e o julgamento dos atos ilícitos previstos nesta Lei, praticados contra a administração pública estrangeira, observado o disposto no Artigo 4 da Convenção sobre o Combate da Corrupção de Funcionários Públicos Estrangeiros em Transações Comerciais Internacionais, promulgada pelo Decreto nº 3.678, de 30 de novembro de 2000".

Portanto, a autoridade competente, por ciência própria, noticiário da mídia ou por provocação de qualquer do povo, tendo ciência de possível prática de ato lesivo à Administração Pública poderá instaurar um, de dois expedientes possíveis: ou a Investigação Preliminar ou o PAR.

A terceira alternativa é o arquivamento do requerimento feito por terceiro.[91]

5.7.1.2.1 Instauração de Investigação Preliminar

Antes da edição do DECRETO, na primeira edição desta obra, havíamos sugerido que a autoridade competente instaurasse uma sindicância para apurar materialidade e autoria dos fatos.

O DECRETO entendeu que, em certas circunstâncias, seria de se instaurar uma Investigação Preliminar.

Essa investigação preliminar ficará a cargo de uma comissão composta por dois ou mais servidores efetivos, nomeados pela autoridade competente para o PAR. Caso não haja servidores efetivos, a comissão será composta por dois ou mais empregados públicos.[92]

O DECRETO confere à Investigação Preliminar "caráter sigiloso e não punitivo", pois se destina à apuração de autoria e materialidade de atos lesivos à Administração Pública.[93]

---

[91] É óbvio que a autoridade não irá instaurar um procedimento para o arquivamento, se dos fatos tiver ciência pessoal. O arquivamento ocorrerá em casos de provocação externa.

[92] Art. 4º [...] § 2º A investigação preliminar será conduzida por comissão composta por dois ou mais servidores efetivos. § 3º Em entidades da administração pública federal cujos quadros funcionais não sejam formados por servidores estatutários, a comissão a que se refere o § 2º será composta por dois ou mais empregados públicos.

[93] Art. 4º [...] § 1º A investigação de que trata o inciso I do *caput* terá caráter sigiloso e não punitivo e será destinada à apuração de indícios de autoria e materialidade de atos lesivos à administração pública federal.

Observe-se que o art. 8º da LEI determina que o PAR tenha prosseguimento sob os princípios do contraditório e da ampla defesa (*due process of law*).

Ora, não se pode deixar de notar uma ilegalidade formal na determinação de sigilo, muito embora a racionalidade da norma seja compreensível, à luz da ansiedade social e da mídia pela punição prematura e, muitas vezes, injusta de potenciais acusados.

Em função da opção pela forma de estado democrático de direito, a Constituição Federal adota o princípio da publicidade, relegando o sigilo das informações detidas pelos órgãos públicos à exceção, conforme dispõe o inciso XXXIII de seu artigo 5º:

> Art. 5º [...]
>
> XXXIII – todos têm direito a receber dos órgãos públicos informações de seu interesse particular, ou de interesse coletivo ou geral, que serão prestadas no prazo da lei, sob pena de responsabilidade, ressalvadas aquelas cujo sigilo seja imprescindível à segurança da sociedade e do Estado.

A lei a que alude o inciso transcrito acima somente veio a ser sancionada em 18 de novembro de 2011, na forma da Lei Federal nº 12.527. Esta Lei, na trilha das disposições constitucionais, também trata o sigilo como exceção, somente possível nas hipóteses do artigo 23:

> Art. 23. São consideradas imprescindíveis à segurança da sociedade ou do Estado e, portanto, passíveis de classificação as informações cuja divulgação ou acesso irrestrito possam:
>
> I – pôr em risco a defesa e a soberania nacionais ou a integridade do território nacional;
>
> II – prejudicar ou pôr em risco a condução de negociações ou as relações internacionais do País, ou as que tenham sido fornecidas em caráter sigiloso por outros Estados e organismos internacionais;
>
> III – pôr em risco a vida, a segurança ou a saúde da população;
>
> IV – oferecer elevado risco à estabilidade financeira, econômica ou monetária do País;

> V – prejudicar ou causar risco a planos ou operações estratégicos das Forças Armadas;
>
> VI – prejudicar ou causar risco a projetos de pesquisa e desenvolvimento científico ou tecnológico, assim como a sistemas, bens, instalações ou áreas de interesse estratégico nacional;
>
> VII – pôr em risco a segurança de instituições ou de altas autoridades nacionais ou estrangeiras e seus familiares; ou
>
> VIII – comprometer atividades de inteligência, bem como de investigação ou fiscalização em andamento, relacionadas com a prevenção ou repressão de infrações.

Seria preciso um esforço hermenêutico hercúleo, para não dizer muito criativo, para subsumir a hipótese da investigação preliminar a qualquer destas categorias. Quando muito, na apuração da prática de ato de corrupção contra a Administração Pública estrangeira poderia se cogitar do sigilo da investigação preliminar para evitar danos às negociações ou relações diplomáticas com aquela nação em específico.

Nada obstante, fato é que a LEI perdeu a oportunidade de estabelecer uma nova disposição especial, a par da regra geral acima, que desse validade ao sigilo da Investigação Preliminar que, nesse contexto, tendo sido estabelecido por decreto, carece de fundamento de validade formal e, portanto, deve ser considerado ilegal, muito embora, como dito, em termos materiais seja absolutamente defensável tal disposição.

Obviamente essa Investigação Preliminar poderá produzir qualquer prova admitida em direito, inclusive escutas telefônicas devidamente autorizadas.

A investigação deverá ocorrer no prazo de sessenta dias, prorrogáveis por igual período mediante justificação acolhida pela autoridade competente para o PAR.[94]

---

[94] Art. 4º [...] § 4º O prazo para conclusão da investigação preliminar não excederá sessenta dias e poderá ser prorrogado por igual período, mediante solicitação justificada do presidente da comissão à autoridade instauradora.

Encerrada a investigação, cabe à comissão elaborar um relatório conclusivo sobre a apuração ou não da materialidade ou autoria dos atos lesivos à Administração Pública, encaminhando todo o expediente à autoridade competente para o PAR.[95]

5.7.1.2.2 *Arquivamento da matéria*

Invertendo um pouco as providências possíveis, segundo a ordem normativa, a autoridade competente para instaurar e julgar o PAR pode determinar o arquivamento da matéria. Tratando-se da autoridade máxima de cada órgão ou entidade dos Poderes Executivo, Legislativo e Judiciário (art. 8º da LEI), dessa decisão não há previsão de recurso na esfera da Administração.

5.7.1.2.3 *Instauração do Processo Administrativo de Responsabilização – PAR*

A depender do teor do relatório da Comissão que realizou a Investigação Preliminar, ou mesmo sem ela, se estiverem presentes provas suficientes da materialidade dos atos lesivos à Administração Pública e da sua autoria, a autoridade competente para a instauração do PAR deverá emitir uma Portaria e descrever todos os fatos imputados à pessoa jurídica, com a relação das provas que já existem e indicação das sanções aplicáveis.

A descrição minuciosa desses fatos é importante para não haver nulidade – ela deve preencher os mesmos requisitos da causa de pedir da inicial de ação civil por atos lesivos à Administração Pública.

Cada ato lesivo à Administração Pública tem uma tipificação própria e todos os elementos do tipo devem estar referidos e descritos na Portaria, uma vez que essa é a única maneira de preservar o contraditório

[95] Art. 4º [...] § 5º Ao final da investigação preliminar, serão enviadas à autoridade competente as peças de informação obtidas, acompanhadas de relatório conclusivo acerca da existência de indícios de autoria e materialidade de atos lesivos à administração pública federal, para decisão sobre a instauração do PAR.

e a ampla defesa, requerida pela LEI (art. 8º) e, principalmente, pela Constituição Federal (art. 5º, LV).

Tratando-se de hipótese de responsabilidade objetiva (art. 1º da LEI), o elemento subjetivo que animou o autor do fato é irrelevante, mas é preciso estabelecer de modo claro a *vinculação* entre ele e a pessoa jurídica, pois esta é que será processada.

Recorde-se que tal vinculação poderá ser oficial (isto é, com registro escrito, sob qualquer forma) ou não oficial – ou seja, ato praticado por pessoa com a qual a pessoa jurídica mantém relações habituais para contatos com a Administração, sem qualquer oficialização documental.

Ao baixar essa Portaria, a autoridade deverá, simultaneamente (na própria Portaria ou em apartado), designar uma comissão, composta por dois ou mais servidores estáveis, "que avaliará fatos e circunstâncias conhecidos e intimará a pessoa jurídica para, no prazo de trinta dias, apresentar defesa escrita e especificar eventuais provas que pretende produzir" (art. 5º, *caput*, do DECRETO).

A LEI já dispusera:

> Art. 10. O processo administrativo para apuração da responsabilidade de pessoa jurídica será conduzido por comissão designada pela autoridade instauradora e composta por 02 (dois) ou mais servidores estáveis.

Não foi feliz a LEI, ao não estabelecer um número ímpar para a composição da Comissão, pois, em caso de divergência, não haverá maioria para o desempate – que acabará sendo feito pela autoridade que instaurou o processo ou, então, por outra Comissão que então poderá ser nomeada.

Naturalmente a Comissão deverá contar com mais integrantes quando o fato for de maior complexidade – mas sempre será integrada por servidores estáveis, assim definidos pela Constituição Federal:

> Art. 41. São estáveis após três anos de efetivo exercício os servidores nomeados para cargo de provimento efetivo em virtude de concurso público (EC nº 19/98).

Certamente, preocupou-se a Lei com a imparcialidade da Comissão ao definir que somente servidores estáveis devem compô-la, pois, de um lado, eles não estão sujeitos às pressões e conjunturas políticas que, porventura, poderiam induzir ou contaminar o processamento da investigação e, por outro, não necessitam temer punições ou represálias, também de cunho político, em virtude do teor da decisão que vier a ser proferida.

Todavia, o DECRETO assim estatui:

> Art. 5º [...]
>
> § 1º Em entidades da administração pública federal cujos quadros funcionais não sejam formados por servidores estatutários, a comissão a que se refere o *caput* será composta por dois ou mais empregados públicos, preferencialmente com no mínimo três anos de tempo de serviço na entidade.

Nesse ponto, inovou o DECRETO, contrariando a LEI, que estabelecia a necessidade de servidores estáveis (art. 10). Entendemos que, na hipótese prevista no § 1º do art. 5º, a solução, para se evitar nulidades, será a nomeação de servidores estáveis de outra entidade da Administração Pública Federal, mediante Portaria conjunta das autoridades competentes. O importante é a garantia funcional daqueles que irão conduzir o PAR.

Nessa linha, diz o DECRETO:

> Art. 6º A comissão a que se refere o art. 5º exercerá suas atividades com independência e imparcialidade, assegurado o sigilo, sempre que necessário à elucidação do fato e à preservação da imagem dos envolvidos, ou quando exigido pelo interesse da administração pública, garantido o direito à ampla defesa e ao contraditório.

A regra acima apenas confirma, a nosso ver, a ilegalidade do § 1º do art. 5º, acima visto.

Mas, o art. 6º do DECRETO vai um pouco além – a comissão pode decretar o *sigilo* do PAR, devidamente justificado pela sua imprescindibilidade para a elucidação do fato ou exigido pelo interesse da Administração Pública e, especialmente, para a preservação da imagem dos envolvidos.

Todavia, aqui não se trata do caráter sigiloso que o DECRETO conferiu à Investigação Preliminar (art. 4º, § 1º), mas de *sigilo processual*, que em tudo deverá ser análogo ao segredo de justiça do art. 189 do novo CPC.[96]

Tanto assim, que o art. 8º do DECRETO reforça essa ideia:

> Art. 8º A pessoa jurídica poderá acompanhar o PAR por meio de seus representantes legais ou procuradores, sendo-lhes assegurado amplo acesso aos autos.
>
> Parágrafo único. É vedada a retirada dos autos da repartição pública, sendo autorizada a obtenção de cópias mediante requerimento.

5.7.1.3 Medidas sancionatórias a serem pleiteadas no Processo Administrativo de Responsabilização – PAR

As medidas sancionatórias que podem ser pleiteadas no PAR estão previstas no art. 6º da LEI e devem constar da Portaria inaugural:

> Art. 6º Na esfera administrativa, serão aplicadas às pessoas jurídicas consideradas responsáveis pelos atos lesivos previstos nesta Lei as seguintes sanções:

[96] Art. 189. Os atos processuais são públicos, todavia tramitam em segredo de justiça os processos: I – em que o exija o interesse público ou social; II – que versem sobre casamento, separação de corpos, divórcio, separação, união estável, filiação, alimentos e guarda de crianças e adolescentes; III – em que constem dados protegidos pelo direito constitucional à intimidade; IV – que versem sobre arbitragem, inclusive sobre cumprimento de carta arbitral, desde que a confidencialidade estipulada na arbitragem seja comprovada perante o juízo. § 1º O direito de consultar os autos de processo que tramite em segredo de justiça e de pedir certidões de seus atos é restrito às partes e aos seus procuradores. § 2º O terceiro que demonstrar interesse jurídico pode requerer ao juiz certidão do dispositivo da sentença, bem como de inventário e de partilha resultantes de divórcio ou separação.

> I – **multa**, no valor de 0,1% (um décimo por cento) a 20% (vinte por cento) do faturamento bruto do último exercício anterior ao da instauração do processo administrativo, excluídos os tributos, a qual nunca será inferior à vantagem auferida, quando for possível sua estimação; e
>
> II – **publicação extraordinária da decisão condenatória**.

O § 3º esclarece que essas sanções administrativas não eximem o sujeito passivo de ressarcir integralmente o dano causado.

Essas duas sanções podem ser aplicadas isolada ou cumulativamente (LEI: art. 6º, § 1º).

5.7.1.3.1 Da Multa

No sistema adotado pela LEI, a base de cálculo das multas é o faturamento bruto da pessoa jurídica. Para evitar discussões sobre o que é realmente o "faturamento bruto", o DECRETO, em seu art. 21, estabeleceu que a metodologia para apuração do faturamento bruto da empresa será definida em ato do Ministro de Estado Chefe da Controladoria-Geral da União.

> Art. 21. Ato do Ministro de Estado Chefe da Controladoria-Geral da União fixará metodologia para a apuração do faturamento bruto e dos tributos a serem excluídos para fins de cálculo da multa a que se refere o art. 6º da Lei nº 12.846, de 2013.[97]

---

[97] Trata-se da Instrução Normativa 01, de 7 de abril de 2015: CONTROLADORIA-GERAL DA UNIÃO INSTRUÇÃO NORMATIVA Nº 1, DE 7 DE ABRIL DE 2015. Estabelece metodologia para a apuração do faturamento bruto e dos tributos a serem excluídos para fins de cálculo da multa a que se refere o art. 6º da Lei nº 12.846, de 1º de agosto de 2013. O MINISTRO DE ESTADO CHEFE DA CONTROLADORIA-GERAL DA UNIÃO, no uso das atribuições que lhe conferem os incisos I e II do parágrafo único do art. 87 da Constituição Federal e o art. 21 do Decreto nº 8.420, de 18 de março de 2015, resolve: Art. 1º Para o cálculo da multa a que se refere o inciso I do art. 6º da Lei nº 12.846, de 2013, o faturamento bruto compreende a receita bruta de que trata o art. 12 do Decreto-Lei nº 1.598, de 26 de dezembro de 1977. Art. 2º Para os contribuintes optantes pelo Regime Especial

> Parágrafo único. Os valores de que trata o *caput* poderão ser apurados, entre outras formas, por meio de:
>
> I – compartilhamento de informações tributárias, na forma do inciso II do § 1º do art. 198 da Lei nº 5.172, de 25 de outubro de 1966;[98] e
>
> II – registros contábeis produzidos ou publicados pela pessoa jurídica acusada, no país ou no estrangeiro.

Posta a premissa de cálculo da multa, o DECRETO cuidou de disciplina-la, e o fez de modo assaz complexo, estabelecendo uma fórmula ou sistema de cálculo que se inicia pelo art. 17:

> Art. 17. O cálculo da multa se inicia com a soma dos valores correspondentes aos seguintes percentuais do faturamento bruto da pessoa jurídica do último exercício anterior ao da instauração do PAR, excluídos os tributos:

Unificado de Arrecadação de Tributos e Contribuições devidos pelas Microempresas e Empresas de Pequeno Porte – Simples Nacional, o faturamento bruto compreende a receita bruta de que trata o § 1º do art. 3º da Lei Complementar nº 123, de 14 de dezembro de 2006. Art. 3º Excluem-se do faturamento bruto os tributos de que trata o inciso III do § 1º do art. 12 do Decreto-Lei nº 1.598, de 1977. Art. 4º Os valores de que tratam os arts. 1º a 3º poderão ser apurados, entre outras formas, por meio de: I – compartilhamento de informações tributárias, na forma do inciso II do § 1º do art. 198 da Lei nº 5.172, de 25 de outubro de 1966; e II – registros contábeis produzidos ou publicados pela pessoa jurídica acusada, no país ou no estrangeiro. Art. 5º Esta Instrução Normativa entra em vigor na data de sua publicação.

[98] A Lei nº 5.172, de 25 de outubro de 1966, dispôs sobre o Sistema Tributário Nacional. Seu art. 198: "Sem prejuízo do disposto na legislação criminal, é vedada a divulgação, por parte da Fazenda Pública ou de seus servidores, de informação obtida em razão do ofício sobre a situação econômica ou financeira do sujeito passivo ou de terceiros e sobre a natureza e o estado de seus negócios ou atividades" – § 1º Excetuam-se do disposto neste artigo, além dos casos previstos no art. 199, os seguintes: II – solicitações de autoridade administrativa no interesse da Administração Pública, desde que seja comprovada a instauração regular de processo administrativo, no órgão ou na entidade respectiva, com o objetivo de investigar o sujeito passivo a que se refere a informação, por prática de infração administrativa.

I – **um por cento a dois e meio por cento** havendo continuidade dos atos lesivos no tempo;

II – **um por cento a dois e meio por cento** para tolerância ou ciência de pessoas do corpo diretivo ou gerencial da pessoa jurídica;

III – **um por cento a quatro por cento** no caso de interrupção no fornecimento de serviço público ou na execução de obra contratada;

IV – **um por cento** para a situação econômica do infrator com base na apresentação de índice de Solvência Geral – SG e de Liquidez Geral – LG superiores a um e de lucro líquido no último exercício anterior ao da ocorrência do ato lesivo;

V – **cinco por cento** no caso de reincidência, assim definida a ocorrência de nova infração, idêntica ou não à anterior, tipificada como ato lesivo pelo art. 5º da Lei nº 12.846, de 2013, em menos de cinco anos, contados da publicação do julgamento da infração anterior; e

VI – no caso de os contratos mantidos ou pretendidos com o órgão ou entidade lesado, serão considerados, na data da prática do ato lesivo, os seguintes percentuais:

a) **um por cento** em contratos acima de R$ 1.500.000,00 (um milhão e quinhentos mil reais);

b) **dois por cento** em contratos acima de R$ 10.000.000,00 (dez milhões de reais);

c) **três por cento** em contratos acima de R$ 50.000.000,00 (cinquenta milhões de reais);

d) **quatro por cento** em contratos acima de R$ 250.000.000,00 (duzentos e cinquenta milhões de reais); e

e) **cinco por cento** em contratos acima de R$ 1.000.000.000,00 (um bilhão de reais).

Merece consideração o disposto no inciso III, que prevê multa para o caso de "interrupção no fornecimento de serviço público ou na execução de obra contratada" – situação jurídica que não está configurada dentre as figuras típicas (taxativas) do art. 5º da LEI. Portanto, essa multa *é ilegal* e não poderá ser aplicada. Nem há previsão de atos lesivos à Administração Pública que tenha por consequência a não prestação de serviço ou inexecução de obra pública, que poderia – *de lege ferenda* – ser uma qualificadora. Observe-se que o art. 5º, IV, "d", da LEI contempla a hipótese de fraude ao contrato, situação que não se confunde com o disposto no inciso III sob análise.

A fórmula prossegue no art. 18 do DECRETO:

> Art. 18. Do resultado da soma dos fatores do art. 17 serão subtraídos os valores correspondentes aos seguintes percentuais do faturamento bruto da pessoa jurídica do último exercício anterior ao da instauração do PAR, excluídos os tributos:
>
> I – **um por cento** no caso de não consumação da infração;
>
> II – **um e meio por cento** no caso de comprovação de ressarcimento pela pessoa jurídica dos danos a que tenha dado causa;
>
> III – **um por cento a um e meio por cento** para o grau de colaboração da pessoa jurídica com a investigação ou a apuração do ato lesivo, independentemente do acordo de leniência;
>
> IV – **dois por cento** no caso de comunicação espontânea pela pessoa jurídica antes da instauração do PAR acerca da ocorrência do ato lesivo; e
>
> V – **um por cento a quatro por cento** para comprovação de a pessoa jurídica possuir e aplicar um programa de integridade, conforme os parâmetros estabelecidos no Capítulo IV.

Portanto, o art. 18 prevê situações atenuantes. Note-se que não há discricionariedade em sua aplicação pela autoridade administrativa – as diminuições previstas são obrigatórias.

Contudo, pode ocorrer que não se identifiquem os fatores e circunstâncias previstos nas normas do art. 17 ou 18 e que, feitos os abatimentos, a multa seja igual a zero. Nesses casos, incide a norma do art. 19:

> Art. 19. Na ausência de todos os fatores previstos nos art. 17 e art. 18 ou de resultado das operações de soma e subtração ser igual ou menor a zero, o valor da multa corresponderá, conforme o caso, a:

> I – um décimo por cento do faturamento bruto do último exercício anterior ao da instauração do PAR, excluídos os tributos; ou
>
> II – R$ 6.000,00 (seis mil reais), na hipótese do art. 22.

A norma não nos parece constitucional. Com efeito, se o sistema do DECRETO consiste, em primeiro lugar fazer a soma de uma série de percentuais aplicáveis a um grupo de situações anunciadas e depois, desse total, subtrair outros tantos percentuais em face de atenuantes, não pode, em seguida, criar uma sanção para quem tenha compensados todas as agravantes com todas as atenuantes. É um paradoxo legal insustentável. Até porque haverá casos em que a aplicação de um percentual mínimo será mais favorável que zero, pois a aplicação do inciso I agrava a situação do infrator.

O inciso II nos remete ao art. 22 do DECRETO:

> Art. 22. Caso não seja possível utilizar o critério do valor do faturamento bruto da pessoa jurídica no ano anterior ao da instauração ao PAR, os percentuais dos fatores indicados nos art. 17 e art. 18 incidirão:[99]
>
> I – sobre o valor do faturamento bruto da pessoa jurídica, excluídos os tributos, no ano em que ocorreu o ato lesivo, no caso de a pessoa jurídica não ter tido faturamento no ano anterior ao da instauração ao PAR;
>
> II – sobre o montante total de recursos recebidos pela pessoa jurídica sem fins lucrativos no ano em que ocorreu o ato lesivo; ou
>
> III – nas demais hipóteses, sobre o faturamento anual estimável da pessoa jurídica, levando em consideração quaisquer informações sobre a sua situação econômica ou o estado de seus negócios, tais como patrimônio, capital social, número de empregados, contratos, dentre outras.

---

[99] LEI: Art. 6º [...] § 4º Na hipótese do inciso I do *caput*, caso não seja possível utilizar o critério do valor do faturamento bruto da pessoa jurídica, a multa será de R$ 6.000,00 (seis mil reais) a R$ 60.000.000,00 (sessenta milhões de reais).

> Parágrafo único. Nas hipóteses previstas no *caput*, o valor da multa será limitado entre R$ 6.000,00 (seis mil reais) e R$ 60.000.000,00 (sessenta milhões de reais).

Acreditamos que os valores da multa previstos no parágrafo único traduzem sanções inválidas, ou seja, *inconstitucionais*. Cabe aqui a observação aguda do Professor Celso Antônio Bandeira de Mello, para quem:

> [...] não se poderá considerar válida lei administrativa que preveja multa variável de um valor muito modesto para um extremamente alto, dependendo da gravidade da infração, porque isto significaria, na real verdade, a outorga de uma "discricionariedade" tão desatada, que a sanção seria determinável *pelo administrador e não pela lei*, incorrendo esta em manifesto vício de falta de "*razoabilidade*". É dizer: teria havido um simulacro de obediência ao princípio da legalidade; não, porém, uma verdadeira obediência a ele. Norma que padecesse deste vício seria nula, por insuficiência de delimitação de sanção.[100]

No caso presente, a variação de R$ 6.000,00 a R$ 60.000.000,00 prevista no art. 6º, § 4º, da LEI e no parágrafo único do art. 22 do DECRETO padece desse vício e são *normas inconstitucionais*, pois a sanção efetivamente aplicada representa, no fundo, a invasão da esfera legislativa pelo Poder Judiciário.

Todavia, a jurisprudência determinará os reais rumos desta questão.

O art. 20 do DECRETO estatui que a quantificação dos fatores previstos nos artigos 17 e 18 será verificada no PAR, constando do relatório final da comissão, que deverá, ainda, apontar quais as vantagens ilícitas supostamente pretendidas ou efetivamente auferidas.

Contudo, como a referida quantificação tem por fundamento circunstâncias de fato, é compreensível que nem sempre seja possível fazê-la desde logo, na Portaria que instaura o PAR.

---

[100] BANDEIRA DE MELLO. *Curso de direito administrativo*, p. 871.

Mas, se feita no relatório final, a empresa acusada não terá exercido o direito de defesa, o que gera uma nulidade insanável, por efeito do princípio consagrado na CF, art. 5º, LV (*due process of law*).

Assim sendo, o processo administrativo deve ter um momento em que essa quantificação deva ser feita **antes** do relatório final, com ampla possibilidade de a tais fatos se contrapor a empresa acusada, inclusive com ampla possibilidade de produção de provas.

Eis a norma do art. 20 do DECRETO:

> Art. 20. A existência e quantificação dos fatores previstos nos art. 17 e art. 18, deverá ser apurada no PAR e evidenciada no relatório final da comissão, o qual também conterá a estimativa, sempre que possível, dos valores da vantagem auferida e da pretendida.
>
> § 1º Em qualquer hipótese, o valor final da multa terá como limite:
>
> I – mínimo, o maior valor entre o da vantagem auferida e o previsto no art. 19; e
>
> II – máximo, o menor valor entre:
>
> a) vinte por cento do faturamento bruto do último exercício anterior ao da instauração do PAR, excluídos os tributos; ou
>
> b) três vezes o valor da vantagem pretendida ou auferida.
>
> § 2º O valor da vantagem auferida ou pretendida equivale aos ganhos obtidos ou pretendidos pela pessoa jurídica que não ocorreriam sem a prática do ato lesivo, somado, quando for o caso, ao valor correspondente a qualquer vantagem indevida prometida ou dada a agente público ou a terceiros a ele relacionados.
>
> § 3º Para fins do cálculo do valor de que trata o § 2º, serão deduzidos custos e despesas legítimos comprovadamente executados ou que seriam devidos ou despendidos caso o ato lesivo não tivesse ocorrido.

Por fim, há a atenuante especial do acordo de leniência, que reduz a multa conforme nele vier ajustado, mas a redução não pode ser maior que 2/3 (dois terços – § 2º do art. 16 da LEI). Eis a regra do art. 23 do DECRETO:

> Art. 23. Com a assinatura do acordo de leniência, a multa aplicável será reduzida conforme a fração nele pactuada, observado o limite previsto no § 2º do art. 16 da Lei nº 12.846, de 2013.
>
> § 1º O valor da multa previsto no *caput* poderá ser inferior ao limite mínimo previsto no art. 6º da Lei nº 12.846, de 2013.
>
> § 2º No caso de a autoridade signatária declarar o descumprimento do acordo de leniência por falta imputável à pessoa jurídica colaboradora, o valor integral encontrado antes da redução de que trata o *caput* será cobrado na forma da Seção IV, descontando-se as frações da multa eventualmente já pagas.

O § 1º é redundante, pois a regra já constava do *caput*.

Havendo condenação ao pagamento de multa, esta será recolhida pela pessoa jurídica em trinta dias, apresentando em seguida o comprovante. Caso assim não haja, haverá inscrição da multa na Dívida Ativa da Pessoa Jurídica lesada (ou autarquia ou fundação pública) e haverá execução judicial, mesmo antes da respectiva inscrição, caso a entidade que aplicou a multa não possua Dívida Ativa. Nesse caso, a decisão do PAR tem força executiva:

> Art. 25. A multa aplicada ao final do PAR será integralmente recolhida pela pessoa jurídica sancionada no prazo de trinta dias, observado o disposto nos §§ 1º e 3º do art. 11.
>
> § 1º Feito o recolhimento, a pessoa jurídica sancionada apresentará ao órgão ou entidade que aplicou a sanção documento que ateste o pagamento integral do valor da multa imposta.
>
> § 2º Decorrido o prazo previsto no *caput* sem que a multa tenha sido recolhida ou não tendo ocorrido a comprovação de seu pagamento integral, o órgão ou entidade que a aplicou encaminhará o débito para inscrição em Dívida Ativa da União ou das autarquias e fundações públicas federais.
>
> § 3º Caso a entidade que aplicou a multa não possua Dívida Ativa, o valor será cobrado independentemente de prévia inscrição.

5.7.1.3.2 Da Publicação Extraordinária da Decisão Administrativa Sancionadora

A matéria consta do § 5º do art. 6º da LEI, *verbis:*

> Art. 6º [...]
>
> § 5º A publicação extraordinária da decisão condenatória ocorrerá na forma de extrato de sentença, a expensas da pessoa jurídica, em meios de comunicação de grande circulação na área da prática da infração e de atuação da pessoa jurídica ou, na sua falta, em publicação de circulação nacional, bem como por meio de afixação de edital, pelo prazo mínimo de 30 (trinta) dias, no próprio estabelecimento ou no local de exercício da atividade, de modo visível ao público, e no sítio eletrônico na rede mundial de computadores.

O DECRETO cria a obrigação, para a empresa condenada, de publicar a decisão sancionadora em vários meios de comunicação:

> Art. 24. A pessoa jurídica sancionada administrativamente pela prática de atos lesivos contra a administração pública, nos termos da Lei nº 12.846, de 2013, publicará a decisão administrativa sancionadora na forma de extrato de sentença, cumulativamente:
>
> I – em meio de comunicação de grande circulação na área da prática da infração e de atuação da pessoa jurídica ou, na sua falta, em publicação de circulação nacional;
>
> II – em edital afixado no próprio estabelecimento ou no local de exercício da atividade, em localidade que permita a visibilidade pelo público, pelo prazo mínimo de trinta dias; e
>
> III – em seu sítio eletrônico, pelo prazo de trinta dias e em destaque na página principal do referido sítio.
>
> Parágrafo único. A publicação a que se refere o *caput* será feita a expensas da pessoa jurídica sancionada.

Não há previsão de sanção para o descumprimento dessa obrigação – cabendo à autoridade interessada buscar o cumprimento da obrigação de fazer em sede judicial, sendo de bom alvitre pedir a imposição de multa por dia em que houver descumprimento.

5.7.2 Fase de defesa

5.7.2.1 Intimação da pessoa jurídica

A fase da defesa tem início com a intimação da pessoa jurídica, como consta do art. 5º do DECRETO.

Nesse sentido, o DECRETO veio complementar a LEI, estabelecendo um segmento procedimental indispensável para que o PAR preserve sua higidez – a intimação da pessoa jurídica para apresentar sua defesa e requerimento de provas:

> Art. 5º No ato de instauração do PAR, a autoridade designará comissão, composta por dois ou mais servidores estáveis, que [...] intimará a pessoa jurídica [...].

Essa e outras intimações necessárias poderão ser feitas por meio eletrônico, via postal ou qualquer outro meio que assegure a certeza de ciência da pessoa jurídica acusada (DECRETO – art. 7º, primeira parte). Neste ponto, o DECRETO adotou o princípio da instrumentalidade das formas, que vige na seara do Direito Processual Civil – o que importa é que o ato alcance seu escopo.

> Art. 7º As intimações serão feitas por meio eletrônico, via postal ou por qualquer outro meio que assegure a certeza de ciência da pessoa jurídica acusada, cujo prazo para apresentação de defesa será contado a partir da data da cientificação oficial, observado o disposto no Capítulo XVI da Lei nº 9.784, de 29 de janeiro de 1999.

O DECRETO ainda permite que a intimação seja feita por edital:

> Art. 7º [...]
>
> § 1º Caso não tenha êxito a intimação de que trata o *caput*, será feita nova intimação por meio de edital publicado na imprensa oficial, em jornal de grande circulação no Estado da federação em que a pessoa jurídica tenha sede, e no sítio eletrônico do órgão ou entidade pública responsável pela apuração do PAR [...].

Também a intimação editalícia é preconizada pelo DECRETO quando a pessoa jurídica não possua sede, filial ou representação no País:

> Art. 7º [...]
>
> § 2º Em se tratando de pessoa jurídica que não possua sede, filial ou representação no País e sendo desconhecida sua representação no exterior, frustrada a intimação nos termos do *caput*, será feita nova intimação por meio de edital publicado na imprensa oficial e no sítio eletrônico do órgão ou entidade público responsável pela apuração do PAR [...].

A intimação por edital de pessoa jurídica com sede no Brasil deve ser feita caso todas as tentativas de intimação pessoal se frustrem.

Considerando que o art. 7º se refere à Lei nº 9.784, de 29 de janeiro de 1999 (que disciplina o processo administrativo na área federal), é recomendável que a intimação contenha os elementos por ela exigidos:

> Art. 26. O órgão competente perante o qual tramita o processo administrativo determinará a intimação do interessado para ciência de decisão ou a efetivação de diligências.
>
> § 1º A intimação deverá conter:
>
> I – identificação do intimado e nome do órgão ou entidade administrativa;
>
> II – finalidade da intimação;
>
> III – data, hora e local em que deve comparecer;
>
> IV – se o intimado deve comparecer pessoalmente, ou fazer-se representar;
>
> V – informação da continuidade do processo independentemente do seu comparecimento;
>
> VI – indicação dos fatos e fundamentos legais pertinentes.

A finalidade da intimação é a apresentação da defesa e requerimento de provas (art. 5º do DECRETO).

5.7.2.2 Contagem do prazo para a defesa da pessoa jurídica

Diz o art. 7º, *caput*, do DECRETO:

> Art. 7º As intimações serão feitas por meio eletrônico, via postal ou por qualquer outro meio que assegure a certeza de ciência da pessoa jurídica acusada, cujo prazo para apresentação de defesa será contado a partir da data da cientificação oficial, observado o disposto no Capítulo XVI da Lei nº 9.784, de 29 de janeiro de 1999.

As regras estipuladas pela Lei nº 9.784/99 (que regula o processo administrativo no âmbito da Administração Pública Federal), no seu Capítulo XVI, são estas:

> Art. 66. Os prazos começam a correr a partir da data da cientificação oficial, excluindo-se da contagem o dia do começo e incluindo-se o do vencimento.
>
> § 1º Considera-se prorrogado o prazo até o primeiro dia útil seguinte se o vencimento cair em dia em que não houver expediente ou este for encerrado antes da hora normal.
>
> § 2º Os prazos expressos em dias contam-se de modo contínuo.[101]
>
> § 3º Os prazos fixados em meses ou anos contam-se de data a data. Se no mês do vencimento não houver o dia equivalente àquele do início do prazo, tem-se como termo o último dia do mês.

Portanto, o *dies ad quem* para a apresentação da defesa é a data em que o intimando foi citado, salvo se houve intimação por edital, hipótese na qual, segundo a parte final dos §§ 1º e 2º do art. 7º, a contagem do prazo se inicia a partir da *última* data de publicação do edital.

[101] Registre-se que o CPC, em seu artigo 219, estabelece a contagem do prazo processual computando-se apenas os dias úteis (art. 219. Na contagem de prazo em dias, estabelecido por lei ou pelo juiz, computar-se-ão somente os dias úteis), ao passo que o § 2º do art. 66 da LEI determina uma contagem contínua. A regra é válida, pois trata-se de norma especial, que prevalece sobre norma geral e complementar.

Essas regras pressupõem, portanto, mais de uma publicação, tal como ocorre na citação por edital no campo do direito processual civil. Pelo menos duas publicações se impõem, diante da norma.

O prazo para a defesa será de 30 dias, aliás, como já dispunha o art. 11 da LEI:

> Art. 11. No processo administrativo para apuração de responsabilidade, será concedido à pessoa jurídica prazo de 30 (trinta) dias para defesa, contados a partir da intimação.

A norma jurídica do art. 5º, *caput*, do DECRETO, que prevê o mesmo prazo para a defesa, contém uma ressalva deveras estranha: os membros da comissão, antes de determinar a intimação, deverão avaliar "fatos e circunstâncias conhecidas".

Ora, a avaliação dos fatos e circunstância já fora realizada pela autoridade que instaurou o PAR. Poderia a comissão nesse instante emitir relatório pedindo, por exemplo, o arquivamento ou absolvição sumária da empresa?

Acreditamos que não. Para dar algum conteúdo à norma poderíamos entender que ela determina que os membros da comissão, logo no início e antes da intimação da pessoa jurídica, verifiquem eventual impedimento ou suspeição e, até mesmo, que formulem pedido para serem excluídos da comissão processante por razões de foro íntimo.

Assim que intimada, a pessoa jurídica deverá ter oportunidade de obter (ou receber) cópia integral dos autos, inclusive da Investigação Preliminar, se houve, para poder formular a sua defesa.

O prazo de trinta dias poderá ser em dobro, caso haja mais de uma pessoa jurídica envolvida, com procuradores diversos, por aplicação analógica do art. 229 do Código de Processo Civil.[102]

---

[102] Art. 229. Os litisconsortes que tiverem diferentes procuradores, *de escritórios de advocacia distintos*, terão prazos contados em dobro para todas as suas manifestações, em qualquer juízo ou tribunal, independentemente de requerimento. § 1º Cessa a contagem do prazo em dobro se, havendo apenas 2 (dois) réus, é oferecida defesa por apenas um deles. § 2º Não se aplica o disposto no *caput* aos processos em autos eletrônicos.

5.7.2.3 Da defesa da pessoa jurídica

Em sua resposta, a pessoa jurídica acusada pode alegar questões preliminares, como a falta de descrição dos fatos geradores do direito à aplicação da sanção, o que determina a inépcia da Portaria (*mutatis mutandis*: falta de causa de pedir), incompetência e, ainda, impedimento e suspeição de um ou de todos os membros da comissão. Também poderá juntar documentos e protestar por outras provas, como a pericial.

Nada impede que a pessoa jurídica seja representada por advogado legalmente constituído, como consta do DECRETO:

> Art. 8º A pessoa jurídica poderá acompanhar o PAR por meio de seus representantes legais ou procuradores, sendo-lhes assegurado amplo acesso aos autos.

A procuração deve obedecer ao disposto no CPC – art. 103 e seguintes.

A procuração a advogado será outorgada por seus representantes legais segundo suas normas estatutárias, consoante prevê a LEI, no seu art. 26, *ipsis litteris*:

> Art. 26. A pessoa jurídica será representada no processo administrativo na forma do seu estatuto ou contrato social.
>
> § 1º As sociedades sem personalidade jurídica serão representadas pela pessoa a quem couber a administração de seus bens.
>
> § 2º A pessoa jurídica estrangeira será representada pelo gerente, representante ou administrador de sua filial, agência ou sucursal aberta ou instalada no Brasil.

Nos termos do art. 105 do Código de Processo Civil, o mandato outorgado ao advogado confere amplos poderes postulatórios, salvo para receber citação inicial (no caso da Lei nº 12.846/13, pode-se falar na *intimação* da instauração do PAR), confessar, reconhecer a procedência do pedido, transigir, desistir, renunciar ao direito sobre o qual se funda a ação, receber, dar quitação e firmar compromisso. Estes poderes não se presumem, decorrem, portanto, de indicação expressa no instrumento de mandato.[103]

Se o requerimento de impedimento ou de suspeição não forem acatados pelos membros da comissão, a pessoa jurídica poderá interpor recurso administrativo com fundamento na Lei nº 9.784/99:

> Art. 21. O indeferimento de alegação de suspeição poderá ser objeto de recurso, sem efeito suspensivo.

O recurso será dirigido à autoridade que nomeou a comissão.

5.7.3 Fase instrutória

Vigora nesta fase, como vimos, o princípio da *ampla instrução probatória* e a busca da *verdade material ou real*: além das provas produzidas pelo interessado, deve a Comissão determinar a produção de todas as provas que entenda necessárias para que se atinja a verdade real ou material.

Além disso, todas as provas e alegações produzidas e apresentadas pelo acusado deverão ser apreciadas e sopesadas na busca da verdade real, sendo nulo o processo administrativo que, conquanto faculte a

---

[103] No novo CPC: Art. 105. A procuração geral para o foro, outorgada por instrumento público ou particular assinado pela parte, habilita o advogado a praticar todos os atos do processo, exceto receber citação, confessar, reconhecer a procedência do pedido, transigir, desistir, renunciar ao direito sobre o qual se funda a ação, receber, dar quitação, firmar compromisso e assinar declaração de hipossuficiência econômica, que devem constar de cláusula específica. 1º A procuração pode ser assinada digitalmente, na forma da lei. § 2º A procuração deverá conter o nome do advogado, seu número de inscrição na Ordem dos Advogados do Brasil e endereço completo. § 3º Se o outorgado integrar sociedade de advogados, a procuração também deverá conter o nome dessa, seu número de registro na Ordem dos Advogados do Brasil e endereço completo. § 4º Salvo disposição expressa em sentido contrário constante do próprio instrumento, a procuração outorgada na fase de conhecimento é eficaz para todas as fases do processo, inclusive para o cumprimento de sentença.

produção de provas, esvazie o propósito destas por omitir sua análise no âmbito da formação da convicção dos membros da comissão.

O § 2º do art. 5º do DECRETO é de má redação:

> § 2º Na hipótese de deferimento de pedido de produção de novas provas ou de juntada de provas julgadas indispensáveis pela comissão, a pessoa jurídica poderá apresentar alegações finais no prazo de dez dias, contado da data do deferimento ou da intimação de juntada das provas pela comissão.

O que a norma quis dizer é que, encerrada a instrução, a pessoa jurídica acusada poderá oferecer alegações finais e memoriais de julgamento, apreciando a imputação e o conjunto probatório.

Todavia, a comissão poderá indeferir a produção de provas:

> Art. 5º [...]
>
> § 3º Serão recusadas, mediante decisão fundamentada, provas propostas pela pessoa jurídica que sejam ilícitas, impertinentes, desnecessárias, protelatórias ou intempestivas.

Conquanto o DECRETO silencie, no caso de recusa de produção das provas, a pessoa jurídica acusada poderá interpor recurso administrativo com fundamento na Lei nº 9.784/99, que regula o processo administrativo no âmbito da Administração Pública Federal:

> Art. 56. Das decisões administrativas cabe recurso, em face de razões de legalidade e de mérito.
>
> § 1º O recurso será dirigido à autoridade que proferiu a decisão, a qual, se não a reconsiderar no prazo de cinco dias, o encaminhará à autoridade superior.
>
> § 2º Salvo exigência legal, a interposição de recurso administrativo independe de caução.

> § 3º Se o recorrente alegar que a decisão administrativa contraria enunciado da súmula vinculante, caberá à autoridade prolatora da decisão impugnada, se não a reconsiderar, explicitar, antes de encaminhar o recurso à autoridade superior, as razões da aplicabilidade ou inaplicabilidade da súmula, conforme o caso.

A autoridade a quem o recurso será encaminhado, caso não haja acolhimento pela comissão, é aquela competente para julgamento do PAR.

Por fim, se na defesa a pessoa jurídica mencionar sistema de *compliance*, a Comissão deve examinar o programa:

> Art. 5º [...]
>
> § 4º Caso a pessoa jurídica apresente em sua defesa informações e documentos referentes à existência e ao funcionamento de programa de integridade, a comissão processante deverá examiná-lo segundo os parâmetros indicados no Capítulo IV, para a dosimetria das sanções a serem aplicadas.

5.7.4 Fase dispositiva ou decisória

A fase dispositiva ou decisória se desenvolve através de duas subfases: a do relatório e a da decisão propriamente dita.

O Relatório da Comissão abrangerá todo o processado e o posicionamento de seus membros sobre a responsabilização da pessoa jurídica, indicando, se for o caso, as sanções aplicáveis.

> Art. 10. [...]
>
> § 3º A comissão deverá concluir o processo no prazo de 180 (cento e oitenta) dias contados da data da publicação do ato que a instituir e, ao final, apresentar relatórios sobre os fatos apurados e *eventual responsabilidade da pessoa jurídica, sugerindo de forma motivada as sanções a serem aplicadas.*

Todavia, o DECRETO menciona expressamente a possibilidade de a comissão opinar pelo arquivamento do PAR, e, ainda a dosimetria da multa a ser aplicada:

> Art. 9º [...]
>
> § 3º Concluídos os trabalhos de apuração e análise, a comissão elaborará relatório a respeito dos fatos apurados e da eventual responsabilidade administrativa da pessoa jurídica, no qual sugerirá, de forma motivada, as sanções a serem aplicadas, a dosimetria da multa ou o arquivamento do processo.[104]

O relatório é uma peça de grande importância no processo administrativo, porque revela a impressão pessoal dos membros da Comissão, que acompanharam especialmente a produção das provas, com destaque para depoimentos pessoais e testemunhais.

Mas, se o relatório houver de conter a dosimetria da multa, esse cálculo deve ser objeto de decisão prévia, com a oportunidade para a empresa infratora de exercer o contraditório e a ampla defesa.

O relatório deve conter completo resumo do que dos autos consta e, o que é principal, a verdade dos fatos que os membros da Comissão entendem ser a real ou material, apontando os elementos de sua convicção. Em caso de divergência, cada integrante apresentará a sua convicção e a respectiva fundamentação. O relatório, assim que concluído, será remetido à autoridade que instaurou o processo:

> Art. 12. O processo administrativo, com o relatório da comissão, será remetido à autoridade instauradora, na forma do art. 10, para julgamento.

O DECRETO contém norma análoga, mas determina que, antes do julgamento pela autoridade competente, haja manifestação jurídica, "elaborada pelo órgão de assistência jurídica competente" (art. 9º, § 4º).[105] Essa regra é muito importante, e a ausência do parecer pode dar causa à nulidade do PAR. Ocorre que a autoridade que deve proferir a

---

[104] Recorde-se que o § 4º do art. 5º do DECRETO determina que a Comissão tome ciência do programa de integridade da empresa para fins de dosar as penas.

[105] DECRETO – Art. 9º, § 4º O relatório final do PAR será encaminhado à autoridade competente para julgamento, o qual *será precedido de manifestação jurídica, elaborada pelo órgão de assistência jurídica competente.*

sentença nem sempre terá a formação jurídica necessária para apreciar as questões preliminares, por exemplo.

Porém, pode ocorrer que a Comissão encontre outros ilícitos, além dos atos lesivos à Administração Pública. Eis as normas do DECRETO:

> Art. 9º [...]
>
> § 5º Caso seja verificada a ocorrência de eventuais ilícitos a serem apurados em outras instâncias, o relatório da comissão será encaminhado, pela autoridade julgadora:
>
> I – ao Ministério Público;
>
> II – à Advocacia-Geral da União e seus órgãos vinculados, no caso de órgãos da administração pública direta, autarquias e fundações públicas federais; ou
>
> III – ao órgão de representação judicial ou equivalente no caso de órgãos ou entidades da administração pública não abrangidos pelo inciso II.

Recebendo o relatório, a autoridade que instaurou o processo administrativo proferirá a sua decisão, abordando todas as questões de fato e de direito que foram objeto de discussão nos autos, fundamentando-a devidamente. Nessa decisão, poderá a autoridade:

a) *Converter o julgamento em diligência, caso entenda que as provas são insuficientes:*

Se entender que a instrução não está completa, a autoridade que instaurou o PAR determinará sua volta à comissão para complementar as provas, as quais deve indicar. Esta medida pode ser tomada mais de uma vez, se necessária.[106]

---

[106] Nada impede que a autoridade dissolva a comissão e nomeie outra, a qualquer tempo. Mas isto ocorrerá, certamente, em casos de falha instrutória do PAR. A comissão poderá realizar outras provas, além das indicadas, se for o caso.

b) Decidir de acordo com o relatório:

Se concordar com o relatório, nesse sentido decidirá a autoridade – e, como veremos, dessa decisão cabe pedido de reconsideração (art. 11 do DECRETO).

c) Decidir de forma diversa daquela proposta pelos membros da Comissão:

Decidindo de forma contrária à opinião da Comissão, a autoridade deverá fundamentar sua decisão com base nas provas existentes no PAR.[107]

d) Desconsiderar a pessoa jurídica, nos termos do art. 14 da LEI:

> Art. 14. A personalidade jurídica poderá ser desconsiderada sempre que utilizada com abuso do direito para facilitar, encobrir ou dissimular a prática dos atos ilícitos previstos nesta Lei ou para provocar confusão patrimonial, sendo estendidos todos os efeitos das sanções aplicadas à pessoa jurídica aos seus administradores e sócios com poderes de administração, observados o contraditório e a ampla defesa.

Esta providência é extremamente gravosa e jamais poderá ser adotada sem que haja elementos de prova contundentes, não apenas meros indícios ou conjecturas da autoridade ou da comissão processante, e, como resta claro e expresso no texto da norma, mediante respeito ao princípio do contraditório e da ampla defesa.

O exercício do direito de defesa deve ocorrer de maneira consciente, ou seja, a empresa acusada deve ser intimada especificamente acerca do intento de se determinar a desconsideração de sua personalidade jurídica, e, além disso, devem ser capituladas e descritas, adequada e detalhadamente, as condutas supostamente praticadas pelos administradores ou sócios com poderes de administração.

---

[107] DECRETO – Art. 9º, § 6º Na hipótese de decisão contrária ao relatório da comissão, esta deverá ser fundamentada com base nas provas produzidas no PAR.

Trata-se de um verdadeiro incidente no PAR, que abrirá um procedimento incidental para defesa, produção de provas etc.

Por fim, o DECRETO determina que:

> Art. 10. A decisão administrativa proferida pela autoridade julgadora ao final do PAR será publicada no Diário Oficial da União e no sítio eletrônico do órgão ou entidade público responsável pela instauração do PAR.

A preocupação do regulamento com a estrutura procedimental é bastante nítida. Mas, no aspecto material, a questão mais relevante, como mencionado no início desta edição, consiste na incidência das recentes normas gerais de Direito Público introduzidas nos inéditos artigos 20 a 30 da Lei de Introdução ao Direito Brasileiro.

e) Regras sobre a decisão do parágrafo constantes da Lei nº 13.655, de 25 de abril de 2018, que incluiu dispositivos na Lei de Introdução às Normas do Direito Brasileiro (Decreto nº 4.657, de 4 de setembro de 1942).

Nesta fase decisória – e depois, na fase controladora, como veremos, a autoridade competente para decidir o PAR deve observar as regras jurídicas introduzidas pela Lei nº 13.655/18.

A primeira regra geral está exposta no art. 20:

> Art. 20. Nas esferas administrativa, controladora e judicial, não se decidirá com base em valores jurídicos abstratos sem que sejam consideradas as consequências práticas da decisão.

O artigo 20 exige daquele que deva decidir a situação jurídica uma visão concreta dos efeitos de sua decisão e sopesá-los tendo em vista as normas de regras jurídicas e as normas de princípios jurídicos que determinaram o conteúdo da decisão.

É que as consequências práticas de uma decisão condenatória, por exemplo, pode ser mais nefasta e trazer mais prejuízo ao interesse público que uma decisão absolutória. Essa antevisão das consequências obriga a autoridade a verificar se não há como aplicar ao caso concreto outras regras, especialmente de princípios, que colidam com as que fundamentam a sentença condenatória e que devam prevalecer.

Esse sopesamento deverá constar da motivação da decisão, segundo dispõe o parágrafo único do art. 20, que aconselha a modulação da sanção aplicada, segundo o caso concreto:

> Parágrafo único. A motivação demonstrará a necessidade e a adequação da medida imposta ou da invalidação de ato, contrato, ajuste, processo ou norma administrativa, inclusive em face das possíveis alternativas.

Outra diretriz estabelecida na Lei nº 13.655/18 diz respeito à dosimetria das sanções:

> Art. 22. [...]
>
> § 2º Na aplicação de sanções, serão consideradas a natureza e a gravidade da infração cometida, os danos que dela provierem para a administração pública, as circunstâncias agravantes ou atenuantes e os antecedentes do agente.

Por fim, a regra do art. 28, que se inspirou na tradicional norma do art. 143 do CPC, referente ao juiz de direito, conquanto essa norma responsabilize o magistrado em caso de procedimento com dolo ou fraude:

> Art. 28. O agente público responderá pessoalmente por suas decisões ou opiniões técnicas em caso de dolo ou erro grosseiro.

O ordenamento, de fato, carecia de referência normativa sistematizada e generalizada. Boa parte do que agora está positivado era fruto de desenvolvimento científico por parte da doutrina.

Agora, há normas jurídicas que disciplinam, com bastante acuidade, o regime geral de direito público, algo que a própria Lei de Introdução já não era mais capaz de fazer apenas com seus artigos iniciais.

O maior impacto está no viés eminentemente concretista da norma: nenhuma decisão jurídica em direito público pode ser proferida sem o sopesamento das circunstâncias concretas e a decisão abstrata com base em princípios jurídicos se torna proscrita: é preciso não apenas "considerar" as consequências práticas, mas, de fato, prever, concretamente, os efeitos que a decisão deve gerar naquele e para aquele caso concreto.

Então se a própria Lei Anticorrupção já dispunha sobre a necessidade de apuração concreta de condutas e penalidades, esse dever jurídico se tornou ainda mais relevante em função das normas recentemente introduzidas na LINDB, visando, sempre, a preservação da segurança jurídica e da efetiva aplicação da regra da proporcionalidade: há um reforço deontológico, agora positivado no sistema, do dever de argumentar.

Afinal, diferentemente das leis da natureza, o Direito não incide por tautologia, mas, sempre, por uma decisão humana: para isso, é preciso que o aplicador se desincumba do ônus argumentativo necessário para evidenciar a adequação e a razoabilidade de sua decisão, de modo a convencer a respeito da legitimidade de seu conteúdo.

5.7.5 Fase controladora

Quando a primeira edição desta obra foi organizada, ainda não havia sido expedida a regulamentação da LEI e expressamos entendimento no sentido de que a atividade de controle da regularidade do processo administrativo poderia ser exercida pela Controladoria-Geral da União, no âmbito federal, como expressamente dispõe o § 2º do art. 8º daquele diploma legal:

> Art. 8º [...]
>
> § 2º No âmbito do Poder Executivo federal, a Controladoria-Geral da União – CGU terá competência concorrente para instaurar processos administrativos de responsabilização de pessoas jurídicas ou *para avocar os processos instaurados com fundamento nesta Lei, para exame de sua regularidade ou para corrigir-lhes o andamento* (grifos nossos).

Contudo, com a superveniência da expedição do Regulamento da Lei Anticorrupção pelo Decreto Federal nº 8.420/15, a questão foi alargada, a propósito de que se remete aos comentários feitos anteriormente sobre o potencial conflito de competências, constante do item 5.1.2.

Convém, ainda assim, investigar o conteúdo do artigo 13 do citado DECRETO:

> Art. 13. A Controladoria-Geral da União possui, no âmbito do Poder Executivo federal, competência:
>
> I – concorrente para instaurar e julgar PAR; e
>
> II – exclusiva para avocar os processos instaurados para exame de sua regularidade ou para corrigir-lhes o andamento, inclusive promovendo a aplicação da penalidade administrativa cabível.
>
> § 1º A Controladoria-Geral da União poderá exercer, a qualquer tempo, a competência prevista no *caput*, se presentes quaisquer das seguintes circunstâncias:
>
> I – caracterização de omissão da autoridade originariamente competente;
>
> II – inexistência de condições objetivas para sua realização no órgão ou entidade de origem;
>
> III – complexidade, repercussão e relevância da matéria;
>
> IV – valor dos contratos mantidos pela pessoa jurídica com o órgão ou entidade atingida; ou
>
> V – apuração que envolva atos e fatos relacionados a mais de um órgão ou entidade da administração pública federal.
>
> § 2º Ficam os órgãos e entidades da administração pública obrigados a encaminhar à Controladoria-Geral da União todos os documentos e informações que lhes forem solicitados, incluídos os autos originais dos processos que eventualmente estejam em curso.

Como se vê, de acordo com o § 1º do artigo 13, aquilo que, na Lei, consistia na etapa de controle de legalidade, passa a ser uma competência para avocar a própria condução de processo em andamento em outra instância, desde que ocorra alguma das hipóteses lançadas em seus incisos.

À exceção do inciso I, que trata da hipótese de avocação da própria instauração do processo em função de omissão do órgão competente, as demais podem muito bem vir a ocorrer quando o processo estiver em curso e a CGU, então, decida avocá-los.

E, nesse passo, a Portaria nº 910/15, da CGU, ainda vai além, conforme comentado no item 5.1.2, ao dispor que a atuação concorrente da CGU poderá ocorrer por solicitação dos demais órgãos da Administração Federal, nos casos dos incisos II a V do art. 13 do DECRETO (art. 3º, § 2º, da Portaria 910/15). Mas, pelo art. 13 do DECRETO, essa solicitação será desnecessária, se a CGU, por qualquer meio, entender presentes as circunstâncias dos incisos do § 1º.

Portanto, o que, inicialmente consistia, nos termos do art. 8º da LEI, passa a ser uma *fase de controle de legalidade do processo administrativo de responsabilização* – mais um exemplo do exercício do autocontrole de legalidade por parte da Administração – diante das normas regulamentares.

Na esfera dos demais entes da Federação, o mesmo poderá ocorrer, tendo competência para tanto a autoridade que for designada por delegação, a teor do que determina o *caput* do mesmo art. 8º da LEI, já mencionado:

> Art. 8º A instauração e o julgamento de processo administrativo para apuração da responsabilidade de pessoa jurídica cabem à autoridade máxima de cada órgão ou entidade dos Poderes Executivo, Legislativo e Judiciário, que agirá de ofício ou mediante provocação, observados o contraditório e a ampla defesa.
>
> § 1º A competência para a instauração e o julgamento do processo administrativo de apuração de responsabilidade da pessoa jurídica poderá ser delegada, vedada a subdelegação.

Nos demais entes federados (Distrito Federal, Estados, Territórios e Municípios), a mesma regra se aplica no âmbito dos Poderes Executivo, Legislativo e Judiciário (que inexiste, todavia, nos Municípios) e sempre deve ser respeitada a respectiva legislação quanto às regras de delegação, para que não se alegue a instauração de juízo de exceção contrariando o princípio do juízo natural. Caso não haja regras sobre delegação, a autoridade máxima de cada órgão ou entidade dos Poderes Executivo, Legislativo e Judiciário agirá de ofício ou mediante provocação, observados o contraditório e a ampla defesa – a competência natural, nesse caso, é dessa autoridade.

Por fim, há a regra do art. 11 do DECRETO:

> Art. 11. Da decisão administrativa sancionadora cabe pedido de reconsideração com efeito suspensivo, no prazo de dez dias, contado da data de publicação da decisão.
>
> § 1º A pessoa jurídica contra a qual foram impostas sanções no PAR e que não apresentar pedido de reconsideração deverá cumpri-las no prazo de trinta dias, contado do fim do prazo para interposição do pedido de reconsideração.
>
> § 2º A autoridade julgadora terá o prazo de trinta dias para decidir sobre a matéria alegada no pedido de reconsideração e publicar nova decisão.
>
> § 3º Mantida a decisão administrativa sancionadora, será concedido à pessoa jurídica novo prazo de trinta dias para cumprimento das sanções que lhe foram impostas, contado da data de publicação da nova decisão.

A norma do DECRETO que prevê o pedido de reconsideração é excelente, pois não fora ela, seria impossível exercitar recurso administrativo, pelas já expostas razões, isto é, quando a autoridade máxima de cada Poder de Estado é que profere a decisão.

Abre-se, assim, uma via administrativa (com efeito suspensivo), antes de a pessoa jurídica, eventualmente, haver que buscar o Poder Judiciário.

5.7.6 Competências da Comissão Processante na pendência do PAR

Durante o transcorrer do PAR, a Comissão Processante poderá solicitar da autoridade que o instaurou medidas cautelares administrativas consistentes em suspensão dos efeitos do ato ou do processo objeto da investigação.[108]

Além disso, poderá pedir ao procurador judicial do órgão, ou seu equivalente, que ajuíze medidas necessárias à investigação e ao processamento das infrações, tais como, exemplificativamente, busca e apreensão de documentos ou coisas.

É o que consta do art. 10, § 1º, da LEI:

> § 1º O ente público, por meio do seu órgão de representação judicial, ou equivalente, a pedido da comissão a que se refere o *caput*, poderá requerer as medidas judiciais necessárias para a investigação e o processamento das infrações, inclusive de busca e apreensão.[109]

Para auxílio técnico, em áreas específicas, a comissão pode solicitar a atuação de *experts*:

> Art. 9º [...]
>
> § 2º [...]
>
> II – solicitar a atuação de especialistas com notório conhecimento, de órgãos e entidades públicos ou de outras organizações, para auxiliar na análise da matéria sob exame.

---

[108] DECRETO – Art. 9º [...] § 2º A comissão, para o devido e regular exercício de suas funções, poderá: I – propor à autoridade instauradora a suspensão cautelar dos efeitos do ato ou do processo objeto da investigação. LEI – Art. 10. [...] § 2º A comissão poderá, cautelarmente, propor à autoridade instauradora que suspenda os efeitos do ato ou processo objeto da investigação.

[109] DECRETO – Art. 9º [...] § 2º [...] III – solicitar ao órgão de representação judicial ou equivalente dos órgãos ou entidades lesados que requeira as medidas necessárias para a investigação e o processamento das infrações, inclusive de busca e apreensão, no País ou no exterior.

Além disso, remarque-se que cabe à comissão deferir ou indeferir a produção das provas solicitadas pela empresa acusada.

5.7.7 Duração do PAR

A LEI estabeleceu, no § 3º do art. 10 e de maneira indireta, o prazo de cento e oitenta dias para encerrar o PAR: prazo dado à comissão para apresentar seu relatório final.[110]

O DECRETO foi mais explícito no art. 9º:

> Art. 9º O prazo para a conclusão do PAR não excederá cento e oitenta dias, admitida prorrogação por meio de solicitação do presidente da comissão à autoridade instauradora, que decidirá de forma fundamentada.

A LEI explicita que esse prazo é contado a partir da publicação do ato que instituir a comissão (art. 10, § 3º).

5.7.8 Infrações administrativas à Lei nº 8.666/93

O art. 12 do DECRETO assim determina:

> Art. 12. Os atos previstos como infrações administrativas à Lei nº 8.666, de 21 de junho de 1993, ou a outras normas de licitações e contratos da administração pública que também sejam tipificados como atos lesivos na Lei nº 12.846, de 2013, serão apurados e julgados conjuntamente, nos mesmos autos, aplicando-se o rito procedimental previsto neste Capítulo.

---

[110] LEI – Art. 10. [...] § 3º A comissão deverá concluir o processo no prazo de 180 (cento e oitenta) dias contados da data da publicação do ato que a instituir e, ao final, apresentar relatórios sobre os fatos apurados e eventual responsabilidade da pessoa jurídica, sugerindo de forma motivada as sanções a serem aplicadas. § 4º O prazo previsto no § 3º poderá ser prorrogado, mediante ato fundamentado da autoridade instauradora.

A norma é salutar, pois evita o *bis in idem* – se o ilícito fere duas normas legais da mesma natureza, o ilícito pode ser agravado, mas descabem duas penas autônomas.

Quando a comissão terminar de apurar os fatos, deve verificar se há ou não autoridades públicas diversas com competência para apreciar os ilícitos. Em caso positivo, os autos irão àquela de nível mais elevado em primeiro lugar, tendo preferência absoluta o Ministro de Estado competente:

> Art. 12. [...]
>
> § 1º Concluída a apuração de que trata o *caput* e havendo autoridades distintas competentes para julgamento, o processo será encaminhado primeiramente àquela de nível mais elevado, para que julgue no âmbito de sua competência, tendo precedência o julgamento pelo Ministro de Estado competente.

O § 3º do art. 12 cria um dever para os responsáveis pela gestão de licitações e contratos – comunicar à autoridade com competência para instaurar e julgar o PAR eventos que possam configurar atos lesivos à Administração Pública:

> Art. 12. [...]
>
> § 2º Para fins do disposto no *caput*, o chefe da unidade responsável no órgão ou entidade pela gestão de licitações e contratos deve comunicar à autoridade prevista no art. 3º sobre eventuais fatos que configurem atos lesivos previstos no art. 5º da Lei nº 12.846, de 2013.

5.7.9 Providências intercorrentes

5.7.9.1 Medidas cautelares incidentes

A Lei nº 12.846/13 prevê a possibilidade de medidas judiciais necessárias para a investigação:

> Art. 10. [...]
>
> § 1º O ente público, por meio do seu órgão de representação judicial, ou equivalente, a pedido da comissão a que se refere o *caput*, poderá requerer as medidas judiciais necessárias para a investigação e o processamento das infrações, inclusive de busca e apreensão.[111]

A questão que se apresenta, neste contexto, é decorrente de uma das características fundamentais do processo cautelar salientado pela doutrina: ele é sempre acessório ao processo em que se discute a relação jurídica principal.[112]

No caso específico das medidas cautelares previstas na Lei nº 12.846/13, é fato que elas não renderão ensejo, obrigatoriamente, à instauração de um processo de conhecimento, pois, pelo teor da própria Lei, elas se destinam a assegurar a eficácia do processo administrativo, de modo que, em linguagem processual, tais cautelares serão satisfativas, não estando, porém, impedida a Administração de propor ação judicial, prevista nos artigos 18 e seguintes da LEI.

Ainda há que se reler a norma do art. 19, § 4º, da LEI, já examinado:

> Art. 19. [...]
>
> § 4º O Ministério Público ou a Advocacia Pública ou órgão de representação judicial, ou equivalente, do ente público poderá

---

[111] DECRETO – art. 9º [...] § 2º [...] III – já reproduzido acima.

[112] O CPC em vigor alterou o sistema tradicional a respeito da ação cautelar, que denomina tutela de urgência cautelar, como uma das espécies de tutela provisória. Mas, substancialmente não houve alterações de fundo. Não há mais previsão de medidas cautelares nominadas, ficando a critério do juiz decretar aquela que lhe parecer mais adequada, conquanto tenhamos para nós que ele continua adstrito ao pedido da parte (art. 297). O CPC enumera algumas, exemplificativamente (art. 301). Elas podem ser pedidas antes ou concomitantemente com a ação principal. Podem ser concedidas liminarmente. Sempre será bom examinar a nova sistemática (V. DAL POZZO. *Teoria Geral de Direito Processual Civil,* edição Contracorrente).

> requerer a **indisponibilidade de bens, direitos ou valores necessários à garantia do pagamento da multa ou da reparação integral do dano** causado, conforme previsto no art. 7°, ressalvado o direito do terceiro de boa-fé.

Também entendemos possível solicitar-se, cautelarmente, as sanções previstas no art. 19, II: suspensão ou interdição parcial das atividades da pessoa jurídica infratora.

5.7.9.2 Medida administrativa incidente: suspensão dos efeitos do ato objeto de investigação

Caso a Comissão entenda ser necessário e adequado, poderá pedir à autoridade que instaurou o processo a suspensão dos efeitos do ato ilícito que é objeto da investigação – um contrato administrativo, por exemplo:

> Art. 10. [...]
>
> § 2° A comissão poderá, cautelarmente, propor à autoridade instauradora que suspenda os efeitos do ato ou processo objeto da investigação.[113]

É muito importante que o particular interessado seja cientificado dessa medida e que quaisquer obrigações a seu encargo sejam igualmente suspensas, bem como, no caso dos contratos, seja deferida, se for o caso, a desmobilização de pessoal e equipamentos para evitar prejuízos que, ulteriormente, podem ser carreados à própria Administração, caso seja constatada a não ocorrência do ato investigado, podendo ainda ser invocada pela pessoa jurídica, futuramente, a norma do art. 59 e seu parágrafo único, da Lei 8.666/93.

---

[113] DECRETO – Art. 9° [...] § 2°, I – já reproduzido acima.

5.7.9.3 Comunicação ao Ministério Público

Além de todas as providências informadas, a Lei ainda determina que se dê ciência do processado ao Ministério Público competente de acordo com a matéria em exame:

> Art. 15. A comissão designada para apuração da responsabilidade de pessoa jurídica, após a conclusão do procedimento administrativo, dará conhecimento ao Ministério Público de sua existência, para apuração de eventuais delitos.[114]

A redação do dispositivo não é boa, pois leitura apressada pode dar a entender que, feito o relatório – último ato da Comissão –, deveria ela dar conhecimento imediato ao Ministério Público; mas, é evidente que essa comunicação será feita após a decisão proferida pela autoridade que instaurou o processo administrativo, caso se reconheça administrativamente a prática do ato lesivo à Administração Pública e seja aplicada a sanção adequada.

5.7.10 Do processo administrativo específico para apuração de dano ao erário

O art. 13 da Lei nº 12.846/13 está a sinalizar que, quando ocorrer suspeita de lesão ao erário, deva ser instaurado processo com esse objetivo específico:

> Art. 13. A instauração de processo administrativo específico de reparação integral do dano não prejudica a aplicação imediata das sanções estabelecidas nesta Lei.

O DECRETO não regulamentou – lamentavelmente – o processo administrativo para apuração do dano e sua reparação. Assim sendo, ele deve seguir as regras gerais da Lei nº 9.784/99. Que regula o processo administrativo no âmbito federal.

---

[114] DECRETO – Art. 9º [...] § 5º, I – já reproduzido.

A redação da norma ainda está a sugerir que o processo administrativo para apuração de dano ao patrimônio público possa demorar mais do que aquele destinado a apurar os atos lesivos à Administração Pública que não causam lesão.

Assim, correrão em paralelo os dois processos, sendo que, encerrado quaisquer um deles (e não apenas o que não apura lesão ao erário), a sanção pode ser imediatamente aplicada. Essa é a melhor orientação, conquanto a Lei nº 12.846/13 não crie a obrigatoriedade de dois processos administrativos.

Por fim, a norma do parágrafo único do art. 13:

> Art. 13. [...]
>
> Parágrafo único. Concluído o processo e não havendo pagamento, o crédito apurado será inscrito em dívida ativa da fazenda pública.

Portanto, o processo administrativo que apura lesão ao erário e aplica a sanção de reparação do dano é apto a criar um título executivo extrajudicial cujo crédito é de natureza fiscal e não tributária a ser perseguido pelo procedimento previsto pela Lei nº 6.830/80.

CAPÍTULO 6

DO ACORDO DE LENIÊNCIA NA ESFERA ADMINISTRATIVA

6.1 PRINCIPAIS CARACTERÍSTICAS DO ACORDO DE LENIÊNCIA – COMPETÊNCIA NO ÂMBITO DO PODER EXECUTIVO FEDERAL[115]

Em vernáculo, *leniência* ou *lenidade*, segundo o Dicionário Houaiss, é "qualidade do que é leve, suave, doçura, mansidão"; *lenir*, segundo a mesma fonte: "tornar mais fácil de suportar, aliviar, lenificar, suavizar".

[115] Merece breve referência – dado que cuidamos da Lei Anticorrupção – a Lei nº 12.529, de 30 de novembro de 2011, que estruturou o Sistema Brasileiro de Defesa da Concorrência e instituiu o Programa de Leniência Antitruste, no âmbito do Conselho Administrativo de Defesa Econômica (CADE), permitindo a celebração de Acordo de Leniência a respeito dos ilícitos descritos no seu art. 36 (infrações da ordem econômica), mas alcançando também os crimes contra a ordem econômica, previstos na Lei nº 8.137/90, segundo o disposto em seu art. 87: Art. 87. Nos crimes contra a ordem econômica, tipificados na Lei nº 8.137, de 27 de dezembro de 1990, e nos demais crimes diretamente relacionados à prática de cartel, tais como os tipificados na Lei nº 8.666, de 21 de junho de 1993, e os tipificados no art. 288 do Decreto-Lei nº 2.848, de 7 de dezembro de 1940 – Código Penal, a celebração de acordo de leniência, nos termos desta Lei, determina a suspensão do curso do prazo prescricional e impede o oferecimento da denúncia com relação ao agente beneficiário da leniência. Parágrafo único. Cumprido o acordo de leniência pelo agente,

O acordo de leniência previsto pela Lei nº 12.846/13 tem exatamente esse sentido – o de suavizar as sanções aplicáveis àquele que praticar ato lesivo à Administração Pública – em troca de colaboração efetiva da pessoa jurídica, desde que dessa colaboração resulte a obtenção de elementos probantes para identificação dos demais envolvidos na prática do ato ilícito e garanta maior celeridade na obtenção de provas que comprovem a materialidade do ilícito sob investigação.

Todavia, somente pode ser signatária do acordo a pessoa jurídica, e não uma pessoa física. É o que se deduz do art. 16:

> Art. 16. A autoridade máxima de cada órgão ou entidade pública poderá celebrar acordo de leniência com as pessoas jurídicas responsáveis pela prática dos atos previstos nesta Lei que colaborem efetivamente com as investigações e o processo administrativo, sendo que dessa colaboração resulte:
>
> I – a identificação dos demais envolvidos na infração, quando couber; e
>
> II – a obtenção célere de informações e documentos que comprovem o ilícito sob apuração.

---

extingue-se automaticamente a punibilidade dos crimes a que se refere o *caput* deste artigo. A competência para a celebração do Acordo de Leniência Antitruste é da Superintendência-Geral do CADE, com exclusividade, embora haja entendimentos no sentido de dar ciência ao Ministério Público para, se quiser, acompanhar a celebração do Acordo de Leniência, que pode produzir efeitos penais (V. Memorando de Entendimento nº 01/2016, celebrado entre o CADE e o Grupo de Combate a Cartéis, do Ministério Público Federal em São Paulo). Também deve ser consultado o Regimento Interno do CADE (RICADE), cujo art. 238 (reproduzindo o art. 86 da Lei nº 12.529/11) relaciona os requisitos para a assinatura do Acordo de Leniência. Registre-se, ainda que o Acordo de Leniência pode ser total ou parcial (neste caso, com redução de um a dois terços das penas aplicáveis) dependendo de a Superintendência-Geral ter tido ou não conhecimento prévio do evento (art. 86, § 4º, I e II, da Lei nº 12.529/11). Desejando celebrar o acordo, o interessado deve formular um pedido de senha (*marker*) para assegurar ter sido o primeiro a ter interesse no ajuste.

Mais detalhista, o DECRETO acrescenta a possibilidade de acordo de leniência em face dos ilícitos administrativos previstos na Lei nº 8.666/93.[116]

A norma do inciso I, acima, ao colocar a ressalva "quando couber", está a admitir que o acordo de leniência seja possível mesmo quando o interessado em ajustá-lo seja o único autor do ato lesivo à Administração Pública.

Nem haveria razão para admiti-lo apenas quando o interessado pudesse esclarecer o envolvimento de outros implicados, pois as consequências do ajustado seriam praticamente as mesmas (salvo a modulação da multa – art. 16, § 2º).

O acordo de leniência, para ser celebrado, depende da ocorrência de alguns requisitos, exigíveis de forma cumulativa, e não alternativamente, segundo o DECRETO:

> Art. 30. A pessoa jurídica que pretenda celebrar acordo de leniência deverá:
>
> I – ser a primeira a manifestar interesse em cooperar para a apuração de ato lesivo específico, quando tal circunstância for relevante;
>
> II – ter cessado completamente seu envolvimento no ato lesivo a partir da data da propositura do acordo;
>
> III – admitir sua participação na infração administrativa;

---

[116] DECRETO – Art. 28. O acordo de leniência será celebrado com as pessoas jurídicas responsáveis pela prática dos atos lesivos previstos na Lei nº 12.846, de 2013, e dos ilícitos administrativos previstos na Lei nº 8.666, de 1993, e em outras normas de licitações e contratos, com vistas à isenção ou à atenuação das respectivas sanções, desde que colaborem efetivamente com as investigações e o processo administrativo, devendo resultar dessa colaboração: I – a identificação dos demais envolvidos na infração administrativa, quando couber; e II – a obtenção célere de informações e documentos que comprovem a infração sob apuração.

> IV – cooperar plena e permanentemente com as investigações e o processo administrativo e comparecer, sob suas expensas e sempre que solicitada, aos atos processuais, até o seu encerramento; e
>
> V – fornecer informações, documentos e elementos que comprovem a infração administrativa.[117]

O inciso I está a exigir que a iniciativa seja da pessoa jurídica interessada, e não resultado de qualquer espécie de coação ou pressão do Poder Público. Ainda: em havendo mais de uma pessoa jurídica envolvida, que seja a primeira a manifestar interesse em cooperar para a apuração do ato lesivo à Administração Pública e, ainda, que sua cooperação seja relevante. Mas, sua iniciativa não invalida a de outro ou outros envolvidos, pois o DECRETO não poderia estabelecer uma restrição que não consta da LEI. Ser o primeiro pode influir na dosimetria da sanção.

A Administração Pública não deverá, assim, *oferecer* o acordo, mas verificar se estão presentes as condições para aceitá-lo, caso seja de sua conveniência e oportunidade.

Sabe-se que a mídia pode oferecer pressão sobre a opinião pública e assim influir na vontade das pessoas envolvidas – mas esta é uma pressão democrática e aceitável.

De outro lado, pouco importa que determinada investigação levada a efeito por agentes policiais ou órgãos de controle (como os Tribunais de Contas, Auditorias, Controladorias etc.) tenha apurado a autoria e a materialidade do ato lesivo à Administração Pública em

---

[117] O DECRETO explicita aquilo que consta na LEI – Art. 16. [...] § 1º O acordo de que trata o *caput* somente poderá ser celebrado se preenchidos, cumulativamente, os seguintes requisitos: I – a pessoa jurídica seja a primeira a se manifestar sobre seu interesse em cooperar para a apuração do ato ilícito; II – a pessoa jurídica cesse completamente seu envolvimento na infração investigada a partir da data de propositura do acordo; III – a pessoa jurídica admita sua participação no ilícito e coopere plena e permanentemente com as investigações e o processo administrativo, comparecendo, sob suas expensas, sempre que solicitada, a todos os atos processuais, até seu encerramento.

face daquele que pretende celebrar o acordo de leniência, ou seja, que a participação por parte do interessado já esteja praticamente comprovada, se convier à autoridade competente, o acordo pode ser celebrado.

Aliás, a suavização das penas é vista como motivação exatamente para essa situação, como uma espécie de "prêmio" pela colaboração na investigação de toda trama ilícita. E, com efeito, a autoridade competente não está obrigada a aceitar o acordo, nos termos do DECRETO:

> Art. 33. Não importará em reconhecimento da prática do ato lesivo investigado a proposta de acordo de leniência rejeitada, da qual não se fará qualquer divulgação, ressalvado o disposto no § 1° do art. 31.[118]

A norma em exame também representa certo estímulo à proposta de acordo por parte do interessado, que poderia recuar diante da possibilidade de ela ser interpretada como confissão ou reconhecimento da prática do ato lesivo à Administração Pública.

O inciso II está a exigir que o interessado na celebração do acordo de leniência tenha "cessado completamente seu envolvimento no ato lesivo a partir da data da propositura do acordo".

Seria mesmo um contrassenso a pessoa jurídica se dispor a colaborar e continuar com a prática do ilícito, mas a norma tem importante efeito pedagógico e já encontrou, como é notório, casos concretos em que foi aplicada.

Por fim, a pessoa jurídica terá que admitir sua participação no ilícito e efetivamente se comprometer a cooperar "plena e permanentemente com as investigações e o processo administrativo, comparecendo, sob suas expensas, sempre que solicitada, a todos os atos processuais, até seu encerramento" (LEI – art. 16, inciso III).

---

[118] LEI – Art. 16. [...] § 7° Não importará em reconhecimento da prática do ato ilícito investigado a proposta de acordo de leniência rejeitada.

A redação do artigo não é feliz, quando impõe que a pessoa jurídica "coopere plena e permanentemente" – pois, se estamos diante de uma condição para a celebração do acordo de leniência, nesse momento somente poderá haver uma "promessa de cooperação". Tanto assim, que o § 4º do art. 16 estatui que o acordo deva estipular as condições para assegurar a efetividade da colaboração.

A publicidade do acordo de leniência fica condicionada aos interesses da investigação, mas de qualquer modo somente poderá se tornar pública após a celebração do acordo:

> Art. 16. [...]
>
> § 6º A proposta de acordo de leniência somente se tornará pública após a efetivação do respectivo acordo, salvo no interesse das investigações e do processo administrativo.

O art. 31, § 1º, do DECRETO acrescenta:

> Art. 31. [...]
>
> § 1º A proposta apresentada receberá tratamento sigiloso e o acesso ao seu conteúdo será restrito aos servidores especificamente designados pela Controladoria-Geral da União para participar da negociação do acordo de leniência, ressalvada a possibilidade de a proponente autorizar a divulgação ou compartilhamento da existência da proposta ou de seu conteúdo, desde que haja anuência da Controladoria-Geral da União.

Para a celebração do acordo de leniência na órbita do Executivo Federal e em face de atos lesivos à Administração Pública estrangeira, é a Controladoria-Geral da União – CGU, quem detém a respectiva competência:

> Art. 29. Compete à Controladoria-Geral da União celebrar acordos de leniência no âmbito do Poder Executivo federal e nos casos de atos lesivos contra a administração pública estrangeira.

6.2 PRINCIPAIS NORMAS SOBRE O ACORDO DE LENIÊNCIA NO DECRETO

Importantes detalhes são veiculados pelo Decreto Federal nº 8.420/15, que regulamentou a Lei Anticorrupção.

A primeira novidade interessante está no artigo 31, que possibilita ampla margem de liberdade para discussão dos termos do acordo entre o proponente e a comissão dele encarregada, inclusive com a possibilidade de oferecimento das condições por via oral a ser reduzida a termo, além da formalização de memorando de entendimentos com o propósito de conduzir a negociação das cláusulas do acordo:

> Art. 31. A proposta de celebração de acordo de leniência poderá ser feita de forma oral ou escrita, oportunidade em que a pessoa jurídica proponente declarará expressamente que foi orientada a respeito de seus direitos, garantias e deveres legais e de que o não atendimento às determinações e solicitações da Controladoria-Geral da União durante a etapa de negociação importará a desistência da proposta.
>
> § 1º A proposta apresentada receberá tratamento sigiloso e o acesso ao seu conteúdo será restrito aos servidores especificamente designados pela Controladoria-Geral da União para participar da negociação do acordo de leniência, ressalvada a possibilidade de a proponente autorizar a divulgação ou compartilhamento da existência da proposta ou de seu conteúdo, desde que haja anuência da Controladoria-Geral da União.
>
> § 2º Poderá ser firmado memorando de entendimentos entre a pessoa jurídica proponente e a Controladoria-Geral da União para formalizar a proposta e definir os parâmetros do acordo de leniência.
>
> § 3º Uma vez proposto o acordo de leniência, a Controladoria-Geral da União poderá requisitar os autos de processos administrativos em curso em outros órgãos ou entidades da administração pública federal relacionados aos fatos objeto do acordo.

Entendemos da máxima importância a regra do § 1º, pois a notícia de que a empresa está disposta a celebrar um acordo de leniência já retira desse ajuste todo seu valor, porque ele passa a ser pressionado pela opinião pública. De nada adianta não revelar de pronto os *termos* do acordo, mas divulgar sua *negociação*.

Outras importantes regras, no entanto, constam dos artigos 33 e 35, um verdadeiro sopro de inspiração em favor da segurança jurídica e do princípio da confiança legítima:

> Art. 33. Não importará em reconhecimento da prática do ato lesivo investigado a proposta de acordo de leniência rejeitada, da qual não se fará qualquer divulgação, ressalvado o disposto no § 1º do art. 31.
>
> Art. 35. Caso o acordo não venha a ser celebrado, os documentos apresentados durante a negociação serão devolvidos, sem retenção de cópias, à pessoa jurídica proponente e será vedado seu uso para fins de responsabilização, exceto quando a administração pública federal tiver conhecimento deles independentemente da apresentação da proposta do acordo de leniência.

De acordo com o artigo 33, a rejeição do acordo não terá efeito de confissão, apesar de ela constar de sua proposta como requisito para seu potencial firmamento.

Já pelo disposto no artigo 35, fica evidente que a Administração não poderá se valer, sub-repticiamente, de elementos de prova aos quais somente poderia ter acesso por meio da colaboração espontânea do acusado para, em caso de fracasso da proposta de celebração de acordo de leniência, empregar tais provas contra o acusado, que somente teria divulgado os documentos na certeza de que somente seriam utilizados na hipótese de que o acordo lograsse sucesso em ser entabulado.

Além disso, dada a natureza acusatória do procedimento, pesará, sobre a Administração, o ônus de demonstrar que dispunha de meios para ter conhecimento dos elementos de prova trazidos na proposta de acordo infrutífero sem depender, exclusivamente, de sua divulgação espontânea por parte do acusado, caso contrário, a efetividade desta norma restará esvaziada, bastando que a Administração, obliquamente, retenha cópias dos documentos para depois alegar que já tinha conhecimento deles, em absoluta quebra do princípio da boa-fé objetiva.

6.3 PROPOSITURA DO ACORDO DE LENIÊNCIA – PRAZO

O acordo de leniência será tempestivo se for proposto antes da elaboração do relatório pela comissão processante no PAR:

> Art. 30. [...]
>
> § 2º A proposta do acordo de leniência poderá ser feita até a conclusão do relatório a ser elaborado no PAR.

É a pessoa jurídica quem propõe o acordo de leniência, devidamente representada segundo o que seus estatutos dispuserem, ou por procurador com poderes especiais (DECRETO – art. 30, § 1º).

Porém, há que se ater ao disposto no art. 26 da LEI:

> Art. 26. A pessoa jurídica será representada no processo administrativo na forma do seu estatuto ou contrato social.
>
> § 1º As sociedades sem personalidade jurídica serão representadas pela pessoa a quem couber a administração de seus bens.
>
> § 2º A pessoa jurídica estrangeira será representada pelo gerente, representante ou administrador de sua filial, agência ou sucursal aberta ou instalada no Brasil.

Feita a proposta, haverá uma fase de negociação entre as partes:

> Art. 32. A negociação a respeito da proposta do acordo de leniência deverá ser concluída no prazo de cento e oitenta dias, contado da data de apresentação da proposta.
>
> Parágrafo único. A critério da Controladoria-Geral da União, poderá ser prorrogado o prazo estabelecido no *caput*, caso presentes circunstâncias que o exijam.

Resta consignar que o proponente pode desistir da proposta de acordo até antes de sua assinatura:

> Art. 34. A pessoa jurídica proponente poderá desistir da proposta de acordo de leniência a qualquer momento que anteceda a assinatura do referido acordo.

6.4 CONTEÚDO DO ACORDO DE LENIÊNCIA

O acordo de leniência deverá prever as condições que o Poder Público entenda adequadas e imprescindíveis para balizar o comportamento do interessado.

Eis o teor do § 4º do art. 16:

> Art. 16. [...]
>
> § 4º O acordo de leniência estipulará as condições necessárias para assegurar a efetividade da colaboração e o resultado útil do processo.

Essa circunstância pressupõe certa negociação entre as partes, que poderá, como se viu acima, redundar até mesmo na não aceitação do ajuste por quaisquer delas e, nesse caso, também como já visto, a proposta feita pela pessoa jurídica não importa reconhecimento da prática do ato lesivo à Administração Pública. Somente a aceitação do acordo por ambas as partes produz o efeito de confissão, como se verá adiante.

O DECRETO estatui que o acordo de leniência deverá estipular as condições para assegurar a efetividade da colaboração para o resultado útil do processo[119] e ainda qual deva ser o conteúdo do ajuste:

> Art. 37. O acordo de leniência conterá, entre outras disposições, cláusulas que versem sobre:
>
> I – o compromisso de cumprimento dos requisitos previstos nos incisos II a V do *caput* do art. 30;
>
> II – a perda dos benefícios pactuados, em caso de descumprimento do acordo;
>
> III – a natureza de título executivo extrajudicial do instrumento do acordo, nos termos do inciso II do *caput* do art. 585 da Lei nº 5.869, de 11 de janeiro de 1973;[120] e
>
> IV – a adoção, aplicação ou aperfeiçoamento de programa de integridade, conforme os parâmetros estabelecidos no Capítulo IV.

---

[119] DECRETO – Art. 36. O acordo de leniência estipulará as condições para assegurar a efetividade da colaboração e o resultado útil do processo, do qual constarão cláusulas e obrigações que, diante das circunstâncias do caso concreto, reputem-se necessárias.

[120] Trata-se do derrogado CPC. O código em vigor enumera os títulos executivos extrajudiciais em seu art. 784 – e o inciso II do art. 585 do código anterior está contemplado nos incisos III e IV daquela norma (art. 784).

6.5 ATENUAÇÃO DAS SANÇÕES – EFEITOS JURÍDICOS DO ACORDO DE LENIÊNCIA

No que tange os efeitos do acordo, a LEI estabelece os seguintes benefícios, que se constituem simultaneamente em estímulo e no maior objetivo da pessoa jurídica que celebra o acordo:

> Art. 16. [...]
>
> § 2º A celebração do acordo de leniência isentará a pessoa jurídica das sanções previstas no inciso II do art. 6º e no inciso IV do art. 19 e reduzirá em até 2/3 (dois terços) o valor da multa aplicável.

O inciso II do art. 6º cuida da publicação extraordinária da decisão condenatória e o inciso IV do art. 19 da "proibição de receber incentivos, subsídios, subvenções, doações ou empréstimos de órgãos ou entidades públicas e de instituições financeiras públicas ou controladas pelo poder público, pelo prazo mínimo de 1 (um) e máximo de 5 (cinco) anos".

Oportunamente estudaremos as sanções – mas a isenção e a redução previstas são importantes elementos indutores da autodenúncia, muito embora não excluam outras penalidades possíveis de imputação pela atuação dos demais órgãos de controle externo.

O DECRETO, a seu turno, aborda a questão da seguinte forma:

> Art. 40. Uma vez cumprido o acordo de leniência pela pessoa jurídica colaboradora, serão declarados em favor da pessoa jurídica signatária, nos termos previamente firmados no acordo, um ou mais dos seguintes efeitos:
>
> I – isenção da publicação extraordinária da decisão administrativa sancionadora;
>
> II – isenção da proibição de receber incentivos, subsídios, subvenções, doações ou empréstimos de órgãos ou entidades públicos e de instituições financeiras públicas ou controladas pelo Poder Público;
>
> III – redução do valor final da multa aplicável, observado o disposto no art. 23; ou

> IV – isenção ou atenuação das sanções administrativas previstas nos art. 86 a art. 88 da Lei nº 8.666, de 1993, ou de outras normas de licitações e contratos.
>
> Parágrafo único. Os efeitos do acordo de leniência serão estendidos às pessoas jurídicas que integrarem o mesmo grupo econômico, de fato e de direito, desde que tenham firmado o acordo em conjunto, respeitadas as condições nele estabelecidas.

Novamente, o regulamento extrapola os limites que a LEI lhe impôs: veja-se que, pela Lei, basta a *celebração* (art. 16, § 2º) do acordo de leniência para que o proponente obtenha a isenção da aplicação das sanções de publicação extraordinária da decisão condenatória e de proibição de recebimento de incentivos, subsídios, subvenções, doações ou empréstimos de órgãos ou entidades públicas e de instituições financeiras públicas ou controladas pelo poder público, pelo prazo mínimo de 1 (um) e máximo de 5 (cinco) anos.

Contrariamente a isso, o artigo 40 do Decreto condiciona a isenção ou redução de todas as penas possíveis ao *cumprimento do acordo*, o que é mais *restritivo* do que consta na redação da Lei, ao menos para as duas sanções comentadas no parágrafo precedente. Essa restrição é *ilegal*, porque não prevista na LEI e o DECRETO não pode inovar a ordem jurídica.

6.6 EXTENSÃO DOS EFEITOS

Dispõe o § 5º do art. 16:

> Art. 16. [...]
>
> § 5º Os efeitos do acordo de leniência serão estendidos às pessoas jurídicas que integram o mesmo grupo econômico, de fato e de direito, desde que firmem o acordo em conjunto, respeitadas as condições nele estabelecidas.

A norma apenas tem, em verdade, o efeito de restringir os efeitos do acordo, que não beneficia as pessoas jurídicas (autônomas) pertencentes ao mesmo grupo econômico, a menos que elas também assinem o ajuste. Ela se acha reproduzida no parágrafo único do art. 40 do DECRETO, acima reproduzido.

6.7 LIMITAÇÃO DOS EFEITOS DO ACORDO

A lesão ao erário não pode ser objeto de remição pelo acordo de leniência, como é óbvio – mas a Lei nº 12.846/13 fez bem em deixar a questão expressa no § 3º do art. 16, *in verbis*:

> Art. 16. [...]
>
> § 3º O acordo de leniência não exime a pessoa jurídica da obrigação de reparar integralmente o dano causado.

Portanto, o acordo de leniência não exime a responsabilidade civil pela reparação do dano, que sempre subsistirá, ainda que as sanções não sejam aplicadas, em evidente consonância com a regra geral existente em qualquer Estado Democrático de Direito de responsabilização e reparação de danos: nenhuma autoridade pode abrir mão do patrimônio público.

6.8 ACORDO DE LENIÊNCIA E INTERRUPÇÃO DA PRESCRIÇÃO

A prescrição (art. 25) será analisada adiante, mas um dos efeitos da celebração do acordo de leniência é o de interromper a prescrição, segundo a norma do art. 16, § 9º:

> Art. 16. [...]
>
> § 9º A celebração do acordo de leniência interrompe o prazo prescricional dos atos ilícitos previstos nesta Lei.

Entende-se que, ao mencionar o vocábulo "interromper", a Lei permite extrair a interpretação segundo a qual, violado ou não cumprido o acordo, o prazo prescricional volta a correr por inteiro.

6.9 DESCUMPRIMENTO DO ACORDO

Realizado o acordo, a primeira consequência será a admissão da prática do ato lesivo à Administração Pública, pois esta é uma das condições para a sua celebração (art. 16, § 1º, inciso III) – e essa admissão permanecerá válida, seja ou não cumprido o ajuste celebrado.

Portanto, a pessoa jurídica que celebrar o acordo de leniência deve estar ciente de que deve cumpri-lo à risca, pois senão terá efeitos jurídicos contra si sem nenhum benefício.

Se houver descumprimento das cláusulas ajustadas, a pessoa jurídica será, ainda, proibida de celebrar novo acordo pelo prazo de três anos:

> Art. 16. [...]
>
> § 8º Em caso de descumprimento do acordo de leniência, a pessoa jurídica ficará impedida de celebrar novo acordo pelo prazo de 3 (três) anos contados do conhecimento pela Administração Pública do referido descumprimento.

Essa disposição severa visa reforçar, didaticamente, a seriedade do compromisso assumido por meio do acordo, tornando praticamente inviável a proposição de novo acordo, já que, pela garantia constitucional da razoável duração do processo, é esperado que este tipo de processo administrativo não se estenda por lapsos temporais tão longos.

6.10 FRUSTRAÇÃO DE RESULTADOS DO ACORDO

Conquanto a parte não descumpra os termos do acordo de leniência, pode ocorrer que este não surta os efeitos esperados, que estão previstos nos dois incisos do art. 16:

> Art. 16. [...]
>
> I – a identificação dos demais envolvidos na infração, quando couber; e
>
> II – a obtenção célere de informações e documentos que comprovem o ilícito sob apuração.

Ora, apesar de toda boa vontade do interessado e de seu estrito cumprimento das condições do acordo, pode ocorrer que não seja possível a identificação de todos ou de alguns dos envolvidos, sem se falar que o conceito de celeridade na obtenção de informações é um critério absolutamente subjetivo da Comissão que conduz o processo administrativo.

Nesse caso, o que ocorrerá? Como o § 2º do art. 16 estatui que a *celebração* do acordo de leniência isentará a pessoa jurídica das sanções previstas no inciso II do art. 6º (publicação extraordinária da decisão condenatória) e no inciso IV do art. 19 – "proibição de receber incentivos, subsídios, subvenções, doações ou empréstimos de órgãos ou entidades públicas e de instituições financeiras públicas ou controladas pelo poder público, pelo prazo mínimo de 1 (um) e máximo de 5 (cinco) anos", a tais sanções o contratante não responderá (pois o fato gerador da isenção é a celebração do acordo, e não seu resultado profícuo).

Apesar da racionalidade desta proposição, e a despeito da obviedade de que seria ilógico exigir que a obrigação de colaboração esteja atrelada ao resultado a ser obtido pela Administração, o Regulamento veiculado pelo Decreto Federal nº 8.420/15, no entanto, apresenta redação dúbia que poderá ensejar a interpretação, pelos órgãos da Administração, no sentido de que os proponentes do acordo de leniência se comprometem com obrigação de fim – o fornecimento de provas *decisivas* –, e não de *meio*, ou seja: a de prestar a melhor colaboração possível, independentemente do resultado obtido pela Administração processante ao término do processo:

> Art. 36. O acordo de leniência estipulará as condições para assegurar a efetividade da colaboração e o resultado útil do processo, do qual constarão cláusulas e obrigações que, diante das circunstâncias do caso concreto, reputem-se necessárias.

A Portaria Interministerial CGU/AGU nº 2.278, de 15 de dezembro de 2016, extrapola seu âmbito regulamentar para criar exigência daquela natureza, portanto, muito mais restritiva do que permitiu a Lei:

> Art. 5º Compete à comissão responsável pela condução da negociação do acordo de leniência: [...]
>
> II – avaliar se os elementos trazidos pela pessoa jurídica proponente atendem aos seguintes requisitos: [...]
>
> d) a efetividade da cooperação ofertada pela proponente às investigações e ao processo administrativo; e

> e) a identificação dos servidores e particulares envolvidos na infração administrativa.
>
> III – proceder à avaliação do programa de integridade, caso existente, nos termos de regulamento específico do Ministério da Transparência, Fiscalização e Controladoria-Geral da União – CGU;
>
> IV – propor cláusulas e obrigações para o acordo de leniência que, diante das circunstâncias do caso concreto, reputem-se necessárias para assegurar:
>
> a) a efetividade da colaboração e o resultado útil do processo [...]

Porém, no que tange à multa aplicável, a celebração garante uma redução em até dois terços, o que significa que, em caso de resultado negativo do acordo, a autoridade competente poderá fazer uma redução desprezível, sempre sujeita, vale destacar, ao controle de legalidade pelo Poder Judiciário.

6.11 SANÇÕES QUE SÃO APLICÁVEIS APESAR DO ACORDO

Talvez o maior atrativo que o legislador pretendeu inserir na Lei nº 12.846/13 para propiciar o acordo de leniência foi, de um lado, exagerar demasiadamente no valor da multa e, de outro, estabelecer uma redução de até 2/3 dela. Contudo, o art. 19 criou sanções aplicáveis no âmbito judicial e que não são redimidas pelo acordo de leniência:

a) perdimento dos bens, direitos ou valores que representem vantagem ou proveito direta ou indiretamente obtidos da infração, ressalvado o direito do lesado ou de terceiro de boa-fé (inciso I);

b) suspensão ou interdição parcial de suas atividades (inciso II);

c) dissolução compulsória da pessoa jurídica (inciso III).

Isso tudo sem se falar nas sanções da Lei nº 8.429/92 (Lei de Improbidade Administrativa), da Lei nº 8.666/93 (Lei Geral de Licitações e Contratos Administrativos) e da Lei nº 12.462/2011 (RDC). Também não inibe as sanções de natureza penal.

Todos estes fatores devem ser muito bem sopesados por aquele que se sentir tentado a celebrar o acordo de leniência, já que este acordo pressupõe a confissão, em sede administrativa, da prática do ato, confissão que, embora não seja aproveitável diretamente no processo judicial, pesará como significativo elemento de prova contra o subscritor do acordo.

6.12 ACORDO DE LENIÊNCIA E A LEI Nº 8.666/93

O art. 17 da Lei nº 12.846/13 é uma norma que estende a possibilidade de acordo de leniência para infrações administrativas previstas na Lei nº 8.666/93 (Lei Geral de Licitações e Contratos Públicos):

> Art. 17. A Administração Pública poderá também celebrar acordo de leniência com a pessoa jurídica responsável pela prática de ilícitos previstos na Lei nº 8.666, de 21 de junho de 1993, com vistas à isenção ou atenuação das sanções administrativas estabelecidas em seus arts. 86 a 88.

O DECRETO segue o mesmo caminho:

> Art. 28. O acordo de leniência será celebrado com as pessoas jurídicas responsáveis pela prática dos atos lesivos previstos na Lei nº 12.846, de 2013, e dos ilícitos administrativos previstos na Lei nº 8.666, de 1993, e em outras normas de licitações e contratos, com vistas à isenção ou à atenuação das respectivas sanções, desde que colaborem efetivamente com as investigações e o processo administrativo, devendo resultar dessa colaboração [...]

De plano, porém, é de ser afastada a incidência do art. 17 quando haja envolvimento de servidor público, pois nesse caso estaríamos no âmbito da Lei nº 8.429/92 (improbidade administrativa).

Essas sanções – que, em caso de acordo, poderão ser isentadas ou atenuadas, segundo a norma do art. 17 – devem se sujeitar aos mesmos requisitos e condições daqueles previstos para os atos lesivos à Administração Pública, inclusive no que concerne ao processo administrativo.

As sanções dos artigos 86 *usque* 88 da Lei de Licitações se referem a infrações consistentes em (a) atraso injustificado na execução de contrato administrativo (art. 86: multa de mora, nos termos do edital ou contrato) e (b) inexecução total ou parcial do contrato (art. 87: advertência; multa; suspensão temporária de participação em licitação e impedimento de contratar com a Administração, por prazo não superior a dois anos; e declaração de inidoneidade para licitar ou contratar com a Administração

Pública enquanto perdurarem os motivos determinantes da punição ou até que seja promovida a reabilitação perante a própria autoridade que aplicou a penalidade, que será concedida sempre que o contratado ressarcir a Administração pelos prejuízos resultantes e após decorrido o prazo da sanção aplicada com base no inciso anterior). Por fim, o art. 88 estatui que as duas últimas sanções do art. 87 (acima, as duas finais, entre parênteses) poderão ser aplicadas às empresas ou aos profissionais que, em razão dos contratos administrativos: (a) tenham sofrido condenação definitiva por praticarem, por meios dolosos, fraude fiscal no recolhimento de quaisquer tributos; (b) tenham praticado atos ilícitos visando frustrar os objetivos da licitação; (c) demonstrem não possuir idoneidade para contratar com a Administração em virtude de atos ilícitos praticados.[121]

---

[121] Lei nº 8.666/93: "Art. 86. O atraso injustificado na execução do contrato sujeitará o contratado à multa de mora, na forma prevista no instrumento convocatório ou no contrato. § 1º A multa a que alude este artigo não impede que a Administração rescinda unilateralmente o contrato e aplique as outras sanções previstas nesta Lei. § 2º A multa, aplicada após regular processo administrativo, será descontada da garantia do respectivo contratado. § 3º Se a multa for de valor superior ao valor da garantia prestada, além da perda desta, responderá o contratado pela sua diferença, a qual será descontada dos pagamentos eventualmente devidos pela Administração ou ainda, quando for o caso, cobrada judicialmente. Art. 87. Pela inexecução total ou parcial do contrato a Administração poderá, garantida a prévia defesa, aplicar ao contratado as seguintes sanções: I – advertência; II – multa, na forma prevista no instrumento convocatório ou no contrato; III – suspensão temporária de participação em licitação e impedimento de contratar com a Administração, por prazo não superior a 2 (dois) anos; IV – declaração de inidoneidade para licitar ou contratar com a Administração Pública enquanto perdurarem os motivos determinantes da punição ou até que seja promovida a reabilitação perante a própria autoridade que aplicou a penalidade, que será concedida sempre que o contratado ressarcir a Administração pelos prejuízos resultantes e após decorrido o prazo da sanção aplicada com base no inciso anterior. § 1º Se a multa aplicada for superior ao valor da garantia prestada, além da perda desta, responderá o contratado pela sua diferença, que será descontada dos pagamentos eventualmente devidos pela Administração ou cobrada judicialmente. § 2º As sanções previstas nos incisos I, III e IV deste artigo poderão ser aplicadas juntamente com a do inciso II, facultada a defesa prévia do interessado, no respectivo processo, no prazo de 5 (cinco) dias úteis. § 3º A sanção estabelecida no inciso IV deste artigo é de competência exclusiva do Ministro de Estado, do Secretário Estadual ou Municipal, conforme o caso, facultada a defesa do interessado no respectivo processo, no prazo de 10 (dez) dias da abertura de vista, podendo a reabilitação ser requerida após 2 (dois) anos de sua aplicação.

O art. 22 das Disposições Finais cria o Cadastro Nacional de Empresas Punidas (CNEP), que terá registros a respeito do acordo de leniência:

> Art. 22. [...]
>
> § 3º As autoridades competentes, para celebrarem acordos de leniência previstos nesta Lei, também deverão prestar e manter atualizadas no CNEP, após a efetivação do respectivo acordo, as informações acerca do acordo de leniência celebrado, salvo se esse procedimento vier a causar prejuízo às investigações e ao processo administrativo.
>
> § 4º Caso a pessoa jurídica não cumpra os termos do acordo de leniência, além das informações previstas no § 3º, deverá ser incluída no CNEP referência ao respectivo descumprimento.
>
> § 5º Os registros das sanções e acordos de leniência serão excluídos depois de decorrido o prazo previamente estabelecido no ato sancionador ou do cumprimento integral do acordo de leniência e da reparação do eventual dano causado, mediante solicitação do órgão ou entidade sancionadora.

Eis mais uma razão para ponderação das empresas quanto à celebração do acordo de leniência – a publicidade do ajuste (art. 23).

6.13 REGRAS GERAIS DO PROCEDIMENTO DO ACORDO DE LENIÊNCIA NO ÂMBITO DA CGU E AGU – PORTARIA INTERMINISTERIAL CGU/AGU Nº 2.278, DE 15.12.2016

A Portaria 2.278/16, segundo sua própria ementa, define os procedimentos para celebração do acordo de leniência de que trata a Lei nº 12.846, de 1º de agosto de 2013, no âmbito do Ministério da Transparência, Fiscalização e Controladoria-Geral da União – CGU e dispõe sobre a participação da Advocacia-Geral da União.

A regra do art. 3º está a exigir que a proposta de acordo de leniência seja dirigida à Secretaria-Executiva do Ministério da Transparência, Fiscalização e Controladoria-Geral da União – CGU, com declaração expressa de que está ciente de seus direitos e obrigações (§ 1º), a qual receberá tratamento sigiloso (§ 3º). Em seguida, haverá o encaminhamento de Memorando de Entendimentos à pessoa jurídica (§ 4º).

Assinado o Memorando, haverá designação de comissão (membros indicados pela CGU e AGU art. 4º, I) e as negociações para a celebração do acordo (art. 4º, II, III e parágrafo único).

A Comissão tem uma competência abrangente (art. 5º). Mas, "no âmbito da comissão de negociação, compete especificamente aos membros indicados pela Advocacia-Geral da União avaliar a vantagem e procedência da proposta da empresa em face da possibilidade de propositura de eventuais ações judiciais" (§ 4º).

A comissão deverá elaborar relatório completo, o qual, segundo o § 6º do art. 5º, deverá ser encaminhado a várias autoridades:

> § 6º O relatório final será remetido, pelo Secretário-Executivo do Ministério da Transparência, Fiscalização e Controladoria-Geral da União – CGU e pelo Secretário-Geral de Consultoria da Advocacia-Geral da União, para manifestação do Consultor-Geral da União, do Procurador-Geral da União e do Chefe da Consultoria Jurídica do Ministério da Transparência, Fiscalização e Controladoria-Geral da União – CGU e posterior submissão ao Ministro de Estado da Transparência, Fiscalização e Controladoria-Geral da União e ao Advogado-Geral da União.

Quanto ao conteúdo do acordo:

> Art. 8º O acordo de leniência conterá, entre outras disposições, cláusulas que versem sobre:
>
> I – a delimitação dos fatos e atos abrangidos;
>
> II – o compromisso de cumprimento dos requisitos previstos nos incisos II a V do *caput* do art. 30 do Decreto nº 8.420, de 18 de março de 2015;
>
> III – a perda dos benefícios pactuados, em caso de descumprimento do acordo;
>
> IV – a natureza de título executivo extrajudicial do instrumento do acordo, nos termos do Código de Processo Civil;
>
> V – a adoção, aplicação ou aperfeiçoamento de programa de integridade; e,
>
> VI – o prazo e a forma de acompanhamento do cumprimento das condições nele estabelecidas.

CAPÍTULO 7

O ACORDO DE LENIÊNCIA E O INCENTIVO À INSTITUIÇÃO DE MECANISMOS DE *COMPLIANCE*

7.1 INTRODUÇÃO AO TEMA

A enorme complexidade das estruturas institucionais e corporativas tornou necessário que elas se voltassem para si mesmas, a fim de estabelecer um sistema de controle interno, basicamente para que seus integrantes obedeçam ao ordenamento jurídico e se mantenham fiéis aos respectivos programas de boa governança, nestes incluídos os padrões éticos que devem ser respeitados.

Somente assim esse verdadeiro escudo protetivo poderia manter a organização a salvo de envolvimento em graves problemas.

De outra parte, de forma reflexa, protege também o interesse público, sempre que a instituição ou a organização vierem a se relacionar com Administração Pública.

Porém, essa atitude empresarial nem sempre foi espontânea, mas, ao contrário, na maioria das vezes através de legislação impositiva, seja de forma direta, seja criando grande motivação para implantá-la.

O sistema nasceu nos Estados Unidos da América no princípio do século XX (com a criação das agências reguladoras) e foi se tornando cada vez mais sofisticado até que, em 30 de agosto de 1991, a *United States Sentencing Commission* publicou o *Supplementary Report On Sentencing Guidelines for Organizations*, relacionando os requisitos para um programa de *compliance*. As organizações que contassem com esse programa teriam suas penas diminuídas.

O vocábulo inglês *compliance* deriva do verbo *to comply*, que em vernáculo significa: obedecer, concordar, consentir, aquiescer, respeitar. Assim, *compliance* pode significar: obediência, concordância, consentimento, aquiescência, respeito.

O *Supplementary Report On Sentencing Guidelines for Organizations* se refere, constantemente, ao seu anexo *CHAPTER 8* – 2015, que em seu §8B2.1 cuida especificamente do *Effective Compliance and Ethics Program*, no qual o art. 42 do DECRETO brasileiro (que será reproduzido em seguida) possivelmente se inspirou.

A legislação nacional também adotou a estratégia americana de diminuir as penas quando a empresa contar com um programa de *compliance*, como se constata pelo art. 7º da LEI:

> Art. 7º Serão levados em consideração na aplicação das sanções:
>
> [...]
>
> VIII – a existência de mecanismos e procedimentos internos de integridade, auditoria e incentivo à denúncia de irregularidades e a aplicação efetiva de códigos de ética e de conduta no âmbito da pessoa jurídica.

Todavia, cabe aqui uma advertência geral: o referido *CHAPTER 8* da Comissão Americana de Sentença foi dirigido às atividades criminais – o que importa a necessidade de adaptação aos desígnios da legislação brasileira aqui examinada.

Efetivamente, no comentário ao tema *Compliance and Ethics Program* o documento explicita: "*Compliance and ethics program means a program designed to prevent and detect criminal conduct*"[122] (destacamos).

No DECRETO, aqueles mecanismos mencionados no inciso VIII do art. 7º da LEI recebem o nome de "programa de integridade":

> Art. 5º. [...]
>
> § 4º Caso a pessoa jurídica apresente em sua defesa informações e documentos referentes à existência e ao funcionamento de **programa de integridade**, a comissão processante deverá examiná-lo segundo os parâmetros indicados no Capítulo IV, para a dosimetria das sanções a serem aplicadas.

O Programa de Integridade vem detalhado no DECRETO, em seu art. 42, em seguida examinado.

Em face da visão geral ora exposta, podemos dizer que *compliance* é a obediência, a concordância e o respeito a um programa de integridade, que deve conter regras de boas práticas de governança, de ética institucional e de relacionamento com terceiros, além de prever mecanismos de autofiscalização e de investigação de denúncias de desvios.

7.2 PROGRAMA DE INTEGRIDADE

O art. 42 do DECRETO constitui a base mínima para a elaboração de um Programa de Integridade.

A análise dos seus diversos incisos nos permite agrupar os tópicos do Programa de Integridade em: (i) conteúdo programático; (ii) mecanismos internos; (iii) sistemas de autocontrole; e (iv) garantias específicas.

Para facilitar, apresentam-se os textos das normas pertencentes a cada agrupamento temático adiante.

---

[122] "Programa de ética e conformidade significa um conjunto de ações projetado com o propósito de prevenir e detectar condutas criminosas" (tradução livre).

7.2.1 Conteúdo Programático – incisos

O primeiro bloco permite reunir as normas dos incisos II, III e XVI. São normas que dispõem sobre o conteúdo material do programa:

> II – **Padrões de conduta, código de ética, políticas e procedimentos de integridade**, aplicáveis a todos os empregados e administradores, independentemente de cargo ou função exercidos;
>
> III – **Padrões de conduta, código de ética e políticas de integridade** estendidas, quando necessário, a terceiros, tais como, fornecedores, prestadores de serviço, agentes intermediários e associados; [...]
>
> XVI – **Transparência da pessoa jurídica quanto a doações para candidatos e partidos políticos.**

É fácil notar o conteúdo material: aqui, exigem-se as normas que definem os denominados "padrões de conduta" a ser observados.

7.2.2 Mecanismos internos – incisos

Em segundo lugar, agrupam-se as normas que tratam de aspectos estruturais do programa: quais medidas concretas são adotadas para assegurar a efetiva aplicação do conteúdo material referido no tópico precedente.

> IV – **Treinamentos periódicos** sobre o programa de integridade; [...]
>
> X – **Canais de denúncia de irregularidades**, abertos e amplamente divulgados a funcionários e terceiros, e de mecanismos destinados à proteção de denunciantes de boa-fé; [...]
>
> XIII – **Diligências apropriadas para contratação** e, conforme o caso, supervisão, de terceiros, tais como, fornecedores, prestadores de serviço, agentes intermediários e associados;
>
> XIV – Verificação, durante os **processos de fusões, aquisições e reestruturações societárias**, do cometimento de

> irregularidades ou ilícitos ou da existência de vulnerabilidades nas pessoas jurídicas envolvidas;
>
> XV – **Monitoramento contínuo do programa de integridade visando seu aperfeiçoamento** na prevenção, detecção e combate à ocorrência dos atos lesivos previstos no art. 5º da Lei nº 12.846, de 2013.

Rigorosamente, essa categoria admite duas subespécies de estruturas: aquelas que dizem respeito à implantação do sistema e aquelas que dizem respeito a sua operação e manutenção na rotina da pessoa jurídica.

7.2.3 Sistemas de autocontrole – incisos

Adiante, agrupam-se as estruturas concretas que dizem respeito à forma de incidência dos mecanismos de conformidade:

> V – **Análise periódica de riscos** para realizar adaptações necessárias ao programa de integridade;
>
> VI – **Registros contábeis** que reflitam de forma completa e precisa as transações da pessoa jurídica;
>
> VII – **Controles internos** que assegurem a pronta elaboração e confiabilidade de relatórios e demonstrações financeiros da pessoa jurídica; [...]
>
> VIII – **Procedimentos específicos para prevenir fraudes e ilícitos** no âmbito de processos licitatórios, na execução de contratos administrativos ou em qualquer interação com o setor público, ainda que intermediada por terceiros, tal como pagamento de tributos, sujeição a fiscalizações, ou obtenção de autorizações, licenças, permissões e certidões; [...]
>
> XII – **Procedimentos que assegurem a pronta interrupção de irregularidades ou infrações detectadas e a tempestiva remediação dos danos gerados.**

Dada a complexidade do mundo contemporâneo, naturalmente, cada procedimento referido acima necessitará de documentação própria, não se podendo perder de vista a interface com outras normas, como, por exemplo, as que disciplinam a contabilidade.

7.2.4 Garantias específicas – incisos

Por fim, há o grupo das "garantias": cláusulas normativas que impõem um dever de compromisso por parte do programa voltado a sua efetividade concreta.

> I – **Comprometimento da alta direção da pessoa jurídica**, incluídos os conselhos, evidenciado pelo apoio visível e inequívoco ao programa; [...]
>
> IX – **Independência, estrutura e autoridade da instância interna responsável pela aplicação do programa de integridade e fiscalização de seu cumprimento**; [...]
>
> XI – **Medidas disciplinares** em caso de violação do programa de integridade.

7.3 O PROGRAMA DE INTEGRIDADE E SUAS DUAS FACES

7.3.1 Programa de Integridade

O vocábulo "integridade" significa a qualidade do que está inteiro, sem diminuição, que não foi atingido. Também é usado como sinônimo, por extensão, de honestidade, retidão (de padrões morais íntegros).

Portanto, podemos dizer que um programa de integridade contém, precipuamente, um conjunto de regras que deve ser obedecido, ou o que nos leva à mesma conclusão, de regras que devem permanecer íntegras, inteiras, sem violação – cuja obediência resulta num comportamento reto, honesto, probo.

Dizemos "precipuamente" porque, além de tais regramentos, o programa deve conter mecanismos de prevenção, de verificação e de aplicação de sanções.

7.3.2 As duas faces do Programa de Integridade

O Programa de Integridade tem duas faces distintas: uma voltada para dentro da organização, e outra, destinada a balizar as relações com terceiros.

As diferenças entre elas estão mais nos destinatários que em seus elementos constitutivos, pois um mesmo requisito pode servir de parâmetro de conduta para os integrantes da organização e também para a organização em si, como um todo, em suas relações com terceiros.

A diferença apontada tem sua razão de ser quando da concepção dos mecanismos de fiscalização, de controle, de sanções e de denúncias.

Cada organização ou instituição deve adaptá-los às suas especificidades. Uma empreiteira, por exemplo, deve conter programa de relacionamento com o Poder Público bem mais sofisticado que uma empresa que apenas circunstancialmente participa de uma licitação.

7.4 PROGRAMA DE INTEGRIDADE – COMPONENTES NÃO CONSTANTES DO ART. 42 DO DECRETO

O Programa de Integridade deve explicitar com clareza pelo menos três componentes que não estão nos incisos do art. 42 do DECRETO: (i) a missão da organização; (ii) a sua visão; e (iii) os seus valores.

7.4.1 Missão da organização

A missão da organização é o propósito que ela pretende realizar no grupo social e a clara menção a quem suas atividades se destinam.

O propósito a realizar é a razão de ser da organização, qual seu real objetivo como entidade organizada.

Ela deve estar presente no espírito de todos quantos trabalham na organização, sejam de que nível hierárquico forem seus postos.

Ela diz respeito à integridade da organização, porque incute uma ideologia em seus membros, à qual devem respeito. Se a missão da organização não for respeitada, seu programa não restará íntegro.

Se a missão da organização é tornar as crianças alegres, pessoas mal-humoradas não devem ser admitidas.

7.4.2 A visão da organização

A visão da organização é um olhar para o futuro. Para perspectivas vindouras e almejadas. Essa visão baliza o empenho dos integrantes da organização no atingimento de um escopo definido.

A organização, para se manter íntegra, deve ser leal consigo mesma, ou seja, não cometer desvios, tendo em mira um objetivo no porvir.

Se a organização deseja ocupar o primeiro lugar no *ranking* de sua categoria, deve incentivar seus integrantes a procurar aperfeiçoamento técnico avançado e examinar cuidadosamente os currículos dos que pretendam nela ingressar.

7.4.3 Valores da organização

O vocábulo "valor" tem muitos significados, variando conforme a perspectiva da ciência que os define (sociologia, economia, ciências políticas etc.).

Filosoficamente, valor designa uma relação entre os bens da vida e as necessidades humanas, entendendo-se por bem da vida tudo aquilo que é apto a realizar essas necessidades.

A vida, por exemplo, é um valor dos mais importantes – e essa simples constatação nos leva à conclusão de que eles podem e devem ser hierarquizados.

Também certos comportamentos satisfazem a necessidade humana de ser correto, de ser honesto. Em suma, aqui entramos no mundo dos valores morais ou éticos.

E são esses os valores aos quais nos referimos neste passo: princípios morais ou éticos que devem permanecer íntegros, enquanto a organização age no mundo real.

Trata-se, assim, do Código de Ética da organização.

Um dos valores, por exemplo, pode ser a intransigente defesa dos legítimos interesses do cliente – o que orienta a existência de conflito de interesses, tornando impossível a assunção de defesa de interesses antagônicos.

7.5 ESTRUTURA DO PROGRAMA DE INTEGRIDADE

A estrutura do Programa de Integridade que será exposta baseia-se nos incisos do art. 42 do DECRETO – acima já transcritos e classificados.

Sempre que houver correspondência entre esses incisos e o já referido *CHAPTER* 8/2015 da *United States Sentencing Commission*, citaremos a fonte.

7.5.1 Conteúdo Programático: incisos II; III e XVI

Incisos II e III:

> II – Padrões de conduta, código de ética, políticas e procedimentos de integridade, aplicáveis a todos os empregados e administradores, independentemente de cargo ou função exercidos;
>
> III – Padrões de conduta, código de ética e políticas de integridade estendidas, quando necessário, a terceiros, tais como, fornecedores, prestadores de serviço, agentes intermediários e associados.

O *Supplementary Report On Sentencing Guidelines for Organizations*, no seu CHAPTER 8/2015, §8B2.1, cuida de *compliance* e ética em matéria criminal, como acima registrado (*"Compliance and ethics program" means a program designed to prevent and detect criminal conduct*).

Portanto, os dois incisos acima reproduzidos não encontram parâmetros no documento norte-americano.

Padrões de conduta, código de ética, regras de governança e políticas de integridade são regras que devem constar desses documentos, elaborados pela organização, ouvidos os seus membros de todos os níveis hierárquicos e que se adaptam ao tipo de atividade que ela desenvolve.

Inciso XVI:

> XVI – Transparência da pessoa jurídica quanto a doações para candidatos e partidos políticos.

O inciso enseja a inserção de regra que proíba doações irregulares, o que significa adotar os critérios de legalidade hoje vigentes, que assim podem ser resumidos:

(i) Somente podem doar as pessoas físicas, até 10% (dez por cento) de seu rendimento bruto no ano anterior e bens até R$ 80.000,00 (oitenta mil reais);

(ii) Doações sem identificação do doador – devem ser devolvidas ao doador, se possível, ou recolhidas ao Tesouro Nacional.

As pessoas jurídicas não podem fazer doações de qualquer espécie ou valor, segundo decisão não unânime do Supremo Tribunal Federal, em 17 de setembro de 2015, na ADI 4.650, proposta pelo Conselho Federal da OAB, relatada pelo Ministro Luiz Fux, cujo *decisum* foi o seguinte:

> Vistos, relatados e discutidos estes autos, acordam os Ministros do Supremo Tribunal Federal, em Sessão Plenária, sob a Presidência do Senhor Ministro Ricardo Lewandowski, na

> conformidade da ata de julgamento e das notas taquigráficas, por maioria e nos termos do voto do Ministro Relator, em julgar procedente em parte o pedido formulado na ação direta **para declarar a inconstitucionalidade dos dispositivos legais que autorizavam as contribuições de pessoas jurídicas às campanhas eleitorais**, vencidos, em menor extensão, os Ministros Teori Zavascki, Celso de Mello e Gilmar Mendes, que davam interpretação conforme, nos termos do voto ora reajustado do Ministro Teori Zavascki. O Tribunal rejeitou a modulação dos efeitos da declaração de inconstitucionalidade por não ter alcançado o número de votos exigido pelo art. 27 da Lei 9.868/99, e, **consequentemente, a decisão aplica-se às eleições de 2016 e seguintes**, a partir da Sessão de Julgamento, independentemente da publicação do acórdão. Com relação às pessoas físicas, as contribuições ficam reguladas pela lei em vigor. Brasília, 17 de setembro de 2015. LUIZ FUX – RELATOR. Documento assinado digitalmente.

Portanto, o inciso em análise – que é de 18/03/2015 – acabou derrogado pela decisão do Pretório Excelso, de 17/09/2015.

7.5.2 Mecanismos internos

7.5.2.1 Inciso IV

> IV – Treinamentos periódicos sobre o programa de integridade.
>
> *CHAPTER 8 – §8B2.1 (b) (4) (B)*
>
> *B – by conducting effective training programs and otherwise disseminating information appropriate to such individuals' respective roles and responsibilities.*

Esses treinamentos são importantes não apenas para fixar os conceitos, os princípios, a visão, a missão e os valores da organização, mas igualmente para incuti-los definitivamente no espírito de seus membros.

Para esses treinamentos, a contratação de profissionais especializados é indispensável, pois os agentes internos já estão como que "viciados" nos erros repetidos.

Experiências vividas por organizações similares ajudam muito na avaliação e na correção do programa.

7.5.2.2 Inciso X

> X – Canais de denúncia de irregularidades, abertos e amplamente divulgados a funcionários e terceiros, e de mecanismos destinados à proteção de denunciantes de boa-fé.
>
> *CHAPTER 8 – §8B2.1 (b) (5) (C)*
>
> *(C) to have and publicize a system, which may include mechanisms that allow for anonymity or confidentiality, whereby the organization's employees and agents may report or seek guidance regarding potential or actual criminal conduct without fear of retaliation.*

O mecanismo para denúncias pode contemplar o anonimato, como diz o documento americano, para evitar o medo de denunciar ou o temor de retaliação.

Nestes casos, porém, o órgão encarregado da verificação deve iniciar investigações sigilosas até se certificar da verossimilhança da denúncia. Caso nada seja apurado, o expediente deve ser arquivado ou até destruído (assim se evita atingir inutilmente a dignidade das pessoas). Se, ao contrário, provas de materialidade e autoria forem obtidas (especialmente importante é a autoria), instala-se o procedimento oficialmente, sem necessidade de anexação da denúncia anônima, mas cujos fatos devem ser mencionados na peça inaugural. A procedência da denúncia implicará imposição de sanção ao faltoso.

Caso a denúncia seja assinada, o expediente oficial deve ser imediatamente instaurado e sua comprovação, da mesma forma, sujeitará o infrator à sanção prevista.

Contudo, não comprovado o fato ou sua autoria, o denunciante apenas será livre de pena (igualmente prevista) se agiu de boa-fé.

7.5.2.3 Incisos XIII e XIV

> XIII – Diligências apropriadas para contratação e, conforme o caso, supervisão, de terceiros, tais como, fornecedores, prestadores de serviço, agentes intermediários e associados;
>
> XIV – Verificação, durante os processos de fusões, aquisições e reestruturações societárias, do cometimento de irregularidades ou ilícitos ou da existência de vulnerabilidades nas pessoas jurídicas envolvidas.

Os incisos XIII e XIV se constituem em espécie de extensão do Programa de Integridade a terceiros, sempre que com eles a organização deva relacionar-se.

Trata-se de *due diligence*, que é um procedimento investigatório voluntário e prévio.

No caso do inciso XIII, obviamente o terceiro tem que aceitar as regras da organização. Caso o terceiro não aceite e o mercado não disponha de outro (porque aquele é o único) ou ainda outro economicamente viável, a organização será considerada inocente em caso de ocorrência de ilícito causado pelo contratado. Mas, é preciso que tudo seja adequadamente documentado, ao menos em cláusula contratual.

No caso do inciso XIV, a *due diligence* dificilmente será dispensada, por razões evidentes.

A redação do inciso não foi de boa técnica porque menciona a fusão, a aquisição e a reestruturação das sociedades, afastando-se dos institutos previstos na Lei das Sociedades Anônimas (Lei nº 6.404, de 15 de dezembro de 1976), quais sejam: incorporação (art. 227); fusão (art. 228) e cisão (art. 229), sendo mesmo desnecessária a menção à transformação, pois esta se opera na própria sociedade, sem participação de outra (art. 220).

Todavia, a regra se aplica a quaisquer daqueles três institutos, embora sejam conceitualmente distintos.

Caso não haja a *due diligence*, as sociedades envolvidas serão corresponsáveis pelas irregularidades, ilícitos ou vulnerabilidade de ambas ou de uma delas.

Neste caso, eventuais cláusulas contratuais ou estatutárias não valem juridicamente, dada a regra impositiva do inciso.

7.5.2.4 Inciso XV

> XV – Monitoramento contínuo do programa de integridade visando seu aperfeiçoamento na prevenção, detecção e combate à ocorrência dos atos lesivos previstos no art. 5º da Lei nº 12.846, de 2013.
>
> *CHAPTER 8 – §8B2.1 (b) (7)*
>
> *(7) After criminal conduct has been detected, [...] and to prevent further similar criminal conduct, including making any necessary modifications to the organization's compliance and ethics program.*

A sugestão do documento americano é válida: detectada uma conduta ilícita, deve o programa de *compliance* incorporar qualquer modificação necessária para prevenir futuros eventos similares.

Porém, o inciso nacional é mais abrangente, pois requer monitoramento constante do programa, independentemente da ocorrência de ilícito.

Tal acompanhamento visa a prevenção, detecção e combate aos atos contra a Administração Pública, previstos no art. 5º da LEI.

Para esse monitoramento, muito contribuem os "treinamentos periódicos sobre o programa de integridade" (inciso IV, *supra*). E também o inciso V (*Análise periódica de riscos para realizar adaptações necessárias ao programa de integridade*), a ser analisado adiante.

Além disso, é possível que a organização peça sugestões aos seus membros e, ainda, melhorar o sistema por meio de gráficos e planilhas das denúncias recebidas ou daquelas noticiadas na mídia, praticadas por outras organizações.

7.5.3 Sistemas de autocontrole

7.5.3.1 Inciso XII

> XII – Procedimentos que assegurem a pronta interrupção de irregularidades ou infrações detectadas e a tempestiva remediação dos danos gerados.
>
> *CHAPTER 8 – §8B2.1 (b) (7)*
>
> *(7) After criminal conduct has been detected, the organization shall take reasonable steps to respond appropriately to the criminal conduct [...].*

A organização deve prever mecanismos para que sejam interrompidos imediatamente os atos ilícitos, quando esses são continuados (isto é, correspondendo aos crimes de mera conduta, enquanto esta perdurar) ou, no caso de ilícito instantâneo, mecanismos que possam avaliar e reparar, o mais rapidamente possível, os danos causados e as formas de sua reparação.

7.5.3.2 Inciso VIII

> VIII – Procedimentos específicos para prevenir fraudes e ilícitos no âmbito de processos licitatórios, na execução de contratos administrativos ou em qualquer interação com o setor público, ainda que intermediada por terceiros, tal como pagamento de tributos, sujeição a fiscalizações, ou obtenção de autorizações, licenças, permissões e certidões.
>
> *CHAPTER 8 – §8B2.1 (a) (1)*
>
> *(a) [...] an organization shall—*
>
> *(1) exercise due diligence to prevent and detect criminal conduct.*

> *CHAPTER 8 – §8B2.1 (b) (1)*
>
> *(b) Due diligence and the promotion of an organizational culture that encourages ethical conduct and a commitment to compliance with the law within the meaning of subsection (a) minimally require the following:*
>
> *(1) The organization shall establish standards and procedures to prevent and detect criminal conduct.*

O inciso VIII cuida exatamente de situações que a Lei nº 12.846/13 quer coibir, e que estão descritas no seu art. 5º: prevenir atos ilícitos em geral (o que serve também para os atos de improbidade administrativa) nas relações da organização com o Poder Público, direta ou indiretamente estabelecidas (por terceiros).

A norma exemplifica, didaticamente, com os processos licitatórios e execução de contratos públicos, mas a parte final da norma torna essas referências meramente exemplificativas ("tal como", diz a norma).

Esses procedimentos específicos variam de acordo com a natureza da organização (obras, fornecimento, serviços), seu porte e âmbito principal de atuação (federal, estadual, municipal).

7.5.3.3 Inciso V

> V – Análise periódica de riscos para realizar adaptações necessárias ao programa de integridade.
>
> *CHAPTER 8 – §8B2.1 (c)*
>
> *(c) In implementing subsection (b), the organization shall periodically assess the risk of criminal conduct and shall take appropriate steps to design, implement, or modify each requirement set forth in subsection (b) to reduce the risk of criminal conduct identified through this process.*

No documento americano – dirigido às condutas criminais – o risco diz respeito à "*criminal conduct*", devendo a organização avaliá-lo periodicamente.

O inciso sob análise também determina essa avaliação periódica, mas para verificação dos *riscos do programa de integridade* – ou os riscos de *compliance* – portanto, os riscos de obediência ao programa.

Essa avaliação deve ter por escopo situações internas de desobediência já ocorridas e também situações externas das quais a organização tome conhecimento, visando aperfeiçoar seus mecanismos de detecção.

7.5.3.4 Inciso VI

> VI – Registros contábeis que reflitam de forma completa e precisa as transações da pessoa jurídica.

A lisura contábil é importante sob múltiplos aspectos.

Para efeito da LEI, ela será de grande valia num procedimento investigatório em face de ato ilícito de qualquer natureza.

A reconstituição das operações contábeis é fundamental em apuração de ilícitos e constatação do chamado "caixa dois". Também a detecção das "notas frias" e ingresso de valores sem causa.

7.5.3.5 Inciso VII

> VII – Controles internos que assegurem a pronta elaboração e confiabilidade de relatórios e demonstrações financeiros da pessoa jurídica.
>
> *CHAPTER 8 – §8B2.1 (b) (5) (A) (B)*
>
> *(5) The organization shall take reasonable steps—*
>
> *(A) to ensure that the organization's compliance and ethics program is followed, including monitoring and auditing to detect criminal conduct;*
>
> *(B) to evaluate periodically the effectiveness of the organization's compliance and ethics program.*

As regras do documento americano têm relações com as dos incisos VIII, V e XV já analisados acima, na ordem em que foram expostos.

Os sistemas de controles internos dependerão da natureza de cada organização. Eles deverão ser auditados de tempos em tempos para avaliação e melhoria.

Os relatórios sobre as atividades desenvolvidas, sejam elas de autoverificação, sejam elas elaboradas em procedimentos investigatórios, devem se revestir de plena confiabilidade, o que torna a escolha dos responsáveis muito importante. Devem ser pessoas imparciais – que não elaborem relatórios para "proteger" a organização, nem para "perseguir" seus membros. Nessa área, todo cuidado ainda é pouco.

7.5.4 Garantias específicas

7.5.4.1 Inciso I

> I – Comprometimento da alta direção da pessoa jurídica, incluídos os conselhos, evidenciado pelo apoio visível e inequívoco ao programa.
>
> *CHAPTER 8 – §8B2.1 (a) (2) + (b) (2) (B)*
>
> *(a) [...] an organization shall—*
>
> *(2) otherwise promote an organizational culture that encourages ethical conduct and a commitment to compliance with the law.*
>
> *[...]*
>
> *(B) High-level personnel of the organization shall ensure that the organization has an effective compliance and ethics program, as described in this guideline. [...]*

O verdadeiro DNA da organização, em grande parte evidenciado pelo seu Programa de Integridade, deve contagiar todos os seus membros, do mais alto ao mais simples cargo na sua hierarquia estrutural.

De outro lado, se a alta administração não estiver profundamente comprometida com o programa, com certeza este não entusiasmará os demais. Sem esse comprometimento não haverá credibilidade. Ninguém abraçará o programa se seus chefes não o fazem.

7.5.4.2 Inciso IX

> IX – Independência, estrutura e autoridade da instância interna responsável pela aplicação do programa de integridade e fiscalização de seu cumprimento.
>
> *CHAPTER 8 – §8B2.1 (b) (2) (B) + (C)*
>
> *(B) [...] Specific individual(s) within high-level personnel shall be assigned overall responsibility for the compliance and ethics program.*
>
> *(C) Specific individual(s) within the organization shall be delegated day-to-day operational responsibility for the compliance and ethics program. [...]*

De nada adianta um excelente Programa de Integridade se os encarregados de sua aplicação e fiscalização não forem independentes, pois somente assim serão imparciais.

Muitas vezes a defesa *parcial* da organização é um "tiro no pé", para usarmos o jargão empresarial.

Essa independência deve estar inserta no programa e resguardar os responsáveis pela sua fiel execução, de retaliações e perseguições, garantindo-lhes estabilidade e pesadas multas para quem vier a violar essa autonomia. Essas garantias lhes dão a autoridade de que necessitam para agir. Também uma estrutura física e humana adequada, como é evidente, se faz necessária.

7.5.4.3 Inciso XI

> XI – Medidas disciplinares em caso de violação do programa de integridade.
>
> *CHAPTER 8 – §8B2.1 (b) (6) (B)*
>
> *(6) The organization's compliance and ethics program shall be promoted and enforced consistently throughout the organization through [...]*
>
> *(B) appropriate disciplinary measures for engaging in criminal conduct and for failing to take reasonable steps to prevent or detect criminal conduct.*

As medidas disciplinares deverão conter um sistema de dosimetria o quanto possível justo e adequado, levando em conta a gravidade da violação, os danos causados, o comprometimento da organização e o tipo de elemento subjetivo que motivou o agente: culpa ou dolo.

Elas devem ser aplicadas através do competente processo administrativo, com as garantias do contraditório e da ampla defesa.

7.6 PROGRAMA DE INTEGRIDADE: SEU DINAMISMO

Programa de Integridade não é estático, bastando sua elaboração e pronto. Não. Ele é extremamente dinâmico, sujeito a autoanálise, auditorias, cursos de verificação e aperfeiçoamento, valendo-se, os responsáveis, da experiência da organização e de outras que venha a tomar conhecimento.

Nesse ponto, a troca de informações entre organizações congêneres é extremamente salutar e profícua.

Sistemas de *compliance* ou programas de integridade das organizações são instrumentos aptos a "limpar" a área de suas atividades, desencorajando descaminhos e atuações ilícitas.

Tais desvios põem em vigor regras indesejáveis para um jogo competitivo real, acabando por contaminar quase todo o mercado: quem não se vale dessas regras malditas jamais pode vencer.

O País precisa, com urgência máxima, retomar os caminhos da concorrência leal, seja de timbre comercial, de serviços ou intelectual.

Somente nesse saudável ambiente competitivo haverá lugar para as médias e pequenas organizações prosperarem e, consequentemente, para incremento da economia como um todo.

Efetivamente, essa rota conduz a economia a um sistema que valoriza a segurança jurídica, beneficiando, ainda, a enorme cadeia de fornecedores, estimulados à melhoria tecnológica e à produção, além de geração de empregos e regularização de milhares de trabalhadores.

A segurança leva à confiança, e esta, à maior tranquilidade social, pois a insegurança jurídica é incompatível com o progresso.

As autovigilâncias somadas tornam o País saudável e apto a ingressar no chamado Primeiro Mundo.

Capítulo 8

DO PROCESSO JUDICIAL DE RESPONSABILIZAÇÃO

A Lei nº 12.846/13 prevê a possibilidade de aplicação de sanção às pessoas jurídicas infratoras em duas instâncias diversas: a administrativa (artigos 8º *et seq.*) e a judicial (artigos 18 *et seq.*), para as quais prevê sanções diversas (artigos 6º e 19, respectivamente): a aplicação de sanção por uma dessas esferas não ilide a possibilidade de aplicação de sanção pela outra (art. 18).[123]

Todavia, caso haja omissão do Poder Público, as sanções administrativas, assim como as sanções aplicáveis pelo Poder Judiciário, podem ser pleiteadas concomitante e judicialmente pelo Ministério Público:

> Art. 20. Nas ações ajuizadas pelo Ministério Público, poderão ser aplicadas as sanções previstas no art. 6º, sem prejuízo daquelas previstas neste Capítulo, desde que constatada a omissão das autoridades competentes para promover a responsabilização administrativa.

[123] Art. 18. Na esfera administrativa, a responsabilidade da pessoa jurídica não afasta a possibilidade de sua responsabilização na esfera judicial.

Em qualquer caso, porém, como já visto, a responsabilização da pessoa jurídica não exclui a responsabilidade individual de seus dirigentes ou administradores (art. 3º) – mas estes deverão responder judicialmente em ação diversa daquela proposta contra as pessoas jurídicas infratoras, eis que elas não são sujeitos passivos adequados para os atos lesivos à Administração Pública (art. 5º): respondem pela prática de ato ilícito nos termos do Código Civil e podem, ainda, sofrer ação regressiva da pessoa jurídica condenada por ato praticado pela pessoa física, quando couber, além de eventual ação penal, se o ilícito configurar um delito previsto no Código Penal.

Assim sendo, neste Capítulo se cuida apenas da ação judicial proposta em face de pessoas jurídicas indigitadas como autoras de ato lesivo à Administração Pública.

Para tornar a exposição do tema mais compreensível, dividiremos o assunto em duas partes:

a) atos que antecedem o ajuizamento da ação;

b) do ajuizamento da ação à sentença.

8.1 ATOS QUE ANTECEDEM O AJUIZAMENTO DA AÇÃO

8.1.1 Atuação do Ministério Público

A Lei nº 12.846/13, como dito alhures, estabeleceu que as sanções nela previstas podem ser aplicadas em duas órbitas distintas: na esfera administrativa e na esfera judicial, inclusive estabelecendo sanções diversas para ambas. Se houver a responsabilização administrativa, há que se ater ao disposto no art. 15:

> Art. 15. A comissão designada para apuração da responsabilidade de pessoa jurídica, após a conclusão do procedimento

administrativo, *dará conhecimento ao Ministério Público de sua existência, para apuração de eventuais delitos* (grifos nossos).[124]

Na verdade a norma diz menos do que pretendia: em primeiro lugar, é preciso aguardar a decisão administrativa da autoridade superior, competente para a instauração do processo administrativo e para a qual a Comissão Processante terá encaminhado o seu relatório – somente depois dessa decisão (ou daquela sobre o pedido de reconsideração – DECRETO, art. 11) o processo administrativo estará concluído (art. 8º, *caput*, e art. 10).

Em segundo lugar, tomando conhecimento do processo administrativo, o Ministério Público não apenas poderá requisitar a instauração de inquérito policial para "apuração de eventuais delitos", como também poderá determinar a instauração de inquérito civil, nos termos do art. 8º, § 1º, da Lei nº 7.347/85, que rege em parte a matéria (art. 21 da Lei nº 12.846/13):

> Art. 8º [...]
>
> § 1º O Ministério Público poderá instaurar, sob sua presidência, inquérito civil, ou requisitar, de qualquer organismo público ou particular, certidões, informações, exames ou perícias, no prazo que assinalar, o qual não poderá ser inferior a 10 (dez) dias úteis.

Convencido da prática, em tese, de ato lesivo à Administração Pública, o Ministério Público ajuizará a ação – mas, em caso contrário, pedirá o *arquivamento* do inquérito civil ao Conselho Superior do Ministério Público, o qual, a seu turno, poderá determinar diligências complementares, homologar o arquivamento ou discordar dele e determinar que outro membro do Ministério Público ajuíze a ação.

Não será possível a celebração de Acordo de Ajustamento de Conduta (TAC) durante a tramitação do inquérito civil, por se tratar de direitos absolutamente indisponíveis. Portanto, sem aplicação o disposto no art. 5º, § 6º, da Lei nº 7.347/85:

---

[124] Nesse mesmo sentido, o DECRETO, art. 9º, § 5º, I.

> Art. 5º [...]
>
> § 6º Os órgãos públicos legitimados poderão tomar dos interessados compromisso de ajustamento de sua conduta às exigências legais, mediante cominações, que terá eficácia de título executivo extrajudicial.

O Ministério Público poderá, ainda, receber informações da prática de ato lesivo à Administração Pública por qualquer outra fonte (representação de particular; processo julgado pelo Tribunal de Contas; notícias na mídia; informações enviadas por magistrado etc.).

8.1.2 Atuação dos órgãos da Administração

Além da legitimação ativa do Ministério Público, também estão legitimados à propositura da ação civil, visando à aplicação das sanções cabíveis e previstas na Lei nº 12.846/13, as Advocacias Públicas ou órgãos de representação judicial da União, dos Estados, do Distrito Federal e dos Municípios:

> Art. 19. Em razão da prática de atos previstos no art. 5º desta Lei, a União, os Estados, o Distrito Federal e os Municípios, por meio das respectivas **Advocacias Públicas ou órgãos de representação judicial, ou equivalentes**, e o **Ministério Público**, poderão ajuizar ação com vistas à aplicação das seguintes sanções às pessoas jurídicas infratoras: [...]

Ainda é de se recordar o disposto nos artigos do DECRETO que cuidam da matéria:

> Art. 26. As medidas judiciais, no País ou no exterior, como a cobrança da multa administrativa aplicada no PAR, a promoção da publicação extraordinária, a persecução das sanções referidas nos incisos I a IV do *caput* do art. 19 da Lei nº 12.846, de 2013, a reparação integral dos danos e prejuízos, além de eventual atuação judicial para a finalidade de instrução ou garantia do processo judicial ou preservação do acordo de leniência, **serão solicitadas ao órgão de representação judicial ou equivalente dos órgãos ou entidades lesados**.

> Art. 27. No âmbito da administração pública federal direta, a atuação judicial será exercida pela **Procuradoria-Geral da União**, com exceção da cobrança da multa administrativa aplicada no PAR, que será promovida pela **Procuradoria-Geral da Fazenda Nacional**.
>
> Parágrafo único. No âmbito das autarquias e fundações públicas federais, a atuação judicial será exercida pela **Procuradoria--Geral Federal**, inclusive no que se refere à cobrança da multa administrativa aplicada no PAR, respeitadas as competências específicas da **Procuradoria-Geral do Banco Central**.

Todos os nomeados poderão instaurar inquérito civil para melhor apuração dos fatos e, caso opinem pelo seu arquivamento, não estará o Ministério Público inibido de instaurar sua própria investigação e decidir pelo ajuizamento da ação ou pelo arquivamento (hipótese em que deverá submeter o pedido ao Conselho Superior do Ministério Público, como dito acima).

Caso a legislação própria das Advocacias Públicas ou órgãos de representação judicial prevejam a atribuição para que instaurem inquérito civil, poderá ocorrer que sejam instaurados simultaneamente dois ou mais inquéritos civis sobre o mesmo tema – e, para evitar essa possibilidade, a autoridade competente que o instaurar deve avisar as demais. Mas, nada impede que eles caminhem separadamente.[125]

No caso de ter havido, precedentemente, o processo administrativo nos termos dos artigos 8º *et seq.* da Lei nº 12.846/13, tanto mais terá conhecimento dos fatos a própria Administração Pública para o ajuizamento da ação, conquanto também possa tomar conhecimento dos fatos por qualquer outro meio.

O arquivamento de um inquérito (ou de um expediente investigatório) não impede a propositura da ação por quem detenha atribuição concorrente para tanto – mas, o ajuizamento de duas ações sobre o

---

[125] Tecnicamente nem toda investigação pode ser chamada de inquérito civil, que tem preceitos próprios e forma própria de arquivamento.

mesmo ato lesivo à Administração Pública poderá ensejar litispendência, continência ou conexão, conforme o caso, nos termos do Código de Processo Civil.[126]

Mais adiante, veremos essas situações processuais e como se resolvem.

8.2 FORO COMPETENTE

A Lei nº 7.347/85 traz regra específica a respeito do foro competente para a ação a ser ajuizada:

> Art. 2º As ações previstas nesta Lei serão propostas no *foro do local onde ocorrer o dano*, cujo juízo terá competência funcional para processar e julgar a causa.
>
> Parágrafo único. A propositura da ação prevenirá a jurisdição do juízo para todas as ações posteriormente intentadas que possuam a mesma causa de pedir ou o mesmo objeto.

Portanto, o foro competente será aquele onde houve a prática do ato lesivo à Administração Pública. Anote-se que há atos lesivos à Administração Pública que se consumam independentemente da verificação de resultado (dano ou outro qualquer), pois eles se consumam com a simples atividade.

A propositura da ação torna prevento o juízo, consoante norma do parágrafo único do art. 2º, acima transcrita.

A disposição legal não está tecnicamente correta, pois fala em "prevenir a jurisdição do juízo", empregando a expressão jurisdição ao invés do termo correto, que é "competência". A prevenção, com efeito, é critério de fixação da *competência*, pois a jurisdição é poder ínsito a todo órgão jurisdicional.

---

[126] A primeira ação previne o foro, segundo a LACP, parágrafo único do art. 2º. V. item seguinte.

Todavia, dependendo do sujeito passivo do ato lesivo à Administração Pública, a ação deverá ser proposta perante a *Justiça* competente – Justiça Federal (caso o ato lesivo à Administração Pública tenha sido praticado em face da União ou Território); Justiça do Distrito Federal ou da Justiça Estadual Comum (ato lesivo à Administração Pública, praticado em face do Distrito Federal, de Estado ou de Município, respectivamente).

8.3 DO AJUIZAMENTO DA AÇÃO À SENTENÇA – FASE POSTULATÓRIA

8.3.1 Da legitimação ativa e passiva

A legitimação ativa e a legitimação passiva (*legitimatio ad causam*) estão previstas na Lei nº 12.846/13, em artigo acima já reproduzido, mas que agora se transcreve novamente:

> Art. 19. Em razão da prática de atos previstos no art. 5º desta Lei, *a União, os Estados, o Distrito Federal e os Municípios, por meio das respectivas Advocacias Públicas ou órgãos de representação judicial, ou equivalentes, e o Ministério Público, poderão ajuizar ação* com vistas à aplicação das seguintes sanções *às pessoas jurídicas infratoras*: [...] (grifos nossos).

Portanto, o Ministério Público sempre terá legitimação concorrente para as ações por atos lesivos à Administração Pública – em se tratando de atos lesivos à Administração Pública Federal, a atribuição é do Ministério Público Federal; noutras hipóteses, será de um dos Ministérios Públicos Estaduais ou do Distrito Federal.

A LEI ainda confere ao Ministério Público legitimação ativa para buscar, judicialmente, as sanções que deveriam ter sido pleiteadas na esfera administrativa (previstas no art. 6º), mas que não foram:

> Art. 20. Nas ações ajuizadas pelo Ministério Público, poderão ser aplicadas as sanções previstas no art. 6º, sem prejuízo

daquelas previstas neste Capítulo, desde que constatada a omissão das autoridades competentes para promover a responsabilização administrativa.

Como vimos acima, os artigos 26, 27 e seu parágrafo único do DECRETO explicitam quais são os órgãos de **representação judicial** que representam os sujeitos ativos:

1. **Procuradoria-Geral da União – para atos lesivos à Administração Pública Federal direta;**
2. **Procuradoria-Geral da Fazenda Nacional – para a cobrança da multa administrativa aplicada no PAR;**
3. **Procuradoria-Geral Federal – para atos lesivos às autarquias e fundações públicas federais**, respeitada a competência da Procuradoria-Geral do Banco Central.

A respeito do último nomeado – Procuradoria-Geral Federal – alguns esclarecimentos são necessários. Trata-se de órgão vinculado à Advocacia-Geral da União (v. Lei Complementar nº 73, de 10 de fevereiro de 1993, instituiu a Lei Orgânica da Advocacia-Geral da União) e criado pela Lei nº 10.480, de 2 de julho de 2002, a quem compete exercer a representação judicial e extrajudicial, a consultoria e assessoramento jurídico a mais de uma centena e meia de autarquias e fundações federais. As que não se incluem nesse rol são representadas judicial e extrajudicialmente pelos seus respectivos órgãos jurídicos nos termos do art. 17 daquela Lei Complementar.

Assim, o Banco Central, por exemplo, cuida da política monetária e do Sistema Financeiro Nacional (arts. 164 e 192 da CF). Atos lesivos que atinjam o Banco Central terão na sua Procuradoria-Geral o ente legitimado para a respectiva medida judicial.

As **Procuradorias Estaduais, Municipais e do Distrito Federal e territórios** *representam* os Estados-Membros, os Municípios e o Distrito Federal e territórios em juízo, caso os atos lesivos sejam praticados em detrimento desses entes federativos.[127]

O art. 26 do DECRETO, a seu turno, enumera as medidas judiciais, que podem ser pleiteadas no Brasil e no exterior:

1. Cobrança da multa administrativa aplicada no PAR;
2. Promoção da publicação extraordinária;
3. Persecução das sanções referidas nos incisos I a IV do *caput* do art. 19 da Lei nº 12.846, de 2013;[128]
4. Reparação integral dos danos e prejuízos;
5. Atuação judicial para a finalidade de instrução ou garantia do processo judicial;
6. Preservação do acordo de leniência.

Como se sabe, a legitimação para agir – uma das condições da ação – envolve tanto a legitimação *ativa* como a *passiva*: estarão legitimados ativamente, no caso, a União, os Estados, o Distrito Federal, os Municípios, que serão *representados* em juízo nos termos acima expostos e o Ministério Público.

---

[127] Esses entes federativos poderão atribuir representação judicial às procuradorias das autarquias e fundações.

[128] LEI: Art. 19. Em razão da prática de atos previstos no art. 5º desta Lei, a União, os Estados, o Distrito Federal e os Municípios, por meio das respectivas Advocacias Públicas ou órgãos de representação judicial, ou equivalentes, e o Ministério Público, poderão ajuizar ação com vistas à aplicação das seguintes sanções às pessoas jurídicas infratoras: I – perdimento dos bens, direitos ou valores que representem vantagem ou proveito direta ou indiretamente obtidos da infração, ressalvado o direito do lesado ou de terceiro de boa-fé; II – suspensão ou interdição parcial de suas atividades; III – dissolução compulsória da pessoa jurídica; IV – proibição de receber incentivos, subsídios, subvenções, doações ou empréstimos de órgãos ou entidades públicas e de instituições financeiras públicas ou controladas pelo poder público, pelo prazo mínimo de 1 (um) e máximo de 5 (cinco) anos.

Mas, não basta a legitimação ativa – a legitimação para agir somente se fará presente se a ação for ajuizada em face daquele que estiver legitimado passivamente para respondê-la: no caso, a pessoa jurídica infratora ou as pessoas jurídicas infratoras, consoante se apurar (no processo administrativo, expediente investigatório ou em inquérito civil), pois os provimentos jurisdicionais demandados pelo autor se destinam a produzir efeitos jurídicos no patrimônio jurídico destas últimas.

Pode haver *litisconsórcio ativo* para a ação – como prevê o art. 5º, § 5º, da Lei nº 7.347/85:

> Art. 5º Têm legitimidade para propor a ação principal e a ação cautelar: [...]
>
> § 5º Admitir-se-á o litisconsórcio facultativo entre os Ministérios Públicos da União, do Distrito Federal e dos Estados na defesa dos interesses e direitos de que cuida esta lei.

Porém, não poderá haver litisconsórcio entre os demais entes e seus representantes, legitimados ativamente, em razão das esferas jurisdicionais em que atuam e as representações específicas que ostentam – a exceção foi aberta apenas para o Ministério Público, dado que goza ele do *princípio da unidade.*

Caso haja mais de uma pessoa jurídica envolvida na prática do ato lesivo à Administração Pública, deverão elas constituir um litisconsórcio passivo necessário não unitário ou simples: necessário por disposição de lei (o art. 19 da Lei nº 12.846/13 fala em *pessoas jurídicas infratoras*) – mas não unitário, porque sempre haverá a possibilidade de condenação de apenas uma ou algumas delas.

Como se sabe o litisconsórcio necessário e o litisconsórcio unitário estão previstos no art. 114 do Código de Processo Civil.[129] A doutrina

---

[129] O CPC cuida da matéria no art. 114: "O litisconsórcio será necessário por disposição de lei ou quando, pela natureza da relação jurídica controvertida, a eficácia da sentença depender da citação de todos que devam ser litisconsortes".

esclarece que dois são os casos de litisconsórcio necessário – isto é, aquele que exige a presença de vários sujeitos num dos polos da relação jurídica processual:

a) quando assim determina a lei; e

b) quando se trata de litisconsórcio unitário passivo – ou seja, naqueles casos em que o juiz tem que decidir a lide de modo uniforme para todas as partes.[130]

No caso da Lei nº 12.846/13, o litisconsórcio **é necessário por disposição de lei**, uma vez que, como ficou consignado acima, esse diploma legal, em seu art. 19, refere-se "às pessoas jurídicas infratoras" – o legislador achou necessária a presença de todas elas na mesma relação jurídica processual, até mesmo por um princípio de economia processual e uniformização de julgado, conquanto a sentença possa ser diferente para cada uma delas.

Por fim, entendemos que as pessoas físicas que respondem, como vimos, por culpa subjetiva, *não podem estar na mesma ação*, como partes passivas, eis que as sanções da Lei nº 12.846/13 não se aplicam a elas: tanto as administrativas como as judiciais (artigos 6º, *caput*, e 19).

A relação jurídica decorrente da participação de pessoa natural (sob qualquer forma) na prática do ato lesivo à Administração Pública nasce apenas entre ela e a empresa à qual será imputado o ilícito de

---

[130] Não há litisconsórcio necessário ativo porque, no nosso ordenamento jurídico, não há regra que obrigue alguém a demandar – e pelo princípio da legalidade, ninguém pode ser obrigado a fazer alguma coisa senão por determinação legal. O litisconsórcio é unitário quando as posições jurídicas das pessoas que participam da relação jurídica que está sendo debatida em juízo precisam se manter uniformes, porque a posição jurídica de uma delas depende da posição jurídica da outra: a ação de nulidade de casamento não pode ser julgada procedente para uma das partes e improcedente para a outra, pois a condição de "marido" (posição jurídica) depende da outra parte ser sua "mulher" – ou ambos estão casados ou não. Para a matéria, cf. DAL POZZO. *Teoria geral de direito processual civil*, p. 379 *et seq.*

forma objetiva e diz respeito a questões de natureza privada entre elas, conquanto a pessoa física que pratique o ato lesivo à Administração Pública possa ser responsabilizada no âmbito penal.

Tudo quanto a pessoa física praticou em detrimento da Administração Pública é de responsabilidade da pessoa jurídica, a quem serão impostas as sanções cabíveis, inclusive o ressarcimento ao erário.

8.3.2 Da petição inicial

A petição inicial deverá ser formulada com atenção aos requisitos do art. 319 do Código de Processo Civil merecendo destaque especial dois dos elementos da ação – o pedido e a causa de pedir.

8.3.2.1 Dos pedidos em ação judicial e da causa de pedir em geral

Quanto aos pedidos, há duas possibilidades abertas pela LEI: *(i)* no campo jurisdicional, *somente* o Ministério Público pode formular pedidos que não foram feitos na seara administrativa (do art. 6°, I e II, da LEI) e tem atribuição *concorrente* quanto àqueles que são próprios da esfera judicial (art. 19); *(ii)* os demais entes legitimados, por seus representantes legais *somente* podem ajuizar ação por atos lesivos à Administração Pública pleiteando as medidas que constam do art. 19:

> Art. 19. Em razão da prática de atos previstos no art. 5° desta Lei, a União, os Estados, o Distrito Federal e os Municípios, por meio das respectivas Advocacias Públicas ou órgãos de representação judicial, ou equivalentes, e o Ministério Público, poderão ajuizar ação com vistas à aplicação das seguintes sanções às pessoas jurídicas infratoras:
>
> I – perdimento dos bens, direitos ou valores que representem vantagem ou proveito direta ou indiretamente obtidos da infração, ressalvado o direito do lesado ou de terceiro de boa-fé;
>
> II – suspensão ou interdição parcial de suas atividades;
>
> III – dissolução compulsória da pessoa jurídica;

> IV – proibição de receber incentivos, subsídios, subvenções, doações ou empréstimos de órgãos ou entidades públicas e de instituições financeiras públicas ou controladas pelo poder público, pelo prazo mínimo de 1 (um) e máximo de 5 (cinco) anos.

No que diz respeito à *causa petendi*, a exigência de sua exposição, que segundo nosso ordenamento jurídico processual se compõe dos "fatos e fundamentos jurídicos do pedido" (art. 319, III, do Código de Processo Civil) tem por fundamento duas razões básicas, ambas igualmente importantes:

a) para a identificação das ações e tornar possível o reconhecimento, conforme o caso, de litispendência, continência, conexão ou coisa julgada (art. 377, §§ 1º, 2º, 3º e 4º, do CPC);

b) para ensejar o exercício do direito constitucional da ampla defesa (art. 5º, LV, da Constituição Federal).[131]

No nosso sistema, não se admite a repropositura da mesma ação que já foi julgada definitivamente – e para se considerar duas ações iguais é preciso haver identidade de causa de pedir, identidade das partes e identidade de pedido (art. 337, § 2º, do Código de Processo Civil).

De outro lado, se aquele que demanda em juízo não expõe as razões de sua pretensão, isto é, não descreve os fatos constitutivos de seu direito, a outra parte não tem como se defender. Não basta pedir a condenação: é preciso dizer o porquê desse pedido, em que fatos se apoia o direito de pedi-lo, isto é, quais os fatos geradores do direito exposto pelo autor.

Nosso sistema processual adotou, a respeito da causa de pedir, a teoria da substanciação, segundo a qual cabe ao autor expor os *fatos geradores* de seu direito e a *natureza do direito* exposto em juízo – e por

---

[131] Há outras implicações, como, por exemplo, a conexão pela causa de pedir (CPC: art. 55), que tem relevância para certas alterações de competência (CPC: art. 54) e na constituição de litisconsórcio facultativo (CPC: art. 113, II). As matérias citadas no texto são das mais importantes.

tudo isso é que se deve entender a expressão da lei "os fatos e os fundamentos jurídicos do pedido".[132]

8.3.2.1.1 Da causa de pedir – Requisitos constantes (genéricos)

No caso de ação com fundamento na Lei nº 12.846/13, ação por atos lesivos à Administração Pública, cabe ao autor, em sua petição inicial, *sempre* deduzir em sua causa de pedir os fatos a seguir discriminados, que serão denominados neste texto de *requisitos constantes e genéricos*, quais sejam, a descrição:

a) pormenorizada da conduta da pessoa natural, que deve se subsumir num dos atos lesivos à Administração Pública, que são típicos e estão previstos no art. 5º e incisos da Lei nº 12.846/13;
b) do nexo etiológico entre a conduta dessa pessoa e o ato lesivo à Administração Pública, seja este uma mera atividade ou produza um resultado diverso do agir;
c) de quais são os fatos que evidenciam a relação jurídica entre a pessoa física que praticou o ato lesivo à Administração Pública e a empresa ré, ou a relação habitual para que aquela pessoa física aja em seu nome, sem vínculo explícito.

Conquanto o legitimado passivamente seja uma pessoa jurídica, o ato lesivo à Administração Pública sempre terá sido praticado por uma pessoa física ou natural – e a descrição detalhada de sua conduta é que deve figurar na *causa petendi*.

---

[132] Os fatos são mais importantes e consistem, como se disse no texto, naqueles que geram o direito deduzido em juízo: se eu peço uma indenização, preciso dizer por qual razão – um acidente, por exemplo – e descrevê-lo minuciosamente, bem assim as suas consequências (que serão consubstanciadas no pedido). Já o fundamento jurídico do pedido não é a norma legal em que me apoio, mas a natureza do direito que deduzo em juízo – no caso exemplificado, meu direito de ver cumprida uma obrigação gerada por ato ilícito. Todavia, em certas circunstâncias, o juiz pode alterar o fundamento jurídico do pedido do autor (*iura novit curia*). Para maiores informações, cf. DAL POZZO. *Teoria geral de direito processual civil*, p. 195-204.

No que se refere ao último item ("c"), recorde-se: é preciso considerar não apenas aqueles que representam a pessoa jurídica segundo seus estatutos ou contratos sociais ou aqueles que estão formalmente vinculados a ela por qualquer espécie de relação jurídica documentalmente comprovável (carteira profissional, contrato etc.), mas também aqueles que, informalmente, agem pela empresa, segundo seus usos e costumes comerciais.[133]

8.3.2.1.2 Da causa de pedir – Pedido de aplicação de multa (somente pelo Ministério Público)

Para que esteja presente a causa de pedir, bastam os requisitos constantes (genéricos) vistos acima.

Somente o Ministério Público pode, no **âmbito judicial**, formular o *pedido de pagamento de multa,* prevista no art. 6º, I, da LEI (consoante seu art. 20), de acordo com os parâmetros estabelecidos pelo DECRETO, a partir de seu art. 17.[134]

8.3.2.1.3 Causa de pedir e pedido de publicação extraordinária da decisão condenatória (somente pelo Ministério Público)

A causa de pedir deverá conter os requisitos constantes (genéricos).

Apenas o Ministério Público, na esfera jurisdicional, pode pedir a publicação extraordinária da decisão condenatória, prevista no art. 6º, II, da LEI, consoante seu art. 20.

Após a prolação da sentença judicial, será pedido o seu cumprimento, observado o disposto no art. 24 do DECRETO.[135]

---

[133] Na prática, há lobistas que não estão formalmente ligados às empresas, mas cuidam de seus assuntos perante servidores e autoridades públicas. Geralmente o mercado sabe identificá-los.

[134] A matéria foi tratada acima, quando se cuidou da multa no processo administrativo.

[135] Matéria vista quando do processo administrativo.

8.3.2.1.4 Causa de pedir e perdimento de bens (LEI – art. 19, I)

A sanção prevista no inciso I do art. 19 é a seguinte:

> Art. 19. [...]
>
> I – perdimento dos bens, direitos ou valores que representem vantagem ou proveito direta ou indiretamente obtidos da infração, ressalvado o direito do lesado ou de terceiro de boa-fé.

Em primeiro lugar, cumpre observar que, se os bens, direitos ou valores que consubstanciam vantagens econômicas ou financeiras obtidas direta ou indiretamente pela prática do ato lesivo à Administração Pública o foram em *prejuízo do erário*, o pedido correto a ser formulado pelo autor é o de *ressarcimento* da Fazenda Pública (art. 6º, § 3º – matéria examinada logo mais).

A hipótese do inciso I é diversa desta e está sob exame.

O inciso transcrito somente pode ter aplicação, portanto, quando as vantagens ou proveito decorram do ato lesivo à Administração Pública, mas não em prejuízo do erário – a concessão de uma rodovia, conseguida mediante combinação entre as empresas participantes da licitação, por exemplo, gera lucros provenientes da cobrança de pedágio que não constituem dano ao erário, pois foram pessoas particulares que efetuaram os pagamentos. Neste caso, os valores e bens que advieram desse ato ilícito serão objeto da ação de perdimento.

Porém, se o ajuste ilegal fez com que o poder concedente recebesse menor valor de outorga do que seria possível em livre concorrência, há dano ao erário.

O perdimento de bens é matéria prevista no art. 5º, inciso XLV, da Constituição Federal, *verbis*:

> Art. 5º [...]
>
> XLV – nenhuma pena passará da pessoa do condenado, podendo a obrigação de reparar o dano e a decretação do perdimento de

bens ser, nos termos da lei, estendidas aos sucessores e contra eles executadas, até o limite do valor do patrimônio transferido.

Como assinala José Afonso da Silva, comparando o texto atual com aquele da Constituição Federal de 1969 (art. 153, § 11): "Agora o texto é mais aberto; permite à lei cogitar de todas as figuras de perdimento de bens havidos de forma ilícita. A decretação efetiva-se por decisão judicial".[136]

O perdimento será em favor do erário, mas a norma declara que será "ressalvado o direito do lesado ou de terceiro de boa-fé", isto é, a perda dos bens não exime a empresa autora do ato lesivo, de ressarcir os prejuízos experimentados por outras pessoas privadas ou públicas lesadas ou terceiros de boa-fé.

Portanto, pode haver cumulação de ações – uma visando ao perdimento de bens, e outra, com o escopo de ressarcimento ao erário.

A causa de pedir deve conter os elementos constantes ou genéricos, mas ainda demonstrar quais são os bens, direitos ou valores obtidos, de forma direta ou indireta, com o ato lesivo à Administração Pública.

Todavia, a reparação entre pessoas jurídicas, ou entre estas e pessoas físicas serão ajuizadas em separado, sendo outra a causa de pedir e a legitimação para agir.

8.3.2.1.5 Causa de pedir e pedido de reparação integral do dano (ressarcimento ao erário – LEI, art. 6º, § 3º)

Tema quiçá mais complexo a respeito da causa de pedir é o que decorre do pedido de reparação integral do dano causado.

Os elementos constantes ou genéricos devem ser expostos na causa de pedir.

---

136 SILVA. *Comentário contextual à Constituição*, p. 144.

Todavia, há neste caso certas especificidades que merecem atenção. O art. 6º da LEI prevê as sanções administrativas (multa e publicação extraordinária da decisão condenatória do PAR) e seu § 3º assim dispõe:

> § 3º A aplicação das sanções previstas neste artigo não exclui, em qualquer hipótese, a obrigação da **reparação integral do dano causado**.

Em primeiro lugar, para que se possa cogitar de dano é preciso que o ato lesivo à Administração Pública tenha provocado um prejuízo *efetivo* ao erário: como o ilícito não pode envolver servidor público, pois nesse caso estaríamos na seara da Lei de Improbidade Administrativa, é necessário que a manobra da pessoa jurídica ou das pessoas jurídicas se realize apenas entre os particulares, como, por exemplo, o *conluio* para direcionamento de uma licitação e obtenção de preço acima do mercado.

Descoberto o conluio, mesmo que não haja superfaturamento, é possível que tenha ocorrido o dano ao erário, pois em uma licitação livre, sem esse direcionamento, poderia ter aparecido uma proposta mais vantajosa para a Administração Pública, que é um dos objetivos do certame. Todavia, essa é uma mera *possibilidade* – cabe ao autor provar que o preço contratado na licitação fraudada é superior ao de mercado, saibam ou não da circunstância os pseudocompetidores: essa diferença entre o preço de mercado e o preço pago e o *lucro* do vencedor são os danos sofridos pela Fazenda Pública. Também haverá dano ao erário em caso de inexecução correta do contrato ou de percebimento de valores não executados.

Todavia, estamos ao lado da jurisprudência de nossos tribunais superiores e daqueles que entendem que, nesse caso, o dano ao erário **não** corresponde a tudo quanto foi pago à empresa, a qual ilicitamente venceu a licitação, ainda que ela própria tenha dado azo à ilicitude.[137]

[137] Ainda há ações por ato de improbidade administrativa em que o Ministério Público pretende reaver da empresa acusada de sua prática, tudo quanto recebeu dos cofres públicos. Mas, nesse caso, sem dúvida há enriquecimento ilícito por parte da Fazenda Pública.

Essa teoria da *presunção do prejuízo* é um resquício das concepções absolutistas segundo as quais o Estado sempre seria absolutamente irresponsável. Trata-se de reminiscência autoritária que vem sendo afastada pela grande maioria dos doutrinadores e pela nossa jurisprudência.

Discorrendo longamente sobre esse tema, Marçal Justen Filho, em sua festejada obra *Comentários à Lei de Licitações e Contratos Administrativos*, aponta as premissas que conduzem à correta exegese do art. 59 e seu parágrafo único da Lei nº 8.666/93:

> Art. 59. A declaração de nulidade do contrato administrativo opera retroativamente impedindo os efeitos jurídicos que ele, ordinariamente, deveria produzir, além de desconstituir os já produzidos.
>
> Parágrafo único. A nulidade não exonera a Administração do dever de indenizar o contratado pelo que este houver executado até a data em que ela for declarada e por outros prejuízos regularmente comprovados, contanto que não lhe seja imputável, promovendo-se a responsabilidade de quem lhe deu causa.

Seguindo o pensamento do ilustre jurista citado, nos seus principais pontos, temos que, em primeiro lugar, "a temática da invalidação do ato administrativo no Brasil vinha sendo submetida a enfoque formalista que se tornou incompatível com os princípios consagrados na Constituição de 1988. A doutrina costumava repetir lições hauridas no passado e traduzem concepções autoritárias do Estado, sem vínculo com o Estado Democrático de Direito albergado presentemente".[138]

Quando, em linhas anteriores se expôs a teoria da responsabilidade objetiva, pudemos verificar que a própria responsabilização do Estado ocorreu somente depois da queda do absolutismo e foi progressivamente

[138] JUSTEN FILHO. *Comentários à Lei de Licitações e Contratos Administrativos*, p. 849. O autor ainda cita autores nacionais e estrangeiros a respeito do tema, todos unânimes em defender a responsabilização estatal. Dentre os princípios a que se refere o autor poderíamos lembrar o da segurança jurídica, da confiança legítima e do não enriquecimento sem causa.

ampliada à medida que se impunha o Estado de Direito, ao lado da crescente ampliação da atuação estatal, que se espraiou pelos mais diversos campos de atividade. O Estado foi cada vez mais se sujeitando ao império da lei.

No Brasil, hodiernamente, o art. 37, § 6º, da Constituição Federal e o art. 43 do Código Civil consagram de modo expresso a responsabilidade objetiva do Estado.

Marçal Justen Filho, ao analisar os efeitos da invalidação do ato administrativo, começa por assinalar que, se a invalidação for aplicada em seus extremos, ela importa em repor *tudo* ao estado anterior – ou seja, se do ato invalidado, por exemplo, decorreram situações fáticas, estas deveriam também ser desfeitas.

Com a palavra o autor:

> Um exemplo permite compreender facilmente o raciocínio. Suponha-se um contrato administrativo nulo, em que o efeito resida no ato da instauração da licitação. Reconhecido o defeito e pronunciada a nulidade com efeito retroativo, ter-se-ia de reconstituir a situação fática anterior à contratação. Isto significa não apenas que o particular teria que restituir à Administração as prestações que houvesse recebido, mas que também a própria Administração teria de adotar idêntica conduta.

Ou seja, não seria cabível que a Administração incorporasse a seu patrimônio a prestação recebida do particular e se recusasse a produzir a remuneração correspondente, alegando nulidade. E, linhas depois, conclui: "A anulação contratual não pode gerar efeito equivalente aos do confisco.[139] [...] Tudo aquilo que não é lícito ao Estado obter diretamente também não é lícito ser obtido por via indireta – especialmente por um ato administrativo reputado inválido".[140]

---

[139] Recorde-se que a Constituição Federal veda o tributo com caráter confiscatório (art. 150, alínea "c", IV), mas admite o confisco em caso de tráfico de entorpecentes (art. 243, parágrafo único).

[140] JUSTEN FILHO. *Comentários à Lei de Licitações e Contratos Administrativos*, p. 851.

A proteção à propriedade privada (a expropriação deve ser realizada mediante prévia e justa indenização – art. 5º, XXIV, da Constituição Federal) é dogma constitucional (art. 170, II – não obstante deva ela cumprir sua função social – e art. 5º, XXIII, todos da Constituição Federal).

De outro lado, o Código Civil veda o enriquecimento sem causa (art. 884 *usque* 886) – e tal ocorreria se o Estado ficasse com a prestação do particular e recebesse a sua de volta. Como escreve Marçal Justen:

> Dito em outras palavras, eventual defeito ético na conduta do particular não pode ser invocado para a cristalização de situação ainda mais reprovável consistente em o Estado confiscar os seus bens. Mais precisamente, cabe impor ao particular as sanções correspondentes à sua conduta. Mas não está prevista, entre as sanções por ilícitos administrativos ou penais dessa ordem, o confisco de bens.[141]

Por fim, o autor citado ainda entende ser inconstitucional a restrição imposta no parágrafo único do art. 59, acima transcrito, pois se a indenização do particular for devida apenas até a data da declaração da nulidade, a reparação objetiva não seria completa, contrariando o art. 37, § 6º da Constituição Federal.[142]

A conclusão a que chegamos, pois, é esta: o autor deve demonstrar o prejuízo efetivo, real, concreto. Este poderá estar no preço acima daquele praticado no mercado, ou na inexecução contratual, ou no recebimento sem causa e, ainda, no lucro obtido.

Se não ocorreu a hipótese conhecida como *superfaturamento* e a nulidade ocorreu por ato lesivo à Administração Pública, praticado pelos envolvidos, o *lucro* obtido pelo particular foi indevido e representa

---

[141] JUSTEN FILHO. *Comentários à Lei de Licitações e Contratos Administrativos*, p. 858.

[142] JUSTEN FILHO. *Comentários à Lei de Licitações e Contratos Administrativos*, p. 859.

dano ao erário, pois não pode ele auferir vantagem econômica de um ato ilícito que praticou.[143]

Portanto, e em conclusão, o autor da ação tem que descrever a ocorrência do dano efetivo e esclarecer, de forma clara e unívoca, em que ele consistiu: superfaturamento (diferença entre o preço praticado e o de mercado), lucro da empresa, inexecução contratual e serviços pagos, eventuais prejuízos suportados etc.[144]

Ainda que não se possa quantificar, de imediato tais valores, eles têm que ser mencionados em seus elementos constitutivos básicos.

Em casos tais, o Código de Processo Civil permite a formulação de pedido genérico, no art. 324, II – "quando não for possível determinar, desde logo, as consequências do ato ou do fato".

Todavia, o *quantum debeatur* deve ser determinado por perícia a ser promovida no âmbito judicial.

A decretação de nulidade do contrato também pode ser pleiteada, caso em que o autor formulará também uma ação de conhecimento declaratória, cumulada com a de ressarcimento, que é condenatório-executiva.

Por fim, há que se recordar do art. 51 do DECRETO, que se refere à não interferência do PAR no processo administrativo de apuração de danos e prejuízos – e tal norma, por analogia, aplica-se em caso de processo judicial de reparação de danos e prejuízos ao erário:

> Art. 51. O processamento do PAR não interfere no seguimento regular dos processos administrativos específicos para apuração da ocorrência de danos e prejuízos à administração pública

---

[143] Todavia, fora dos casos da Lei nº 12.846/13, pode haver a nulidade da licitação por ação exclusiva do Poder Público – e, neste caso, o lucro é devido ao particular.

[144] O art. 26 do DECRETO menciona os prejuízos de forma expressa.

federal resultantes de ato lesivo cometido por pessoa jurídica, com ou sem a participação de agente público.

8.3.2.1.6 Causa de pedir e pedido de dissolução compulsória da pessoa jurídica (LEI, art. 19, III)

Além dos elementos constantes e genéricos estudados, o pedido de dissolução compulsória da pessoa jurídica infratora deve preencher um ou ambos os requisitos constantes do § 1º art. 19 da LEI:

> Art. 19. [...]
>
> § 1º A dissolução compulsória da pessoa jurídica será determinada quando comprovado:
>
> I – ter sido a personalidade jurídica utilizada de forma habitual para facilitar ou promover a prática de atos ilícitos; ou
>
> II – ter sido constituída para ocultar ou dissimular interesses ilícitos ou a identidade dos beneficiários dos atos praticados.

Na primeira hipótese (inciso I), a pessoa jurídica, a partir de certo ponto de sua existência, volta-se às atividades ilícitas, seja as promovendo ou facilitando sua realização, de maneira habitual.

O caráter de *habitualidade* é indispensável. A habitualidade não significa atividade exclusiva, única, mas costumeira, constante, frequente. A pessoa jurídica pode concomitantemente exercer atividades lícitas, mas precisa ser utilizada de forma repetitiva, para facilitar ou promover a prática de atos ilícitos para sua conduta se enquadrar no inciso I. Pode agir isoladamente ou em conluio com outras pessoas jurídicas ou físicas.

Esses elementos fáticos precisam de detalhada exposição na *causa petendi* dessa ação.

O inciso II descreve hipótese em que a pessoa jurídica, desde o ato de sua constituição, já estava voltada a ocultar ou dissimular interesses ilícitos ou a identidade dos beneficiários dos atos praticados. A habitualidade, destarte, estará *in re ipsa*.

Nessa segunda hipótese se enquadraria, *v.g.*, o caso dos denominados *laranjas*, ou seja, pessoas que emprestam sua identidade para a constituição de empresas que irão beneficiar pessoas físicas que não poderiam contratar com a Administração Pública.

A experiência forense revela, todavia, que muitas pessoas jurídicas são constituídas sem que seu titular saiba de seu envolvimento, pois seu nome foi indevida e sub-repticiamente utilizado por espertalhões, que passam a atuar no mercado, com a devida procuração em nome de terceiros, praticando os atos ilícitos, como os previstos no referido inciso II do art. 19. São as empresas *fantasmas*, como as denomina a mídia. Geralmente sua sede é um barraco na periferia, sem telefone, sem coisa alguma.

Portanto, além das circunstâncias genéricas e constantes, a causa de pedir terá que descrever fatos concretos que se enquadrem numa ou em ambas as hipóteses dos incisos I e II do art. 19 da LEI.

Trata-se de sanção muito grave, que deve ter todos os seus elementos constitutivos devidamente comprovados.

8.3.2.1.7 Causa de pedir e pedido de suspensão ou interdição parcial das atividades da pessoa jurídica infratora (LEI – art. 19, II)

No art. 19, inciso II da Lei nº 12.846/13, há a previsão de duas sanções – suspensão ou interdição parcial das atividades da empresa – que representam uma espécie de meio termo em face da dissolução compulsória da pessoa jurídica (inciso III), analisada no item anterior.

A **suspensão** abrange todas as atividades empresariais da pessoa jurídica infratora, ao passo que a **interdição parcial** alcança parte delas.

A LEI não oferece critério específico para uma ou outra penalidade – e caberá ao autor do pedido sopesar a gravidade e a extensão dos atos praticados. Pode ser que a empresa, *sem caráter de habitualidade*, tenha sido "utilizada para facilitar ou promover a prática de atos ilícitos" – caso em que descabe a dissolução, mas pode recomendar a interdição parcial das atividades (suponha-se uma filial) ou a suspensão de todas as atividades, pois são as únicas (e ilícitas atividades) que a pessoa jurídica exerce.

Como nas demais situações jurídicas examinadas, a causa de pedir conterá os elementos constantes e genéricos e os fatos que geram o pedido de suspensão ou interdição parcial.

8.3.2.1.8 Causa de pedir e ação cautelar

8.3.2.1.8.1 Matérias previstas expressamente na norma sob comentário

O art. 19, § 4º, prevê a possibilidade de pedido cautelar:

> Art. 19. [...]
>
> § 4º O Ministério Público ou a Advocacia Pública ou órgão de representação judicial, ou equivalente, do ente público poderá requerer a indisponibilidade de bens, direitos ou valores necessários à garantia do pagamento da multa ou da reparação integral do dano causado, conforme previsto no art. 7º, ressalvado o direito do terceiro de boa-fé.

Ao pedido cautelar (ou medida cautelar ou, ainda, na denominação do CPC, tutela cautelar de urgência) corresponde à ação cautelar, cujo objeto é diverso do objeto da ação principal, mas voltado a garantir que este seja frutuoso, uma vez obtido.

O ordenamento jurídico permite que a medida cautelar seja deferida pelo juiz *in limine litis* e até mesmo *inaudita altera parte*, o que se conclui pela possibilidade de sua concessão liminar (art. 300, § 2º) e dado o Poder Geral de Cautela do Judiciário (evidenciada pela norma do art. 301). No CPC revogado, a menção sobre concessão sem ouvir a parte contrária era expressa, no art. 804.[145]

Indispensável que o autor demonstre os dois requisitos básicos de toda ação cautelar: o *fumus boni iuris* e o *periculum in mora*.

Quando se tratar de ação cautelar cumulada com a ação principal (hipótese mais comum), a fumaça do bom direito estará deduzida na petição inicial em que o autor expõe a ação principal, quando sustenta a existência de seu *direito* à obtenção do provimento jurisdicional demandado.

Mas, se se cuidar de ação cautelar preparatória da ação principal, na petição inicial desta o autor deve expor, em sua causa de pedir, os principais fundamentos de fato e de direito de seu pedido, talvez sem a necessidade de aprofundamentos maiores, eis que para a ação cautelar basta, como o nome diz, a *fumaça* do bom direito, cuja existência real será verificada na ação principal.

Todavia, no que concerne ao *periculum in mora* – o perigo da demora – a argumentação e exposição do autor devem sempre ser completas, pois se cuida de matéria que não será sequer exposta na petição inicial da ação principal – sua sede exclusiva é a petição da ação cautelar.

A jurisprudência, no que diz respeito à indisponibilidade de bens por força da Lei de Improbidade Administrativa, não tem exigido que o autor demonstre que o réu estaria dilapidando ou se desfazendo de seu patrimônio – pondo assim em perigo a possibilidade de ressarcimento

---

[145] No CPC vigente, há alterações importantes no que concerne às ações cautelares, como já salientado alhures. Elas são chamadas de tutela de urgência cautelar. Todavia, substancialmente as questões permanecem as mesmas. O art. 300 continua a exigir o *fumus boni iuris* e o *periculum in mora*: Art. 300. A tutela de urgência será concedida quando houver elementos que evidenciem a probabilidade do direito e o perigo de dano ou o risco ao resultado útil do processo. § 1º Para a concessão da tutela de urgência, o juiz pode, conforme o caso, exigir caução real ou fidejussória idônea para ressarcir os danos que a outra parte possa vir a sofrer, podendo a caução ser dispensada se a parte economicamente hipossuficiente não puder oferecê-la. § 2º A tutela de urgência pode ser concedida **liminarmente** ou após justificação prévia. § 3º A tutela de urgência de natureza antecipada não será concedida quando houver perigo de irreversibilidade dos efeitos da decisão.

dos danos – para o deferimento da medida, o que nos parece um exagero a se evitar. Segundo esse entendimento, o bloqueio dos bens estaria autorizado, *tout court*, pelo art. 7º da Lei nº 8.429/92:

> Art. 7º Quando o ato de improbidade causar lesão ao patrimônio público ou ensejar enriquecimento ilícito, caberá a autoridade administrativa responsável pelo inquérito representar ao Ministério Público, para a indisponibilidade dos bens do indiciado.
>
> Parágrafo único. A indisponibilidade a que se refere o *caput* deste artigo recairá sobre bens que assegurem o integral ressarcimento do dano, ou sobre o acréscimo patrimonial resultante do enriquecimento ilícito.[146]

A matéria, no entanto, não é pacífica, havendo julgados em sentido contrário, isto é, entendendo que há necessidade de comprovação de atos que estejam dilapidando o patrimônio privado. Mas, esta corrente atualmente é minoritária.

Talvez tenha havido um momento em que se justificasse a ideia da desnecessidade dessa comprovação, porque a medida a ser tomada poderia demorar e ocorrer a destempo.

Esse temor, porém, já não mais existe. Em primeiro lugar, graças à mídia, a ação civil por ato de improbidade administrativa é algo que se tornou de conhecimento de todos, motivando até mesmo as recentes mobilizações populares pelas ruas mais movimentadas das maiores cidades do País.

Isso significa que, hoje em dia, ninguém adquire bens de pessoas cujos nomes foram veiculados pela imprensa (e disso ninguém escapa) ou sem pedir certidões aos cartórios dos distribuidores.

Numa palavra – a experiência profissional e cotidiana revela que nenhum réu de ação por ato de improbidade administrativa consegue (mesmo querendo) vender ou de qualquer maneira dispor de seus bens.

---

146 Tem-se admitido, com certa frequência, que a indisponibilidade alcance o valor da multa – sem norma especial que preveja a hipótese (não consta do parágrafo único do art. 7º da Lei de Improbidade Administrativa) e, pior, aceita-se a fixação arbitrária do autor antes mesmo de qualquer condenação. É o pensamento hoje dominante no STJ.

No que se refere ao dinheiro – que talvez seja mais "volátil", o bloqueio é instantâneo, pelos meios eletrônicos do BACEN. De outro lado, a cooperação internacional tornou quase impossível a abertura de contas no exterior ou *offshores* indevassáveis.

Assim sendo, a evolução de tais mecanismos, *data maxima venia*, tornou ultrapassada a concessão da medida cautelar sem a comprovação do *periculum in mora* – a menos que se queira dar-lhe a conotação de uma espécie de "castigo" antecipado.

Porém, assim como entendemos necessária a exposição do perigo da demora no campo da Lei de Improbidade Administrativa, achamos que essa exigência deve ser mantida quando se trata de medida cautelar em ação por ato lesivo à Administração Pública.

O valor do bloqueio, segundo a norma em exame, deverá ser suficiente para garantir o pagamento da multa ou da reparação integral do dano causado. Outra tormentosa questão diz respeito à indisponibilização, do total pleiteado, de cada um dos corréus. Ora, a indisponibilidade deve ser suficiente para a reparação do dano, ainda que recaia sobre bens de um ou alguns dos sujeitos passivos.

Como o § 3º do art. 6º afirma que é possível a cumulação de pedido de multa e de reparação do dano, vale lembrar aqui a ressalva feita quanto à estipulação da multa que, fixada entre dois extremos muito distantes, acaba se tornando inconstitucional, pois ela deixa de ser fixada pela lei, mas num primeiro momento, pelo mero alvitre do autor, e depois pela decisão do juiz.

8.3.2.1.8.2 Suspensão e interdição da atividade empresarial e medida cautelar

Como de pronto se constata, o legislador buscou efetuar uma graduação na sanção que interdita a empresa de praticar suas atividades:

(i) Interdição total, através de sua dissolução (art. 19, III);

(ii) Suspensão parcial; ou

(iii) Interdição parcial das atividades.

Tais sanções podem ser objeto de tutela de urgência cautelar, previsto no § 4º do art. 19 com fundamento no poder geral de cautela do juiz?[147]

Todavia, a resposta é negativa.

Ocorre que a tutela cautelar tem por objeto garantir que a ação principal alcance os resultados esperados – como o efetivo ressarcimento ao erário. Porém, essas interdições de direito não asseguram esse resultado frutífero – e, pois, o autor não fumaça do bom direito para pedi-las.

Nem mesmo se poderia cogitar de tutela da evidência (antiga antecipação da tutela) porque somente após o trânsito em julgado da decisão é que a sanção passa a ter efeito, por se tratar de interdição absoluta, ainda que parcial.

Assim, no âmbito da Lei de Improbidade, conquanto o seu art. 20 diga que a sentença que impõe a suspensão dos direitos políticos e a perda da função pública somente produz efeito após o seu trânsito em julgado, as outras duas interdições de direito previstas (proibição de contratar com o poder público e receber benefícios ou incentivos fiscais ou creditícios, direta ou indiretamente, ainda que por intermédio de pessoa jurídica da qual seja sócio majoritário, pelo prazo de dez anos) também passam a ter eficácia após o trânsito em julgado da decisão condenatória. Essa, a orientação do Superior Tribunal de Justiça.

Mutatis mutandis, no caso da Lei Anticorrupção os mesmos princípios são aplicáveis, descabendo o pedido liminar por falta de *fumus boni iuris* e pela impossibilidade jurídica de antecipação da tutela (tutela da urgência).

---

147 No âmbito das ações de improbidade, o Ministério Público costuma formular esse pedido em sede cautelar, pois a sanção está dentre as demais previstas no art. 11 da Lei 8.429/92.

8.3.2.2 Do pedido

8.3.2.2.1 Do pedido em geral

A doutrina costuma distinguir duas espécies de pedido – o pedido imediato: o tipo de tutela jurisdicional pleiteada pelo autor; e o pedido mediato: o bem da vida tutelado pelo direito e que se pretende obter pela via judicial. Esse bem pode ser alguma coisa material, imaterial ou um efeito jurídico e, inclusive, sanções a serem aplicadas àqueles que violam a paz e a harmonia social, mediante a prática de atos ilícitos.

Para que entre duas ações haja identidade de pedidos é preciso que ambos (o imediato e o mediato) sejam idênticos.

8.3.2.2.2 Das espécies de pedido

Dentre os tipos de pedido que a doutrina costuma apontar, para os efeitos de nossas indagações lembraríamos:

1. *Pedido principal* – aquele que representa o bem jurídico a final pretendido pelo autor. No caso da Lei nº 12.846/13, pode consistir em:

a) multa (na área judicial apenas pelo Ministério Público – art. 6º, I, da LEI);
b) publicação extraordinária de sentença (na área judicial apenas pelo Ministério Público – art. 6º, II, da LEI);
c) perdimento de bens (art. 19, I);
d) suspensão ou interdição parcial de atividades (art. 19, II);
e) dissolução compulsória da pessoa jurídica (art. 19, III);
f) proibição de receber incentivos, subsídios, subvenções, doações ou empréstimos de órgãos ou entidades públicas e de instituições financeiras públicas ou controladas pelo poder público, pelo prazo mínimo de um e máximo de cinco anos (art. 19, IV).

2. *Pedido cautelar* – quando estudamos a causa de pedir do pedido cautelar, abordamos as principais questões que ele suscita. Seu fundamento está no art. 19, § 4º, e tem por objeto a indisponibilidade de bens, direitos ou valores, o quanto baste para o pagamento da multa ou reparação do dano;

3. *Pedido genérico* – o Código de Processo Civil autoriza a formulação de pedido genérico nas hipóteses do art. 324.[148]

Como se vê, pelo inciso II do art. 324 será possível ao autor formular pedido genérico quando não lhe for possível determinar, desde logo, as consequências do ato ilícito, sendo que, nesse caso, a sentença tornará certo o *an debeatur* e será liquidada para a verificação do *quantum debeatur*:

> (LEI) – Art. 21. [...]
>
> Parágrafo único. A condenação torna certa a obrigação de reparar, integralmente, o dano causado pelo ilícito, cujo valor será apurado em posterior liquidação, se não constar expressamente da sentença.

Nada impede – mas tudo aconselha – que seja feita perícia, ou que, diante dos elementos de prova, o juiz possa determinar o valor efetivo da condenação, sempre com observância dos princípios do contraditório e da ampla defesa. Nesse caso, irá proferir uma sentença líquida.

8.3.2.2.3 Da cumulação de pedidos

A cumulação de pedidos numa mesma ação – ainda que entre eles não haja conexão – é permitida pelo art. 327 do Código de Processo

---

[148] Art. 324. O pedido deve ser determinado. § 1º É lícito, porém, formular pedido genérico: I – nas ações universais, se o autor não puder individuar os bens demandados; II – quando não for possível determinar, desde logo, as consequências do ato ou do fato; III – quando a determinação do objeto ou do valor da condenação depender de ato que deva ser praticado pelo réu.

Civil, desde que, dentre outros requisitos, entre eles não haja *incompatibilidade*, pressuposto este que no caso da Lei nº 12.846/13 pode trazer algum problema. Diz a norma citada:

> Art. 327. É lícita a cumulação, em um único processo, contra o mesmo réu, de vários pedidos, ainda que entre eles não haja conexão.
>
> § 1º São requisitos de admissibilidade da cumulação que:
>
> I – os pedidos sejam compatíveis entre si;
>
> II – seja competente para conhecer deles o mesmo juízo;
>
> III – seja adequado para todos os pedidos o tipo de procedimento.

A *compatibilidade* entre os pedidos significa a possibilidade de, em tese, todos eles serem passíveis de *acolhimento simultâneo* pelo órgão jurisdicional. Assim são incompatíveis os pedidos de nulidade de uma cláusula contratual e de validade do contrato por inteiro.

A razão dessa vedação é clara: o nosso sistema legal adotou o princípio da inércia da jurisdição, isto é, os órgãos jurisdicionais exercem sua atividade tão somente quando provocados. Esse princípio garante a imparcialidade do Poder Judiciário, que é o elemento constitutivo essencial para a sua legitimidade política perante os cidadãos.[149] Ele está presente no nosso Código de Processo Civil, logo no art. 2º:

> Art. 2º O processo começa por iniciativa da parte e se desenvolve por impulso oficial, salvo exceções previstas em lei. Mas, essa regra consagra também o princípio da inércia da jurisdição.

Ora, se os pedidos são incompatíveis, a opção por um deles *é ato pessoal do juiz*, tal como se o próprio magistrado formulasse o pedido.

---

[149] Os Magistrados são investidos nos cargos respectivos por concurso público (salvo para o chamado quinto constitucional) e com exceção dos Ministros do STF, escolhidos diretamente pelo Presidente da República e aprovados pelo Senado Federal. Assim, eles não detêm a representação popular que ostentam os Parlamentares e Chefes do Poder Executivo. Vale dizer: a legitimidade política destes advém do voto – são representantes do povo. Já a legitimidade política dos integrantes do Poder Judiciário advém de sua imparcialidade – a história é pródiga em exemplos de destituição de Magistrados parciais por revolta popular.

Essa escolha fere exatamente o princípio da inércia da jurisdição e seu correlato princípio da iniciativa da parte (CPC – art. 2º): o atendimento de um deles, ao livre talante do juiz em prejuízo do outro, seria o mesmo que a própria ação houvera sido promovida de ofício.

Para assegurar a imparcialidade do juiz, o princípio da inércia da jurisdição vem expresso no Código de Processo Civil através de normas que vedam a decisão além dos limites da demanda proposta (art. 141), o princípio da iniciativa da parte (art. 2º), já referido, e a proibição de prolação de sentença de natureza diversa da pedida, bem como condenar o réu em quantidade superior ou em objeto não postulado pelo autor (art. 492 – vedação de decisão *ultra* ou *extra petita partium*). Enfim *ne procedat iudex ex officio* – eis a regra.[150]

Todavia, há uma hipótese em que, aparentemente, a escolha por um dos pedidos feitos cabe ao juiz – mas, em verdade, mesmo nesse caso os princípios gerais expostos estão sendo observados, pois essa "escolha" é apenas aparente.

Estamos nos referindo, aqui, ao *pedido sucessivo*, admitido apenas e tão somente por amor ao princípio da economia processual.

Com efeito, há situações em que o mesmo fato gerador (a mesma causa de pedir) confere a alguém o direito de formular mais de um pedido, todos eles juridicamente protegidos – mas o acolhimento do segundo está condicionado à *impossibilidade fática* (**e não jurídica**) de atendimento do primeiro. Assim, há uma aparente opção feita pelo julgador – mas no fundo nem que ele quisesse atender ao pedido principal poderia fazê-lo, por uma impossibilidade *real, concreta*. Nada lhe resta,

[150] Além do art. 2º, que prevê a iniciativa da parte, o CPC contém as normas citadas: (i) Art. 141. O juiz decidirá o mérito nos limites propostos pelas partes, sendo-lhe vedado conhecer de questões não suscitadas a cujo respeito a lei exige iniciativa da parte. (ii) Art. 492. É vedado ao juiz proferir decisão de natureza diversa da pedida, bem como condenar a parte em quantidade superior ou em objeto diverso do que lhe foi demandado.

então, senão acolher o pedido sucessivo, que é feito com fundamento no princípio da economia processual – se não pudesse formulá-lo, o autor teria que começar tudo de novo e o pedido sucessivo seria posto como pedido principal dessa segunda demanda – com perda de tempo, dinheiro e energia. A norma que regula a matéria é a do art. 326 do Código de Processo Civil:

> Art. 326. É lícito formular mais de um pedido em ordem subsidiária, a fim de que o juiz conheça do posterior, quando não acolher o anterior. Parágrafo único. É lícito formular mais de um pedido, alternativamente, para que o juiz acolha um deles.

Essa orientação normativa – "em não podendo acolher o anterior" – está a se referir à uma circunstância, como dito, de ordem prática. Insista-se: neste caso, se o autor fosse obrigado a formular um único pedido – que depois restaria inexequível – estaria ele obrigado a ajuizar uma segunda ação para o pedido sucessivo, em flagrante violação ao princípio de economia processual. O exemplo clássico está no art. 500, *caput*, do Código Civil:

> Art. 500. Se, na venda de um imóvel, se estipular o preço por medida de extensão, ou se determinar a respectiva área, e esta não corresponder, em qualquer dos casos, às dimensões dadas, o comprador terá o direito de exigir o complemento da área, e, não sendo isso possível, o de reclamar a resolução do contrato ou abatimento proporcional ao preço.

Trata-se de aquisição de imóvel *ad mensuram*: não encontrando a área comprada, o adquirente pode ajuizar ação exigindo a sua complementação – mas, como é previsível que o vendedor talvez não disponha de área remanescente para tanto, a lei faculta ao comprador, nessa hipótese, optar entre: *(i)* a resolução do contrato ou *(ii)* o abatimento proporcional do preço.

Esses dois últimos pedidos, porém, não podem ser cumulados entre si, pois nesse caso a opção *seria do juiz*, com infringência aos princípios acima referidos. Na verdade, seriam mesmo pedidos incompatíveis entre si, porque, em tese, não podem ser acolhidos simultaneamente, visto que se excluem.[151]

Portanto, o pedido principal será a complementação da área e o pedido sucessivo será um destes: ou *(i)* a resilição contratual; ou *(ii)* o abatimento proporcional do preço.

No caso da Lei nº 12.846/13, há espécies de pedidos que se excluem:

a) suspensão *ou* interdição parcial de atividades (art. 19, II); ou

b) dissolução compulsória da pessoa jurídica (art. 19, III).

Como se vê, o autor da demanda terá que optar por uma dessas três alternativas: *(i)* suspensão parcial das atividades da empresa; ou *(ii)* interdição parcial das atividades da empresa; ou *(iii)* dissolução compulsória da pessoa jurídica.

Uma vez que o juiz não pode acolher esses pedidos simultaneamente, não cabe, aqui, falar-se em pedido sucessivo, uma vez que, do ponto de vista prático ou real, todos são viáveis e a opção, nesse caso,

---

[151] Infelizmente, o CPC traz a seguinte norma, de redação pouco feliz, no parágrafo único do art. 326: "É lícito formular mais de um pedido em ordem subsidiária, a fim de que o juiz conheça do posterior, quando não acolher o anterior. Parágrafo único. *É lícito formular mais de um pedido, alternativamente, para que o juiz acolha um deles*". A regra do parágrafo, se interpretada literalmente, fora do contexto das normas processuais e dos princípios gerais, *é flagrantemente inconstitucional*. Em verdade há que prevalecer a interpretação feita no texto, pois se o juiz puder optar por um dos pedidos feitos, haverá inquestionável violação ao princípio da inércia da jurisdição, que, a seu turno, é manifestação do princípio da isonomia.

seria do magistrado, com violação ao princípio da inércia da jurisdição e seus consectários lógicos.[152]

8.3.2.2.4 Dos pedidos em ação judicial

Se a ação for proposta pelo Ministério Público e caso não tenha havido processo administrativo para a imposição das sanções previstas no art. 6º, I e II, da Lei nº 12.846/13, estas poderão ser pleiteadas judicialmente e cumuladas com as sanções próprias para aplicação na esfera judicial e estabelecidas no art. 19, com as advertências a respeito da cumulação de ações feitas no item anterior.

8.4 DO AJUIZAMENTO DA AÇÃO À SENTENÇA – FASE DA DEFESA

O art. 21 da LEI determina que "Nas ações de responsabilização judicial, será adotado o rito previsto na Lei nº 7.347, de 24 de julho de 1985", isto é, o rito da Lei da Ação Civil Pública – LACP.

8.4.1 Foro competente

O art. 2º da LACP fixa o foro do local onde ocorre o dano – e assim, *mutatis mutandis*, o local onde se praticou atos lesivos à Administração Pública. O parágrafo único dessa norma, como já visto, torna prevento o juízo para outras ações conexas pelo pedido ou pela causa de pedir.

---

[152] Situação análoga encontramos com frequência nas ações por ato de improbidade administrativa: é comum o Ministério Público pedir a condenação do réu nas sanções dos três incisos do art. 12 da Lei de Improbidade Administrativa, que não são acumuláveis entre si. Há evidente transgressão ao princípio da inércia da jurisdição, pois cabe ao autor enquadrar a conduta do réu num dos três tipos de atos de improbidade administrativa e pedir apenas as sanções correspondentes.

8.4.2 Rito procedimental – visão geral

Com exceção de algumas poucas regras processuais encontradas na própria LACP, ao rito procedimental se aplica, subsidiariamente, o Código de Processo Civil (LEI – art. 19).

Algumas das principais regras processuais da LACP são as seguintes:

> Art. 5º [...]
>
> § 2º Fica facultado ao Poder Público e a outras associações legitimadas nos termos deste artigo habilitar-se como litisconsortes de qualquer das partes. [...]
>
> Art. 7º Se, no exercício de suas funções, os juízes e tribunais tiverem conhecimento de fatos que possam ensejar a propositura da ação civil, remeterão peças ao Ministério Público para as providências cabíveis. [...]
>
> Art. 14. O juiz poderá conferir efeito suspensivo aos recursos, para evitar dano irreparável à parte. [...]
>
> Art. 16. A sentença civil fará coisa julgada *erga omnes*, exceto se a ação for julgada improcedente por deficiência de provas, hipótese em que qualquer legitimado poderá intentar outra ação com idêntico fundamento, valendo-se de nova prova. [...]
>
> Art. 18. Nas ações de que trata esta Lei não haverá adiantamento de custas, emolumentos, honorários periciais e quaisquer outras despesas.

Observe-se, porém, que, com o advento do vigente CPC, suas regras é que serão aplicadas de forma subsidiária.

De qualquer forma, ao contrário do disposto na Lei de Improbidade Administrativa, a Lei nº 12.846/13 não prevê a fase da defesa prévia, de maneira que o sujeito passivo será *citado* para ofertar resposta desde logo – que deverá deduzir na sua contestação – art. 335 do Código de Processo Civil.[153]

A contestação poderá apresentar defesa quanto ao direito de ação ou aos pressupostos processuais (questões preliminares) e quanto ao mérito.

As duas primeiras matérias constituem questões preliminares: o sujeito passivo poderá alegar carência da ação por falta de legitimação (ativa ou passiva) para agir e a falta de interesse de agir (sob o aspecto da necessidade da jurisdição ou da adequação do provimento jurisdicional à situação deduzida em juízo), recordando que o acolhimento da questão preliminar encerra o processo sem julgamento de mérito, por indeferimento da inicial (CPC – art. 285).

Já a ausência dos pressupostos processuais poderá determinar o encerramento da relação jurídica processual, que não se instituiu validamente e nem pode convalidar-se, ou determinar providências judiciais para a correção, quando possível.[154]

A *defesa de mérito* pode ser direta ou indireta. Será direta quando o réu negar a ocorrência dos fatos geradores do direito alegado pelo autor e, indireta, quando estes são admitidos, mas são alegados fatos extintivos, impeditivos ou extintivos desse direito.

---

[153] A matéria está tratada no art. 335 do CPC. Não há mais a previsão das exceções interpostas em separado, como no regime anterior. Toda matéria será exposta na própria contestação, salvo casos de impedimento ou de suspeição, que serão objeto de petição específica – art. 148, § 1º.

[154] Os pressupostos processuais são: (1) subjetivos – (1.1) referentes às partes: (i) capacidade de ser parte; (ii) capacidade de estar em juízo; e (iii) capacidade postulatória; (1.2) referentes ao juiz: (i) investidura; (ii) competência; e (iii) imparcialidade; (2) objetivos: (i) regularidade formal dos atos processuais; e (ii) regularidade do rito procedimental. Cf. DAL POZZO. *Teoria geral de direito processual civil*, p. 231 *et seq.*

Se o réu não contestar a ação, produzem-se os efeitos da revelia – os fatos serão havidos como verdadeiros; porém, se a citação for ficta, ao réu será dado curador especial (CPC – art. 72) e a revelia não terá produzido esses efeitos.[155]

8.5 DO AJUIZAMENTO DA AÇÃO À SENTENÇA – FASE PROBATÓRIA

8.5.1 Das provas em geral

Não há nenhuma peculiaridade a ser sublinhada quanto à fase probatória – a não ser em relação às interceptações telefônicas, que têm sido comuns nesses casos, antes da instauração da ação e sobre as quais se tratará no tópico seguinte.

8.5.2 Das interceptações telefônicas

Pode ocorrer que o autor tenha juntado aos autos transcrições de interceptações telefônicas, autorizadas pelo Judiciário na *esfera penal*.

Essa prova *não cabe no juízo cível*, segundo buscamos demonstrar. Em primeiro lugar, o art. 5º, inciso XII, da Constituição Federal, estabelece a inviolabilidade do sigilo das comunicações telefônicas, sendo que a quebra desse sigilo depende de autorização judicial, que poderá ser concedida em casos excepcionais, para fins de investigação criminal ou instrução processual penal, *in verbis*:

> Art. 5º [...]
>
> XII – é inviolável o sigilo da correspondência e das comunicações telegráficas, de dados e das comunicações telefônicas, salvo,

155 CPC – Art. 72. O juiz nomeará curador especial ao: I – incapaz, se não tiver representante legal ou se os interesses deste colidirem com os daquele, enquanto durar a incapacidade; II – réu preso revel, bem como ao réu revel citado por edital ou com hora certa, enquanto não for constituído advogado. Parágrafo único. A curatela especial será exercida pela Defensoria Pública, nos termos da lei.

> no último caso, por ordem judicial, nas hipóteses e na forma que a lei estabelecer para *fins de investigação criminal ou instrução processual penal* (grifos nossos).

Não é demais lembrar, com base no magistério de Celso Ribeiro Bastos, que o reclamo pelo sigilo nas comunicações é antigo, sendo um dos alicerces sobre os quais a liberdade humana se materializa. Por outro lado, aponta o saudoso jurista:

> [...] os Estados autoritários têm forte atração por desrespeitar esse direito, na procura constante de possíveis opositores ao regime, ou mesmo na desarticulação de movimentos contra ele.[156]

Assim sendo, não se olvida de que o caráter absoluto e peremptório do dispositivo permita a existência de exceções, até porque não pode haver exercício absoluto de qualquer direito. Não obstante, é imperioso que se atente para os *limites* das exceções que se pretenda considerar, devendo-se adstringi-las ao estritamente permitido pela Constituição Federal. Com a palavra, novamente, o jurista Celso Bastos:

> As tentações [...] de fazer proliferar os casos excepcionais são muito grandes, sobretudo sob o fundamento da desvendação de crimes cuja apuração não só as autoridades como também os próprios particulares, à mingua de outros elementos probatórios, tentam fazer valer provas obtidas por meio da violação da correspondência, sobretudo por meio de gravações de conversas telefônicas.[157]

---

[156] Cf. BASTOS; MARTINS. *Comentários à Constituição do Brasil:* promulgada em 5 de outubro de 1988, v. 2, p. 81. A matéria aqui desenvolvida já foi apresentada em recursos judiciais, ainda não julgados definitivamente.

[157] Cf. BASTOS; MARTINS. *Comentários à Constituição do Brasil:* promulgada em 5 de outubro de 1988, v. 2, p. 81.

Ora, a análise da previsão constitucional em tela indica que a quebra de sigilo telefônico é *excepcionalmente* aceita quando houver ordem judicial, desde que feita nas hipóteses e na forma lei, *somente para o fim expresso de investigação criminal ou instrução processual penal*, como já frisado.

A exceção prevista na Carta Maior milita em favor do Direito Penal por razões facilmente compreensíveis. Em primeiro lugar, infere-se que a previsão constitucional da possibilidade de quebra do sigilo telefônico para fins de investigação criminal e de instrução processual penal está em consonância com o *princípio da verdade real*, que norteia o Direito Processual Penal, a fim de que a função punitiva do Estado seja dirigida àquele que tenha, realmente, cometido a infração imputada.[158] Segundo as lições do ilustre penalista Fernando da Costa Tourinho Filho:

> [...] o ordenamento confere ao Juiz penal, mais que ao Juiz não penal, poderes para coletar dados que lhe possibilitem, numa análise histórico-crítica, na medida do possível, restaurar aquele acontecimento pretérito que é o crime investigado, numa tarefa semelhante à do historiador.[159]

Em segundo – e aqui estamos trabalhando com a razão da adoção do princípio da verdade real – é a importância do bem jurídico tutelado – a *liberdade* do sujeito passivo.

Compreende-se que, no âmbito do Processo Civil, prevaleça o princípio oposto – o da verdade formal – dado que o ilícito civil é menos grave que o penal (a diferença entre ambos diz respeito apenas à gravidade, pois ontologicamente são atos ilícitos iguais).

---

[158] Nesse campo penal, ao contrário do cível, não ocorre, por exemplo, o já citado efeito da revelia.

[159] TOURINHO FILHO. *Manual de processo penal*, p. 58.

Dessa forma, a diferença de tratamento conferido pela Constituição Federal é plenamente justificada, e não cabe ao intérprete ou ao aplicador da lei, como é elementar, dilatar o sentido de norma de exceção.

Portanto, *in casu*, é patente a violação ao sigilo telefônico: numa espécie de reflexo colateral, as *interceptações telefônicas* colhidas no bojo de uma investigação criminal não podem ser *indevidamente* utilizadas *para fins de instrução processual civil*.[160]

Tal prática é, sem dúvida, indevida, e afronta garantia constitucional que representa um dos fundamentos do Estado Democrático de Direito. Vicente Greco Filho examina o ponto atinente ao mesmo empréstimo de provas e conclui:

> Poderia a prova obtida com a interceptação legalmente realizada para fins de investigação criminal servir em processo civil como prova emprestada?
>
> Cremos que não, porque, no caso, os parâmetros constitucionais são limitativos. A finalidade da interceptação, investigação criminal e instrução processual penal é, também, a finalidade da prova, e somente nessa sede pode ser utilizada.[161]

Nesse mesmo sentido, a posição do Ministro Nilson Naves, na oportunidade do julgamento do Mandado de Segurança nº 11.965:

> Se é inviolável o sigilo das comunicações telefônicas, salvo "nas hipóteses e na forma que a lei estabelecer para fins de investigação criminal ou instrução processual penal", ando, então, perguntando a mim mesmo se é lícita a utilização dos elementos resultantes da quebra de sigilo em feitos que não de ordem penal.

---

[160] Também é costume de o autor (Ministério Público) transcrever parcialmente as conversas, de modo que a interpretação de parte de um todo pode levar a ilações indevidas – as aparências enganam, como diz o velho ditado...

[161] GRECO FILHO. *Interceptação telefônica:* considerações sobre a Lei nº 9.296, de 24 de julho de 1996, p. 39.

> Isto é, se se pode emprestar – se é lícito ao penal emprestar – ao administrativo a prova lá colhida.
>
> Tenho comigo que isso *não é admissível*, porquanto creio não seja admissível se ampliem exceções, principalmente quando dizem respeito à liberdade humana. É do excelso Maximiliano o seguinte: "Estritamente se interpretam as disposições que restringem a liberdade humana" (STJ. MS nº 11.965/DF, 3ª Seção. Rel. Min. Paulo Medina. Rel. p/ acórdão Min. Arnaldo Esteves Lima. Julg. 08.08.2007. *DJ*, 18 out. 2007, grifos nossos).

De outro lado, sabe-se que ocorreram casos em que a utilização de prova colhida no bojo de investigação criminal na esfera cível foi admitida: são *situações excepcionais* – mas, todas elas, mediante a condição inafastável de se haver *pedido ao juízo criminal para o aproveitamento de provas decorrentes de escuta telefônica*, solicitação essa que deveria ter sido feita pelo órgão ministerial, diretamente ao juízo criminal, no âmbito do qual se deu a produção de tais provas. Veja-se:

> Prova emprestada. Necessidade. Autorização. Juiz criminal. *A interceptação telefônica como meio de prova necessita de expressa autorização do juízo criminal. Sua remessa e utilização em processo disciplinar devem ser autorizadas pelo juízo responsável pela preservação do sigilo de tal prova.* Ademais, necessário que se respeitem, ainda, os princípios do contraditório e da ampla defesa. Caso não observados esses requisitos serão nulos a sindicância e o processo administrativo disciplinar lastreado exclusivamente nas fitas degravadas das interceptações telefônicas. Precedentes citados do STF: RMS 24.956-DF, *DJ* 10.11.2005; do STJ: MS 9.212-DF, *DJ* 1º.6.2005, e MS 12.468-DF, *DJ* 14.11.2007[162] (STJ. RMS nº 16.429/SC, Rel. Min. Maria Thereza de Assis Moura. Julg. 03.06.2008. *DJe*, 23 jun. 2008, grifos nossos).

---

[162] O registro feito no texto apenas completa o trato da matéria – mas não aceitamos essas chamadas "situações excepcionais", pois se trata de conceito que pode abrigar qualquer hipótese, por se tratar de expressão por demais aberta e genérica.

Ainda sobre a matéria, há julgados relevantes considerando a necessidade de que a conversa telefônica reduzida a termo deva ser anexada *por inteiro na inicial* – ou seja, transcrição completa, e não apenas excertos, que impedem uma interpretação correta do contexto.

No julgamento proferido pela Colenda Segunda Turma do Egrégio Tribunal Regional Federal da 3ª Região, cujos efeitos certamente repercutirão nas ações eventualmente ajuizadas com o mesmo vício: ao apreciar o HC nº 0013056-27.2013.4.03.0000/SP, em *ação penal* proposta pelo Ministério Público perante a Justiça Estadual, a Ilustre Turma Julgadora entendeu por bem conceder parcialmente a ordem, determinando-se a realização da *transcrição integral das conversas telefônicas interceptadas*. É o que diz a ementa:

> Julgado Recurso/Ação – Decisão: "Prosseguindo no julgamento, após o voto-vista do Des. Fed. José Lunardelli e da retificação de voto do Des. Fed. Toru Yamamoto, foi proclamada a seguinte decisão: *a turma, por maioria, decidiu conceder parcialmente a ordem a fim de que seja realizada a transcrição integral das conversas mencionadas na denúncia pelo 'parquet'*, nos termos do voto divergente do Des. Fed. José Lunardelli, acompanhado, em retificação de voto, pelo Des. Fed. Toru Yamamoto, vencido o relator que denegava a ordem. Lavrará o acórdão o Des. Fed. José Lunardelli" (TRF3. HC nº 0013056-27.2013.4.03.0000/SP, 1ª Turma. Rel. Des. Federal José Lunardelli. Julg. 05.11.2013. *e-DJF3*, 28 nov. 2013, grifos nossos).

Como já foi dito, as escutas telefônicas nunca podem ser utilizadas no bojo de uma ação cível pela impossibilidade do aproveitamento desse meio de prova no âmbito cível, sob pena de violação expressa ao art. 5º, inciso XII, da Constituição Federal.

Se no âmbito criminal – hipótese na qual se admite, excepcionalmente, a quebra do sigilo das comunicações – exigiu-se a transcrição integral das conversas telefônicas interceptadas como vimos, em casos excepcionais, a mesma determinação deve ser imposta nas ações de natureza civil, sempre que elas forem admitidas.

8.6 DO AJUIZAMENTO DA AÇÃO À SENTENÇA – FASE DECISÓRIA

8.6.1 Das sentenças a serem proferidas na ação por ato lesivo à Administração Pública

As ações propostas com fundamento na prática de ato lesivo à Administração Pública são ações de conhecimento.

Todavia, como é possível ao autor cumular várias ações, o processo pode contar com várias espécies de ação de conhecimento (ação de conhecimento declaratória, ação de conhecimento condenatória[163] e ação de conhecimento constitutiva).

Além disso, há a possibilidade de ajuizamento de ação cautelar.

8.6.2 Sentenças declaratórias

A ação de conhecimento declaratória visa declarar judicialmente a autenticidade ou falsidade de um documento ou a existência ou inexistência de uma relação jurídica (CPC – art. 19).[164]

Estranhamente, a Lei nº 12.846/13 não previu expressamente o pedido de nulidade do ato administrativo que foi praticado de forma dolosa ou fraudulenta, ainda que não tenha ocorrido lesão ao erário – mas nada impede que tal formulação seja feita na inicial.

---

[163] Pela sistemática do CPC todas as ações condenatórias são de executividade imediata: são ações condenatórias executivas. Elas têm uma fase de conhecimento propriamente dita, que se encerra com a sentença condenatória, mas prossegue com o cumprimento dessa mesma sentença, que é uma fase executiva. No caso da Lei Anticorrupção, as sentenças são condenatórias executivas. V. *Teoria Geral de Direito Processual Civil*, da Editora Fórum.

[164] CPC: Art. 19. O interesse do autor pode limitar-se à declaração: I – da existência, da inexistência ou do modo de ser de uma relação jurídica; II – da autenticidade ou da falsidade de documento.

Ora, a ação que busca a nulidade pretende obter a declaração de inexistência de uma relação jurídica que "parecia" existir entre o particular e a Administração Pública, mas que, por ter sido instaurada de forma ilegal, em verdade não existe juridicamente – ela é nula.

8.6.3 Sentenças condenatórias de executividade imediata

Ao contrário da sentença declaratória, que contém apenas uma declaração da existência de um fato ou de uma relação jurídica,[165] a sentença condenatória executiva apresenta dois momentos: o declaratório e o condenatório.

No momento declaratório da sentença condenatória executiva, o juiz declara a existência de uma relação jurídica dentro da qual se situa o direito alegado pelo autor e sua violação: em se tratando de ação com fundamento em ato lesivo à Administração, nesta fase da decisão o magistrado declara a existência de uma relação jurídica entre o particular e a Administração Pública e a existência de relação jurídica entre o particular e a pessoa jurídica, sendo que, no âmbito da primeira, o particular violou o direito à não lesividade do Poder Público.

Já no momento condenatório da sentença condenatória executiva, o órgão jurisdicional reconhece a existência do direito alegado pelo autor, seu inadimplemento e a obrigação do réu, podendo lhe impor as seguintes sanções:

---

[165] Justamente por conter apenas uma declaração é que a ação também é chamada de ação *meramente* declaratória. A ação declaratória é fonte autônoma de um bem: a certeza jurídica. Tal certeza não se pode obter fora do processo, pois nenhuma declaração terá a mesma força que a sentença, que transita em julgado e se torna imutável. Cf. Chiovenda, "Istituzioni di Diritto Processuale Civile", Casa Editrice Dott. Eugenio Jovene, 1960, p. 41.

a) Perdimento dos bens, direitos ou valores que representem vantagem ou proveito direta ou indiretamente obtidos da infração, ressalvado o direito do lesado ou de terceiro de boa-fé (art. 19, I);

b) Ressarcimento ao erário (art. 6º, § 3º);

c) Multa, no valor de 0,1% a 20% do faturamento bruto do último exercício anterior ao da instauração do processo administrativo, excluídos os tributos, a qual nunca será inferior à vantagem auferida, quando for possível sua estimação (art. 6º, I);[166]

d) Publicação extraordinária da decisão condenatória (art. 6º, II).[167]

Por força do princípio da inércia da jurisdição, o juiz não poderá impor nenhuma dessas sanções sem que haja pedido expresso por parte do autor da ação, como determinam os artigos 490 e 492 do Código de Processo Civil.[168]

8.6.4 Sentenças constitutivas

As sentenças constitutivas têm dois momentos ou estágios em sua formulação.

No primeiro deles, de natureza declaratória, o juiz declara que o autor tem o direito de obter uma modificação jurídica que vai criar, modificar ou extinguir uma relação jurídica, ou, ainda, impedir que ela venha a existir no futuro, permanentemente ou temporariamente.

---

[166] Sobre cálculo da multa, v. art. 17 *usque* 23 do DECRETO.

[167] V. art. 24 do DECRETO.

[168] CPC, respectivamente: Art. 490. O juiz resolverá o mérito acolhendo ou rejeitando, no todo ou em parte, os pedidos formulados pelas partes. Art. 492. É vedado ao juiz proferir decisão de natureza diversa da pedida, bem como condenar a parte em quantidade superior ou em objeto diverso do que lhe foi demandado. Parágrafo único. A decisão deve ser certa, ainda que resolva relação jurídica condicional. Passada em julgado a sentença, cabe ao autor pedir, nos mesmos autos, o cumprimento da sentença, conforme dispõe o CPC art. 513 *usque* 538.

O segundo é de natureza constitutiva e nele o juiz torna efetivo o direito do autor, criando, modificando, extinguindo uma relação jurídica ou impedindo que ela venha a se constituir no futuro, de forma temporária ou definitiva.

Serão sentenças constitutivas as que impuserem ao réu:

(i) Suspensão ou interdição parcial de suas atividades (LEI – art. 19, II);

(ii) Dissolução compulsória da pessoa jurídica (LEI – art. 19, III); e

(iii) A proibição de receber incentivos, subsídios, subvenções, doações ou empréstimos de órgãos ou entidades públicas e de instituições financeiras públicas ou controladas pelo poder público, pelo prazo mínimo de 1 (um) e máximo de 5 (cinco) anos (art. 19, IV).[169]

No primeiro caso, a sentença constitutiva suspende total ou parcialmente o direito da empresa de exercer o livre comércio, o mesmo ocorrendo no terceiro caso. A suspensão ou interdição é um efeito que se produz de imediato; as proibições (art. 19, III) operam no futuro.

O segundo caso também tem efeito imediato, com o desfazimento das relações jurídicas societárias.

8.6.5 Sentenças cautelares[170]

Diz o § 4º do art. 19:

> Art. 19. [...]
>
> § 4º O Ministério Público ou a Advocacia Pública ou órgão de representação judicial, ou equivalente, do ente público poderá requerer a *indisponibilidade de bens, direitos ou valores necessários à garantia do pagamento da multa ou da reparação integral do dano causado, conforme previsto no art. 7º, ressalvado o direito do terceiro de boa-fé* (grifos nossos).

---

[169] Alteramos, assim, entendimento anterior, no sentido de que tinha natureza declaratória.

[170] A propósito da ação cautelar, v. acima, 8.3.2.1.8 "Causa de pedir e ação cautelar".

Trata-se de ação cautelar, que dará ensejo a uma sentença cautelar que contém o momento cautelar de formulação da medida cautelar – isto é, de acordo com a norma acima transcrita: *(i)* indisponibilidade de bens, *(ii)* direitos ou valores necessários à garantia do pagamento da multa ou da reparação integral do dano causado.

Para tanto, é preciso que o autor, como em todas as ações cautelares, demonstre o *fumus boni iuris* – isto é, a provável ocorrência do ato lesivo à Administração Pública e o *periculum in mora*, ou seja, que os réus estejam dilapidando o seu patrimônio.[171]

8.6.6 Requisitos especiais das sentenças segundo a Lei nº 12.846/13 – Dosimetria da pena

A Lei nº 12.846/13, ao cuidar da aplicação das sanções na esfera administrativa, determina que, além de justificar a aplicação das penas – e elas poderão ser aplicadas quer isolada, quer cumulativamente, desde que não se excluam (art. 6º, § 1º) – deve a autoridade se ater a um primeiro critério geral: "A gravidade e a natureza das infrações".

No entanto, logo no artigo seguinte, assim dispôs a LEI:

> Art. 7º Serão levados em consideração na aplicação das sanções:
>
> I – a gravidade da infração;
>
> II – a vantagem auferida ou pretendida pelo infrator;
>
> III – a consumação ou não da infração;

---

[171] Quando se trata de ação por ato de improbidade administrativa, a jurisprudência tem entendido que o *periculum in mora* está presumido no art. 7º: "Quando o ato de improbidade causar lesão ao patrimônio público ou ensejar enriquecimento ilícito, caberá a autoridade administrativa responsável pelo inquérito representar ao Ministério Público, para a indisponibilidade dos bens do indiciado. Parágrafo único. A indisponibilidade a que se refere o *caput* deste artigo recairá sobre bens que assegurem o integral ressarcimento do dano, ou sobre o acréscimo patrimonial resultante do enriquecimento ilícito". Todavia, nós nos colocamos frontalmente contra essa exegese, uma vez que a presunção de inocência há de prevalecer no Estado de Direito e a propriedade privada é um bem assegurado constitucionalmente. No caso da Lei nº 12.846/13, não havendo norma semelhante à da Lei de Improbidade Administrativa, a demonstração do *periculum in mora* se impõe definitivamente.

> IV – o grau de lesão ou perigo de lesão;
>
> V – o efeito negativo produzido pela infração;
>
> VI – a situação econômica do infrator;
>
> VII – a cooperação da pessoa jurídica para a apuração das infrações;
>
> VIII – a existência de mecanismos e procedimentos internos de integridade, auditoria e incentivo à denúncia de irregularidades e a aplicação efetiva de códigos de ética e de conduta no âmbito da pessoa jurídica;
>
> IX – valor dos contratos mantidos pela pessoa jurídica com o órgão ou entidade pública lesados.
>
> Parágrafo único. Os parâmetros de avaliação de mecanismos e procedimentos previstos no inciso VIII do *caput* serão estabelecidos em regulamento do Poder Executivo Federal.

Alguns desses critérios falam por si, mas outros merecem algumas considerações, conforme se passa a abordar.

De outra banda, a lei fala em "infrator": quem seria ele? A pessoa física que praticou o ato ilícito ou a pessoa jurídica ao qual é ele imputado com fundamento em responsabilidade objetiva?

Ora, como a norma cuida da imposição de sanções, as quais somente podem ser aplicadas às pessoas jurídicas, estas são "o infrator", na dicção da LEI.

8.6.6.1 A vantagem auferida ou pretendida pelo infrator

A vantagem auferida pode ser investigada e determinada, mas dificilmente poder-se-á determinar a vantagem "pretendida" pelo autor do ato lesivo à Administração Pública, a menos que por essa expressão se entenda o valor do ato administrativo que a empresa infratora buscava conseguir, desprezando-se, obviamente, a intenção da pessoa física que realizou o ato ilícito.

Mas, essa exegese não pode ser admitida, porque se trata de uma presunção sujeita a tamanhas vicissitudes, que a expressão econômica do ato pleiteado é absolutamente aleatória, possível, provável, mas não vantagem apurada em bases concretas. Haverá lugar para a insegurança jurídica, por esse caminho.

Deve-se evitar a todo custo o subjetivismo de quem ajuíza a ação e, principalmente, de quem a julga, pois, raciocínios desse jaez não se coadunam com o princípio da segurança jurídica.

A menos que se possa realmente quantificar qual era a vantagem efetivamente pretendida pela empresa infratora, melhor será considerar outros fatores, e não este, para evitar uma decisão passível de modificação pelas instâncias superiores.

8.6.6.2 O efeito negativo produzido pela infração

Qual seria o universo a ser considerado para efeito da repercussão negativa do ato lesivo à Administração Pública? Seria para a imagem do Poder em cujas entranhas ocorreu o fato? Ou a imagem do País no exterior? Na mídia? Eis aqui outro critério que acaba se apoiando num subjetivismo perigoso.

Nem se pode olvidar que, nos dias que correm, as chamadas operações levadas a efeito pela Polícia e pelo Ministério Público (que recebem até sugestivos nomes de batismo) provocam grande alarde, pois a imprensa, não raramente, é convidada para o flagrante. Cenas verdadeiramente desmoralizantes podem ser vistas, sem que houvesse a menor necessidade de sua transmissão. Não se coloca aqui contra o direito da imprensa de divulgar fatos e notícias – mas contra certos excessos que aviltam a dignidade humana, um dos valores que sustentam nosso Estado de Direito, especialmente naquelas hipóteses em que *não há o flagrante do delito*, mas tão somente o momento da prisão, cujo mérito ainda será objeto de longas discussões judiciais. Eis o que diz nossa Constituição Federal:

> Art. 1º A República Federativa do Brasil, formada pela união indissolúvel dos Estados e Municípios e do Distrito Federal, constitui-se em Estado Democrático de Direito e tem como fundamentos: [...]
>
> III – *a dignidade da pessoa humana* (grifos nossos).

O pior é que, se sobrevier a absolvição, o mal já estará definitivamente feito, pois não há como apagar as cenas do passado e nem como recuperar a dignidade das pessoas, pois elas foram apresentadas como já tendo sido julgadas e condenadas.

Por tais razões, entendemos que deve ser abandonado o caminho para o dano moral – mas buscar efeitos negativos consistentes especialmente na frustração de expectativas demonstráveis de natureza econômica ou financeira.

8.6.6.3 A situação econômica do infrator

Cuida-se de critério inconstitucional, que fere flagrantemente o princípio da igualdade de todos perante a lei. Uma coisa seria levar em conta a vantagem auferida pelo agente – outra, bem diversa, considerar sua condição econômica pessoal:

> Art. 5º Todos são iguais perante a lei, *sem distinção de qualquer natureza*, garantindo-se aos brasileiros e aos estrangeiros residentes no País a inviolabilidade do direito à vida, à liberdade, à igualdade, à segurança e à propriedade, nos termos seguintes: [...] (grifos nossos).

Na expressão "todos", estão incluídas as pessoas jurídicas, como é elementar.

Trata-se, realmente, de distinção altamente discriminatória e injusta, pois a pessoa jurídica de poucas posses pode causar – ou tentar causar – um mal à Administração muito mais pesado do ponto de vista econômico que outro, causado ou tentado por infrator bem maior e mais abastado.

8.6.6.4 A existência de mecanismos e procedimentos internos de integridade, auditoria e incentivo à denúncia de irregularidades e a aplicação efetiva de códigos de ética e de conduta no âmbito da pessoa jurídica

A Lei nº 12.846/13 buscou fazer com que as empresas criem mecanismos internos de fiscalização e de incentivo à denúncia de irregularidades, ou seja, que busquem descobrir desvios de conduta ética e, pois, incentivar também a elaboração ou o aperfeiçoamento de Códigos de Ética.

A respeito dessa matéria, remetemos o leitor para o Capítulo 7.

8.6.6.5 Valor dos contratos mantidos pela pessoa jurídica com o órgão ou entidade pública lesados

Também este critério nos parece *inconstitucional* por ferir o princípio da igualdade.

Ao dizer "contratos mantidos", a norma se refere aos contratos em vigor entre a pessoa jurídica ré e o órgão ou a entidade pública que foram os sujeitos passivos do ato lesivo à Administração Pública.

Ora, o fato de manter vários contratos obtidos *legalmente* não pode militar contra a pessoa jurídica ré – e nem seria justo levar essa circunstância a favor dela.

Trata-se de elemento indiferente para a pena e em tratamento desigual das pessoas jurídicas, sem fundamento lógico ou razoável.

8.7 DO AJUIZAMENTO DA AÇÃO À SENTENÇA: FASE RECURSAL - ESFERA ADMINISTRATIVA E JUDICIAL

8.7.1 Fase administrativa

A Lei nº 12.846/13 não cuida da fase recursal na esfera administrativa, pois esta estaria prejudicada em face do disposto no art. 8º, *caput*, que atribui a competência para a instauração e o julgamento do processo administrativo "à autoridade *máxima* de cada órgão ou entidades dos Poderes Executivo, Legislativo e Judiciário": o interessado não tem como propor o recurso hierárquico.

Todavia, o DECRETO criou um pedido de reconsideração, com efeito suspensivo, à própria autoridade sancionadora:

> Art. 11. Da decisão administrativa sancionadora cabe pedido de reconsideração com efeito suspensivo, no prazo de dez dias, contado da data de publicação da decisão.

> § 1º A pessoa jurídica contra a qual foram impostas sanções no PAR e que não apresentar pedido de reconsideração deverá cumpri-las no prazo de trinta dias, contado do fim do prazo para interposição do pedido de reconsideração.
>
> § 2º A autoridade julgadora terá o prazo de trinta dias para decidir sobre a matéria alegada no pedido de reconsideração e publicar nova decisão.
>
> § 3º Mantida a decisão administrativa sancionadora, será concedido à pessoa jurídica novo prazo de trinta dias para cumprimento das sanções que lhe foram impostas, contado da data de publicação da nova decisão.

8.7.2. Fase judicial

No âmbito judicial duas são as possibilidades iniciais: o agravo de instrumento em face de decisão interlocutória (como a que deferir medida liminar) e apelação da sentença que encerre o processo com ou sem julgamento de mérito.

Também serão agraváveis as decisões interlocutórias proferidas durante a tramitação do processo nos termos do art. 1.015 do CPC.[172]

Sempre será possível o pedido de antecipação da tutela recursal ou atribuição de efeito suspensivo, conforme o caso.

Após a prolação do acórdão, também há possibilidade de embargos de declaração (como, aliás, de qualquer decisão de primeiro grau) até mesmo com efeitos de pré-questionamento para recursos aos tribunais superiores.

---

[172] Não consideramos taxativas as hipóteses previstas nos incisos do art. 1.015 do CPC. Ao dizer "outros casos previstos em lei", a norma dá caráter exemplificativo às hipóteses que enumera. Pode ser que a intenção do legislador tenha sido outra, pois no sistema anterior não havia menção às hipóteses de cabimento. Todavia, a *mens legis* prevalece sobre a *mens legislatoris*.

Capítulo 9

DAS SANÇÕES – VISÃO GERAL

9.1 SANÇÕES ADMINISTRATIVAS – PREVISÃO LEGAL DAS PENALIDADES

Eis o teor do art. 6º da Lei nº 12.846/13:

> Art. 6º Na esfera administrativa, serão aplicadas às *pessoas jurídicas* consideradas responsáveis pelos atos lesivos previstos nesta Lei as seguintes sanções:
>
> I – *multa*, no valor de 0,1% (um décimo por cento) a 20% (vinte por cento) do faturamento bruto do último exercício anterior ao da instauração do processo administrativo, excluídos os tributos, a qual nunca será inferior à vantagem auferida, quando for possível sua estimação; e
>
> II – *publicação extraordinária da decisão condenatória* (grifos nossos).

Nos termos da LEI, portanto, duas são as sanções aplicáveis ao sujeito passivo na esfera do processo administrativo: a multa e a publicação extraordinária da decisão condenatória, a serem abordadas adiante.

9.1.1 Multa

Na Lei de Improbidade Administrativa, as multas têm os valores significativamente mais baixos que aqueles previstos na Lei nº 12.846/13. Esses são os valores constantes do art. 12 daquela lei:

a) até três vezes o acréscimo patrimonial, em caso de enriquecimento ilícito (art. 12, I);

b) até duas vezes o valor do dano em prejuízo ao erário (art. 12, II);

c) até cem vezes o valor da remuneração percebida pelo agente que praticou o ato de improbidade administrativa (art. 12, III).

Ora, valor da multa na Lei nº 12.846/13 é deveras expressivo, chegando a patamares realmente elevados se o faturamento bruto da empresa que pratica o ilícito for de monta.[173]

No caso de não ser possível utilizar o critério do valor do faturamento bruto (suponha-se uma empresa recém-criada, ou que não mantenha contabilidade ou que seja de fato), a multa será calculada com base no § 4º:

> Art. 6º [...]
>
> § 4º Na hipótese do inciso I do *caput*, caso não seja possível utilizar o critério do valor do faturamento bruto da pessoa jurídica, a multa será de R$ 6.000,00 (seis mil reais) a R$ 60.000.000,00 (sessenta milhões de reais).[174]

A variação de 0,1% a 20% do faturamento bruto da empresa (art. 6º, I) ou de R$ 6.000,00 a R$ 60.000.000,00 (art. 6º, § 4º) padece

[173] Que tal disparate na Lei Anticorrupção não sirva para estimular a prática de ato de improbidade administrativa, ao invés do ilícito nela previsto...

[174] Recorde-se da inconstitucionalidade dessas multas, em face da distância entre seu mínimo e máximo. Vale a citação já feita de BANDEIRA DE MELLO. *Curso de direito administrativo*, p. 871.

do vício de *inconstitucionalidade* e, pois, são normas nulas, como visto anteriormente.

Em linha com o princípio da segurança jurídica e visando estabelecer interpretação uniforme e isonômica acerca do conceito de "faturamento bruto" a que alude o inciso I do artigo 6º da Lei Anticorrupção, a Controladoria-Geral da União – CGU expediu a Instrução Normativa nº 01, de 7 de abril de 2015, por meio da qual determinou, em seu artigo 1º, que "faturamento bruto" corresponde ao conceito de *receita bruta* a que alude o artigo 12 do Decreto-Lei nº 1.598/77, que dispõe sobre o imposto sobre a renda. Esse Decreto-Lei foi alterado pela Lei nº 12.973, de 2014, que passou a ter a seguinte redação:

> Art. 12. A receita bruta compreende:
>
> I – o produto da venda de bens nas operações de conta própria;
>
> II – o preço da prestação de serviços em geral;
>
> III – o resultado auferido nas operações de conta alheia; e
>
> IV – as receitas da atividade ou objeto principal da pessoa jurídica não compreendidas nos incisos I a III.
>
> § 1º A receita líquida será a receita bruta diminuída de:
>
> I – devoluções e vendas canceladas;
>
> II – descontos concedidos incondicionalmente;
>
> III – tributos sobre ela incidentes; e
>
> IV – valores decorrentes do ajuste a valor presente, de que trata o inciso VIII do *caput* do art. 183 da Lei nº 6.404, de 15 de dezembro de 1976, das operações vinculadas à receita bruta.

Por fim, remarque-se que o DECRETO tratou de instituir um complexo sistema para a fixação do valor da multa a partir de seu art. 17, já mencionado anteriormente.

9.1.2 Publicação extraordinária da decisão condenatória

O inciso II do art. 6º ainda prevê a sanção consistente em publicação extraordinária da decisão condenatória, que o § 5º explicita o que seja:

> Art. 6º [...]
>
> § 5º A publicação extraordinária da decisão condenatória ocorrerá na forma de extrato de sentença, a expensas da pessoa jurídica, em meios de comunicação de grande circulação na área da prática da infração e de atuação da pessoa jurídica ou, na sua falta, em publicação de circulação nacional, bem como por meio de afixação de edital, pelo prazo mínimo de 30 (trinta) dias, no próprio estabelecimento ou no local de exercício da atividade, de modo visível ao público, e no sítio eletrônico na rede mundial de computadores.

A redação da LEI praticamente se repete no DECRETO, não tendo havido qualquer inovação em relação a procedimentos ou a própria dosimetria da utilização desta pena:

> Art. 24. A pessoa jurídica sancionada administrativamente pela prática de atos lesivos contra a administração pública, nos termos da Lei nº 12.846, de 2013, publicará a decisão administrativa sancionadora na forma de extrato de sentença, cumulativamente:
>
> I – em meio de comunicação de grande circulação na área da prática da infração e de atuação da pessoa jurídica ou, na sua falta, em publicação de circulação nacional;
>
> II – em edital afixado no próprio estabelecimento ou no local de exercício da atividade, em localidade que permita a visibilidade pelo público, pelo prazo mínimo de trinta dias; e
>
> III – em seu sítio eletrônico, pelo prazo de trinta dias e em destaque na página principal do referido sítio.
>
> Parágrafo único. A publicação a que se refere o *caput* será feita a expensas da pessoa jurídica sancionada.

O objetivo claro é o de dar ampla divulgação do teor da sentença condenatória e ao próprio fato da condenação. Ainda assim, esta sanção é de constitucionalidade duvidosa, pois expressa potencial caráter de pessoalidade que atenta contra o princípio da *patrimonialidade* das sanções de natureza civil, conforme se extrai da interpretação conjunta dos incisos XLV e LXVII do artigo 5º do Texto Maior.[175]

As penalidades civis, desde que o Direito evoluiu do modelo romano, em que a liberdade física do devedor poderia ser tomada para o pagamento de uma dívida, deixam de ser focadas no castigo corporal e na aflição psicológica do sujeito que pratica a conduta para se abaterem sobre o patrimônio de quem comete o ato ilícito. Naturalmente, esse conceito não se aplica às penas de natureza estritamente criminal, que também evoluíram dos castigos físicos dos tempos antigos e da pena de morte (ainda mantida em algumas legislações) para a privação de liberdade que vigora entre nós atualmente, sem embargo dos mecanismos alternativos de cumprimento da pena, como prestação de serviços à comunidade e outros previstos na legislação penal em vigor.

Importante ainda mencionar a vedação expressa a penas que importam castigos físicos penosos e cruéis, como estabelece o inciso XLVII do citado artigo 5º, cujo teor vale transcrever:

> Art. 5º [...]
>
> XLVII não haverá penas:
>
> a) de morte, salvo em caso de guerra declarada, nos termos do art. 84, XIX;
>
> b) de caráter perpétuo;
>
> c) de trabalhos forçados;
>
> d) de banimento;
>
> e) cruéis.

---

175 Art. 5º [...] XLV – nenhuma pena passará da pessoa do condenado, podendo a obrigação de reparar o dano e a decretação do perdimento de bens ser, nos termos da lei, estendidas aos sucessores e contra eles executadas, até o limite do valor do patrimônio transferido; [...] LXVII – não haverá prisão civil por dívida, salvo a do responsável pelo inadimplemento voluntário e inescusável de obrigação alimentícia e a do depositário infiel.

A finalidade da pena na ordem constitucional vigente, portanto, é a de criar um forte incentivo negativo ou desestímulo para que as pessoas não pratiquem atos ilícitos, que perturbam a convivência social e impedem que as pessoas vivam em paz.

Também é de se ponderar que, pelos princípios da publicidade e da impessoalidade, todas as decisões tomadas pelos agentes do Estado em sentido amplíssimo (sejam agentes do Poder Executivo a investigar a prática de ato de corrupção, seja o Poder Judiciário a condenar o devedor a pagar indenização devida em função, por exemplo, de um acidente de trânsito) devem ser publicadas, para que a sociedade tenha conhecimento de que aquele sujeito foi repreendido pela conduta.

Nesse contexto, a pena de *publicação extraordinária* não passa de uma potencial excrescência, cujo único propósito há de ser, muito mais que dar publicidade, atingir de forma contundente a honra da pessoa jurídica, para lhe causar verdadeira associação à imagem de "corrupta", sobretudo considerando que, pelos princípios e regras gerais do processo, a decisão do processo administrativo sancionador já deveria ser publicada.

Mas, a Lei Anticorrupção vai além. Parece pretender manchar a imagem da empresa punida por meio da superexposição da decisão que reconhece a prática do ato, e isso se vê pelo período de divulgação exigido pela LEI e pelo DECRETO.

Seria possível descrever uma analogia com um castigo muito comum no processo pedagógico nos idos do século XIX e início do século XX, em que a criança "levada", ou seja, transgressora de determinadas normas de conduta social então vigentes, era isolada do resto da sala de aula e devia vestir um "chapéu de burro". Isso tudo com o propósito de causar mal-estar psicológico sem qualquer preocupação legítima com o caráter verdadeiramente pedagógico da sanção.

E, por mais que as pessoas jurídicas gozem apenas de honra objetiva, fato é que a divulgação massiva deste tipo de informação, como parece ser o propósito esposado pela descrição dada pelo § 5º, tem o potencial de causar enormes prejuízos à pessoa jurídica infratora, em descomunal desproporcionalidade em relação aos prejuízos que esta, eventualmente, tenha causado ao Poder Público, ao praticar qualquer das condutas reprimidas por esta Lei.

É que o efeito de superexposição da pessoa jurídica pretendido pela Lei tem o potencial de causar dano efetivamente irreparável à imagem da empresa punida, e a imagem ou a marca da pessoa jurídica é um dos ativos mais inestimáveis, de mais difícil consolidação e que com mais facilidade pode ruir em caso de notícias que lhe atribuam valores negativos.

Sem embargo de que a prática de um ato de corrupção possa conduzir à dissolução compulsória da pessoa jurídica, caso em que essa pena seria o menor dos problemas, é de se presumir que, na maioria das vezes, não se chegará à dissolução, sendo que, nesses casos, a publicação extraordinária poderá causar, de maneira oblíqua, essa pena.

E tudo isso poderia, em tese, ocorrer mesmo quando eventual ato de corrupção tivesse pequena expressão em termos de dano ao erário ou aos princípios que regem a atuação da Administração.

Em razão dessas considerações, sob o prisma constitucional, essa pena extrapola o princípio da patrimonialidade da sanção civil, além de ter potencialidade para alcançar características de crueldade, típica das penas vedadas expressamente pela Constituição Federal.

No plano infraconstitucional, por sua vez, a pena não tem utilidade alguma na medida em que, por força do princípio da publicidade, todas as decisões administrativas e judiciais devem ser publicadas, mas não com o propósito de causar superexposição subjetiva do apenado, mas, apenas e tão somente, dar conhecimento ao réu e à sociedade da aplicação das penas cabíveis. Vale dizer: representa um *bis in idem* a ser evitado – desnecessária e desproporcional sanção.

Sempre atuais, a propósito dessa questão, as palavras de Carlos Maximiliano:

> Resulta imperfeita a obra legislativa; porque as Câmaras funcionam com intermitência, deliberam às pressas, e não atendem somente aos ditames da sabedoria. Preocupam-se, de preferência, com alguns tópicos; fixado o acordo sobre esses, deixam passar sem exame sério os restantes: descuram do fundo, e talvez mais da forma, que é a base da interpretação pelo processo filológico. Daí resultam deslizes que não se corrigem, nem descobrem sequer, mediante o emprego do elemento gramatical: imprecisão dos termos, mau emprego dos tempos dos verbos; uso do número singular pelo plural, e vice-versa, ou de um gênero para abranger os dois; de termos absolutos em sentido relativo e o contrário – o relativo pelo absoluto; palavras sem significação própria, portanto inúteis; textos falhos lacunosos, incompletos; outros inaplicáveis contrários à realidade, ou prenhes de ambiguidade.[176]

Portanto, não há como reconhecer validade jurídica ou legitimidade à pena de *publicação extraordinária* da decisão condenatória, já que ela não é compatível, acima de tudo, com os valores adotados pela Constituição Federal relativamente ao caráter estritamente objetivo e patrimonial das penas de natureza civil.

---

[176] *Hermenêutica e aplicação do direito.* 19. ed. 12 tiragem. Rio de Janeiro: Forense, 2007. p. 97.

Capítulo 10

CADASTRO NACIONAL DE EMPRESAS PUNIDAS – CNEP CADASTRO NACIONAL DE EMPRESAS INIDÔNEAS E SUSPENSAS – CEIS

10.1 CADASTRO NACIONAL DE EMPRESAS PUNIDAS – CNEP

A Lei nº 12.846/13 criou o Cadastro Nacional de Empresas Punidas – CNEP, que funcionará como verdadeiro Serviço de Proteção ao Crédito:

> Art. 22. Fica criado no âmbito do Poder Executivo federal o Cadastro Nacional de Empresas Punidas – CNEP, que reunirá e dará publicidade às sanções aplicadas pelos órgãos ou entidades dos Poderes Executivo, Legislativo e Judiciário de todas as esferas de governo com base nesta Lei.
>
> § 1º Os órgãos e entidades referidos no *caput* deverão informar e manter atualizados, no CNEP, os dados relativos às sanções por eles aplicadas.
>
> § 2º O CNEP conterá, entre outras, as seguintes informações acerca das sanções aplicadas:

> I – razão social e número de inscrição da pessoa jurídica ou entidade no Cadastro Nacional da Pessoa Jurídica – CNPJ;
>
> II – tipo de sanção; e
>
> III – data de aplicação e data final da vigência do efeito limitador ou impeditivo da sanção, quando for o caso.
>
> § 3º As autoridades competentes, para celebrarem acordos de leniência previstos nesta Lei, também deverão prestar e manter atualizadas no CNEP, após a efetivação do respectivo acordo, as informações acerca do acordo de leniência celebrado, salvo se esse procedimento vier a causar prejuízo às investigações e ao processo administrativo.
>
> § 4º Caso a pessoa jurídica não cumpra os termos do acordo de leniência, além das informações previstas no § 3º, deverá ser incluída no CNEP referência ao respectivo descumprimento.
>
> § 5º Os registros das sanções e acordos de leniência serão excluídos depois de decorrido o prazo previamente estabelecido no ato sancionador ou do cumprimento integral do acordo de leniência e da reparação do eventual dano causado, mediante solicitação do órgão ou entidade sancionadora.

A razão do CNEP é a de dar ampla publicidade a respeito das empresas que tenham celebrado acordo de leniência ou que tenham sido condenadas pela prática de ato lesivo à Administração Pública:

> Art. 23. Os órgãos ou entidades dos Poderes Executivo, Legislativo e Judiciário de todas as esferas de governo deverão informar e manter atualizados, para fins de publicidade, no Cadastro Nacional de Empresas Inidôneas e Suspensas – CEIS, de caráter público, instituído no âmbito do Poder Executivo federal, os dados relativos às sanções por eles aplicadas, nos termos do disposto nos arts. 87 e 88 da Lei nº 8.666, de 21 de junho de 1993.

Esta disposição parece estar em consonância com as demais normas e preceitos, ao contrário da pena de publicação extraordinária da sanção.

A inscrição de informações em ambos os cadastros foi objeto de disciplina pela recente Instrução Normativa nº 2, de 7 de abril de 2015, da Controladoria-Geral da União.

Vale destacar o disposto no *caput* do artigo 6º, que determina que os órgãos e entidades dos Poderes Executivo, Legislativo e Judiciário de cada uma das esferas de governo registrarão e manterão atualizada, conceito que evidencia que não se trata de faculdade, para os demais entes federados que não a União, a alimentação deste Cadastro com informações.

O mesmo artigo 6º comanda que sejam inscritas todas as penas aplicadas com fundamento na Lei Anticorrupção, bem como nas normas acerca de licitações e contratos, além de criar uma faculdade não mencionada na Lei: a de serem registradas sanções de natureza não administrativa que impliquem restrição ao direito de participar de licitações públicas, bem como das penas aplicadas por organismos internacionais, ambas conforme consta dos incisos I e II do parágrafo único do artigo em comento.[177]

---

[177] Art. 6º Para fins do disposto no art. 23 da Lei nº 12.846, de 2013, os órgãos e entidades dos Poderes Executivo, Legislativo e Judiciário de cada uma das esferas de governo registrarão e manterão atualizadas, no CEIS, informações relativas a todas as sanções administrativas por eles impostas a pessoas físicas ou jurídicas que impliquem restrição ao direito de participar em licitações ou de celebrar contratos com a Administração Pública, como: I – suspensão temporária de participação em licitação e impedimento de contratar com a Administração, conforme disposto no art. 87, inciso III, da Lei nº 8.666, de 1993; II – declaração de inidoneidade para licitar ou contratar com a Administração Pública, conforme disposto no art. 87, inciso IV, da Lei nº 8.666, de 1993; III – impedimento de licitar e contratar com a União, Estados, Distrito Federal ou Municípios, conforme disposto no art. 7º da Lei nº 10.520, de 2002; IV – impedimento de licitar e contratar com a União, Estados, Distrito Federal ou Municípios, conforme disposto no art. 47 da Lei nº 12.462, de 2011; V – declaração de inidoneidade para licitar ou contratar com a Administração Pública, conforme disposto no art. 33, inciso V, da Lei nº 12.527, de 2011; e VI – suspensão temporária de participação em licitação e impedimento de contratar com a Administração, conforme disposto no art. 33, inciso IV, da Lei nº 12.527, de 2011. Parágrafo único. Poderão também ser registradas no CEIS sanções: I – que impliquem restrição ao direito de participar em licitações ou de celebrar contratos com a Administração Pública, ainda que não sejam de natureza administrativa; e II – aplicadas por organismos internacionais, agências oficiais de cooperação estrangeira ou organismos financeiros multilaterais de que o Brasil seja parte, que limitem o direito de pessoas físicas e jurídicas celebrarem contratos financiados com recursos daquelas organizações, nos termos de acordos, protocolos, convenções ou tratados internacionais aprovados pelo Congresso Nacional.

O DECRETO, a seu turno, assim estatui quanto ao § 2º do art. 22 da LEI, que cuida das informações que conterá o CNEP, acerca das sanções aplicadas:

> Art. 45. O Cadastro Nacional de Empresas Punidas – CNEP conterá informações referentes:
>
> I – às sanções impostas com fundamento na Lei nº 12.846, de 2013; e
>
> II – ao descumprimento de acordo de leniência celebrado com fundamento na Lei nº 12.846, de 2013.
>
> Parágrafo único. As informações sobre os acordos de leniência celebrados com fundamento na Lei nº 12.846, de 2013, serão registradas no CNEP após a celebração do acordo, exceto se causar prejuízo às investigações ou ao processo administrativo.

10.2 CADASTRO NACIONAL DE EMPRESAS INIDÔNEAS E SUSPENSAS - CEIS

Se a LEI criou o CNEP, o DECRETO criou o CEIS – Cadastro Nacional de Empresas Inidôneas e Suspensas:

> Art. 43. O Cadastro Nacional de Empresas Inidôneas e Suspensas – CEIS conterá informações referentes às sanções administrativas impostas a pessoas físicas ou jurídicas que impliquem restrição ao direito de participar de licitações ou de celebrar contratos com a administração pública de qualquer esfera federativa, entre as quais:
>
> I – suspensão temporária de participação em licitação e impedimento de contratar com a administração pública, conforme disposto no inciso III do *caput* do art. 87 da Lei nº 8.666, de 1993;
>
> II – declaração de inidoneidade para licitar ou contratar com a administração pública, conforme disposto no inciso IV do *caput* do art. 87 da Lei nº 8.666, de 1993;
>
> III – impedimento de licitar e contratar com União, Estados, Distrito Federal ou Municípios, conforme disposto no art. 7º da Lei nº 10.520, de 17 de julho de 2002;

> IV – impedimento de licitar e contratar com a União, Estados, Distrito Federal ou Municípios, conforme disposto no art. 47 da Lei nº 12.462, de 4 de agosto de 2011;
>
> V – suspensão temporária de participação em licitação e impedimento de contratar com a administração pública, conforme disposto no inciso IV do *caput* do art. 33 da Lei nº 12.527, de 18 de novembro de 2011; e
>
> VI – declaração de inidoneidade para licitar ou contratar com a administração pública, conforme disposto no inciso V do *caput* do art. 33 da Lei nº 12.527, de 2011.

O art. 44 do DECRETO ainda faculta o registro de outras sanções no CEIS, "que impliquem restrição ao direito de participar em licitações ou de celebrar contratos com a Administração Pública, ainda que não sejam de natureza administrativa".

Por fim, o art. 46 do DECRETO aponta outras informações que devem constar tanto do CNEP como do CEIS:

> Art. 46. Constarão do CEIS e do CNEP, sem prejuízo de outros a serem estabelecidos pela Controladoria-Geral da União, dados e informações referentes a:
>
> I – nome ou razão social da pessoa física ou jurídica sancionada;
>
> II – número de inscrição da pessoa jurídica no Cadastro Nacional da Pessoa Jurídica – CNPJ ou da pessoa física no Cadastro de Pessoas Físicas – CPF;
>
> III – tipo de sanção;
>
> IV – fundamentação legal da sanção;
>
> V – número do processo no qual foi fundamentada a sanção;
>
> VI – data de início de vigência do efeito limitador ou impeditivo da sanção ou data de aplicação da sanção;
>
> VII – data final do efeito limitador ou impeditivo da sanção, quando couber;
>
> VIII – nome do órgão ou entidade sancionador; e
>
> IX – valor da multa, quando couber.

Como se vê, tanto a LEI como o DECRETO revelam o desejo de publicidade a respeito das empresas infratoras, de modo que nenhum órgão público do País poderá alegar ignorância a respeito das restrições a elas impostas.

Mas, o fornecimento dessas informações ficará a cargo da Controladoria-Geral da União – CGU:

> Art. 48. O fornecimento dos dados e informações de que tratam os art. 43 a art. 46, pelos órgãos e entidades dos Poderes Executivo, Legislativo e Judiciário de cada uma das esferas de governo, será disciplinado pela Controladoria-Geral da União.

10.3 EXCLUSÃO DOS DADOS E INFORMAÇÕES DO CEIS E DO CNEP

Todavia, as informações constantes dos Cadastros criados pela LEI e pelo DECRETO não devem ficar registradas para sempre.

O art. 47 do DECRETO cuida da matéria:

> Art. 47. A exclusão dos dados e informações constantes do CEIS ou do CNEP se dará:
>
> I – com fim do prazo do efeito limitador ou impeditivo da sanção; ou
>
> II – mediante requerimento da pessoa jurídica interessada, após cumpridos os seguintes requisitos, quando aplicáveis:
>
> a) publicação da decisão de reabilitação da pessoa jurídica sancionada, nas hipóteses dos incisos II e VI do *caput* do art. 43;
>
> b) cumprimento integral do acordo de leniência;
>
> c) reparação do dano causado; ou
>
> d) quitação da multa aplicada.

CAPÍTULO 11

DA PRESCRIÇÃO

11.1 DA PRESCRIÇÃO

Os atos lesivos à Administração Pública previstos na Lei nº 12.846/13 terão sua prescrição em cinco anos, que são contados a partir da ciência da infração pelo Poder Público e, no caso de se cuidar de infração continuada, no dia em que cessou – mas o prazo prescricional será interrompido com a instauração do processo administrativo ou judicial:

> Art. 25. Prescrevem em 05 (cinco) anos as infrações previstas nesta Lei, contados da data da ciência da infração ou, no caso de infração permanente ou continuada, do dia em que tiver cessado.
>
> Parágrafo único. Na esfera administrativa ou judicial, a prescrição será interrompida com a instauração de processo que tenha por objeto a apuração da infração.

A prescrição é emanação do princípio da segurança jurídica, pois se determinadas situações de fato não pudessem se perenizar, haveria grande caos na sociedade. A prescrição atinge o direito de ação.[178]

---

[178] Enquanto a decadência, instituto afim, atinge o próprio direito.

11.2 A PRESCRITIBILIDADE DA AÇÃO VISANDO AO RESSARCIMENTO DO ERÁRIO

Boa parte da doutrina e da jurisprudência, examinando com pouca profundidade a questão da prescritibilidade da ação que visa ao ressarcimento do dano ao erário, busca fundamento para havê-la por imprescritível no § 5º do art. 37 da Constituição Federal, *verbis*:

> § 5º A lei estabelecerá os prazos de prescrição para ilícitos praticados por qualquer agente, servidor ou não, que causem prejuízo ao erário, ressalvadas as respectivas ações de ressarcimento.

Para começar, uma interpretação literal poderia sugerir que o ato ilícito que *não venha a causar dano ao erário* (e isso pode ocorrer quando há enriquecimento ilícito e com os atos de improbidade administrativa do art. 11 da Lei nº 8.429/92) *seria imprescritível* – pois a norma determina o estabelecimento de prazo prescricional para os agentes "*que causem prejuízo ao erário*". Mas, obviamente, esta seria uma intolerável e absurda conclusão, que tornaria o ato mais grave prescritível e o menos grave imprescritível.

Da mesma forma a norma não estabeleceu, em sua dicção expressa, a *imprescritibilidade da ação que busca o ressarcimento* – e sempre que essa foi a intenção do constituinte, por se tratar de exceção *excepcionalíssima* (permita-se o pleonasmo) à regra geral da prescritibilidade – ele o afirmou com *todas as letras*, estatuindo que aquela situação jurídica é imprescritível. E isso ocorre nas únicas três hipóteses constitucionais:

> Art. 5º [...]
>
> XLII – a prática do racismo constitui crime inafiançável e **imprescritível**, sujeito à pena de reclusão, nos termos da lei; [...]
>
> XLIV – constitui crime inafiançável e **imprescritível** a ação de grupos armados, civis ou militares, contra a ordem constitucional e o Estado Democrático; [...]
>
> Art. 231. São reconhecidos aos índios sua organização social, costumes, línguas, crenças e tradições, e os direitos originários sobre as terras que tradicionalmente ocupam, competindo à União demarcá-las, proteger e fazer respeitar todos os seus bens.
>
> § 4º As terras de que trata este artigo são inalienáveis e indisponíveis, e os direitos sobre elas, **imprescritíveis**.

A única conclusão válida, portanto, que dessas disposições constitucionais se pode extrair é a de que o constituinte *não quis atrelar o prazo prescricional do ressarcimento do erário ao prazo prescricional das ações por ato de improbidade administrativa ou para as ações por ato lesivo à Administração Pública*, ***mas nunca considerar a ação de ressarcimento imprescritível***.

Escrevendo sobre o tema, Celso Antônio Bandeira de Mello, após rememorar que anteriormente entendia que a ação de ressarcimento era imprescritível (entendimento que, segundo ele, aderia "com evidente desconforto, por ser óbvio o desacerto de tal solução normativa"), assevera que: "não mais aderimos a tal desabrida intelecção".

Entende o insigne publicista que a imprescritibilidade "restaria consagrada a minimização ou eliminação prática do direito de defesa daquele a quem se houvesse increpado dano ao erário, pois ninguém guarda documentação que lhe seja necessária além de um prazo razoável, de regra não demasiadamente longo. De fato, o Poder Público pode manter em seus arquivos, por período de tempo longuíssimo, elementos prestantes para brandir suas increpações contra terceiros, mas o mesmo não sucede com estes, que terminariam inermes perante arguições desfavoráveis que se lhes fizesse".[179]

Prossegue o insigne Professor:

> Não é crível que a Constituição possa abonar resultados tão radicalmente adversos aos princípios que adota no que concerne ao direito de defesa. Dessarte, se a isto se agrega que quando quis estabelecer a imprescritibilidade, a Constituição o fez expressamente, como no art. 5º, incisos LII e LXIV (crimes de racismo e ação armada contra a ordem constitucional) – e sempre em matéria penal, que, bem por isso, não se eterniza, pois não ultrapassa uma vida –, ainda mais se robustece a tese adversa à imprescritibilidade. Eis, pois, que reformamos nosso anterior entendimento na matéria".

---

[179] *In: Curso de Direito Administrativo*. 31. ed. São Paulo: Malheiros. p. 1083.

A seguir, passa a concluir como fizemos acima, no sentido de que o texto quis estabelecer e separar os prazos prescricionais dos atos ilícitos e da ação de ressarcimento.

A matéria aqui examinada é declarável *ex officio* pelo Juiz, nos precisos termos do § 5º do art. 219 do Código de Processo Civil, cabendo-lhe julgar a ação improcedente de plano (art. 269, IV).

O prazo prescricional para as ações de ressarcimento, enquanto não vier à luz uma legislação específica, subordina-se àquele previsto na Lei Anticorrupção – cinco anos (art. 25).

O entendimento ora exposto não é pacífico.

Vale a pena abordar caso examinado pelo Supremo Tribunal Federal.

11.3 A POSIÇÃO DO SUPREMO TRIBUNAL FEDERAL

A matéria foi apreciada pelo STF em decisão plenária de recurso extraordinário de repercussão geral, em ação por ato de improbidade administrativa que dizia respeito a um ex-prefeito, dois servidores públicos municipais e um contador, por venda de dois veículos a preços inferiores aos de mercado. Os atos ilícitos ocorreram em 1995 e a ação foi ajuizada pelo Ministério Público Paulista em julho de 2001. Foi pleiteado o ressarcimento do erário. O Tribunal de Justiça de São Paulo reconheceu a **prescrição** quanto aos servidores.

Daí a interposição de recurso extraordinário pelo Ministério Público, ao qual foi atribuída a repercussão geral, recebendo o número 852475.

Eis o teor da decisão:

> O Tribunal, por maioria, apreciando o tema 897 da repercussão geral, deu parcial provimento ao recurso **para afastar a prescrição da sanção de ressarcimento** e determinar o retorno dos autos ao tribunal recorrido para que, superada a preliminar de mérito pela imprescritibilidade das ações de ressarcimento

por improbidade administrativa, aprecie o mérito apenas quanto à pretensão de ressarcimento.

Vencidos os Ministros Alexandre de Moraes (Relator), Dias Toffoli, Ricardo Lewandowski, Gilmar Mendes e Marco Aurélio.

Em seguida, o Tribunal fixou a seguinte tese:

"São imprescritíveis as ações de ressarcimento ao erário fundadas na prática de ato doloso tipificado na Lei de Improbidade Administrativa".

Vencido o Ministro Marco Aurélio. Redigirá o acórdão o Ministro Edson Fachin.

Nesta assentada, reajustaram seus votos, para acompanhar a divergência pelo Ministro Edson Fachin, os Ministros Luiz Fux e Roberto Barroso. Presidiu o julgamento a Ministra Cármen Lúcia. Plenário, 8.8.2018.

Na exposição de seu voto, o Relator Ministro Alexandre de Morais disse que: "A questão aqui transcende a discussão de prazos. Tem a ver com ampla defesa e, sobretudo, a absoluta comprovação que a Constituição exige para a condenação por improbidade administrativa. A sanção só pode ser imposta depois de comprovado o dolo ou a culpa".[180]

Porém logo em seguida, o Ministro Luiz Edson Fachin, primeiro a votar depois do relator, foi o primeiro a divergir: a devolução de valores desviados dos cofres públicos não pode prescrever. "O Poder Constituinte originário houve por bem escolher a compreensão de que a coisa pública não pode ser tratada com desdém".

Adotaram esse posicionamento as Ministras Rosa Weber e Cármen, acompanhadas também pelo Ministro Celso de Mello.

Vencia a tese da prescritibilidade, mas a sessão foi interrompida.

---

[180] Aqui uma primeira divergência nossa: a norma que prevê o ato ou omissão culposa é inconstitucional. V. Capítulo especial sobre o tema, nesta obra.

Na continuidade, os ministros Luiz Fux e Roberto Barroso mudaram de posição e passaram a votar pela imprescritibilidade. Este último afirmou que: "É preciso entender que o ressarcimento ao erário não é sanção. Devolver o que não deveria ter tomado, não é sanção".[181]

Argumentou-se, ainda, com valores de condenações por ressarcimento.

Não pretendemos examinar todos os argumentos do acórdão. Mas, achamos que nossa posição, *data maxima venia*, é juridicamente mais sustentável.

[181] Também não concordamos com essa tese. As regras jurídicas são dotadas de sanção, que é a consequência da prática do ato ilícito. Nem mesmo o argumento seguinte, dos valores, pode interferir numa tese jurídica.

Capítulo 12

QUESTÕES FINAIS

12.1 DEMAIS LEGISLAÇÕES APLICÁVEIS E NÃO COLIDENTES COM A LEI Nº 12.846/13

A Lei nº 12.846/13 busca ressalvar outras legislações que se mantêm vigentes:

> Art. 29. O disposto nesta Lei não exclui as competências do Conselho Administrativo de Defesa Econômica, do Ministério da Justiça e do Ministério da Fazenda para processar e julgar fato que constitua infração à ordem econômica.
>
> Art. 30. A aplicação das sanções previstas nesta Lei não afeta os processos de responsabilização e aplicação de penalidades decorrentes de:
>
> I – ato de improbidade administrativa nos termos da Lei nº 8.429, de 2 de junho de 1992; e
>
> II – atos ilícitos alcançados pela Lei nº 8.666, de 21 de junho de 1993, ou outras normas de licitações e contratos da Administração Pública, inclusive no tocante ao Regime Diferenciado de Contratações Públicas – RDC instituído pela Lei nº 12.462, de 4 de agosto de 2011.

Tal disposição seria despicienda, uma vez que é preceito elementar de Direito que as normas especiais não derrogam normas gerais e, de outro lado, não derrogam outras normas especiais que dispõem sobre outros objetos, a menos que conste cláusula de revogação expressa.

Nada obstante, parece ser medida de respeito à segurança jurídica esclarecer todas as situações em que normas de conteúdo restritivo de direitos possam incidir.

12.2 *VACATIO LEGIS*

A contar de sua publicação, no *Diário Oficial da União*, de 2 de agosto de 2013, a Lei nº 12.846/13 previu um período de *vacatio legis* de 180 dias:

> Art. 31. Esta Lei entra em vigor 180 (cento e oitenta) dias após a data de sua publicação.

É sempre relevante destacar que, de acordo com o art. 8º, § 2º, da Lei Complementar nº 95/98, a contagem do prazo de vacância das normas jurídicas se dá pela sua consumação integral, ou seja, ela somente entrará em vigor no dia seguinte ao último dia da contagem.[182]

Portanto, considerando que a contagem do prazo de vacância das normas jurídicas é regulada por norma especial, contam-se desde o dia 2 de agosto, incluído este na contagem, até o dia 28 de janeiro de 2014, que corresponde ao centésimo octogésimo dia da contagem. Deste modo, a Lei está em pleno vigor a partir do dia 29 de janeiro de 2014.

Somente a partir de então será aplicável, dado o princípio constitucional da irretroatividade da lei.

---

182 Art. 8º A vigência da lei será indicada de forma expressa e de modo a contemplar prazo razoável para que dela se tenha amplo conhecimento, reservada a cláusula "entra em vigor na data de sua publicação" para as leis de pequena repercussão. § 1º A contagem do prazo para entrada em vigor das leis que estabeleçam período de vacância far-se-á com a inclusão da data da publicação e do último dia do prazo, entrando em vigor no dia subsequente à sua consumação integral.

REFERÊNCIAS BIBLIOGRÁFICAS

BANDEIRA DE MELLO, Celso Antônio. *Curso de direito administrativo*. 30. ed. São Paulo: Malheiros, 2013.

BASTOS, Celso Ribeiro; MARTINS, Ives Gandra da Silva. *Comentários à Constituição do Brasil:* promulgada em 05 de outubro de 1988. 2. ed. São Paulo: Saraiva, 2000. v. 8.

_______. *Comentários à Constituição do Brasil:* promulgada em 05 de outubro de 1988. 3. ed. São Paulo, 2004. v. 2.

CALAMANDREI, Piero. *Opere giuridiche*. Napoli: Morano, 1970. v. 4.

CHIOVENDA, Giuseppe. *Istituzioni di diritto processuale civile*. 2. ed. Napoli: E. Jovene, 1960. v. 1.

_______. *Principii di diritto processuale civile: le azioni, il processo di cognizione*. Napoli: E. Jovene, 1965.

DAL POZZO, Antonio Araldo Ferraz. *Teoria geral de direito processual civil*. Belo Horizonte: Fórum, 2013.

DIAS, José de Aguiar. *Da responsabilidade civil*. 11. ed. Rio de Janeiro: Renovar, 2006.

GRECO FILHO, Vicente. *Interceptação telefônica:* considerações sobre a Lei nº 9.296, de 24 de julho de 1996. 2. ed. São Paulo: Saraiva, 2005.

GORDILLO, Agustín. *Tratado de derecho administrativo y obras seletas.* Tomo I, Parte General. 11. ed. Buenos Aires: F.D.A., 2013. PP. wI-29/I-30.

JUSTEN FILHO, Marçal. *Comentários à Lei de Licitações e Contratos Administrativos.* 15. ed. São Paulo: Dialética, 2012.

LIEBMAN, Enrico Tullio. *Manuale di diritto processuale civile: principi.* 7. ed. Milano: Giuffrè, 2007.

LIVIABU, Roberto. *Corrupção, incluindo a nova lei anticorrupção.* 2. ed. São Paulo: Quartier Latin, 2014.

MAXIMILIANO, Carlos. *Hermenêutica e aplicação do direito.* 19. ed. 12 tiragem. Rio de Janeiro: Forense, 2007.

MEIRELLES, Hely Lopes. *Direito administrativo brasileiro.* 33. ed. São Paulo: Malheiros, 2007.

MIRABETE, Júlio Fabbrini; FABBRINI, Renato N. *Manual de direito penal.* 24. ed. São Paulo: Atlas, 2007. v. 1.

MONTEIRO, Washington de Barros. *Curso de direito civil.* 35. ed. São Paulo: Saraiva, 2007. v. 5.

NOTARI, Marcio Bonini. As convenções internacionais ratificadas pelo Brasil no combate à corrupção. *Revista de Direito Internacional e Globalização Econômica.* vol 1, n. 1, jan./jun. 2017, p. 60-77.

PELUSO, Antonio Cezar (Coord.). *Código Civil comentado:* doutrina e jurisprudência. 6. ed. Barueri: Manole, 2012.

PEREIRA, Caio Mário da Silva. *Instituições de direito civil.* 11. ed. Rio de Janeiro: Forense, 2003. v. 3.

_______. *Instituições de direito civil.* 20. ed. Rio de Janeiro: Forense, 2003. v. 1.

RENNA, Mauro; SAITTA, Fabio (Dir.). *Studi sui principi del diritto amministrativo.* Milano: Giuffrè, 2012.

RODRIGUES, Silvio. *Direito civil.* 34. ed. São Paulo: Saraiva, 2003. v. 1.

SILVA, José Afonso da. *Comentário contextual à Constituição.* 8. ed. São Paulo: Malheiros, 2012.

STOCO, Rui. *Tratado de responsabilidade civil:* doutrina e jurisprudência. 8. ed. São Paulo: Revista dos Tribunais, 2011.

TARZIA, Giuseppe. *Lineamenti del processo civile de cognizione.* 2. ed. Milano: Giuffrè, 2002.

TOURINHO FILHO, Fernando da Costa. *Manual de processo penal.* 16. ed. São Paulo: Saraiva, 2013.

VALBUENA HERNÁNDEZ, Gabriel. *La defraudación de la confianza legítima: aproximación crítica desde la teoría de la responsabilidad del Estado.* Bogotá: Universidad Externado de Colombia, 2008.

NOTAS

NOTAS

NOTAS

NOTAS

NOTAS

A Editora Contracorrente se preocupa com todos os detalhes de suas obras!
Aos curiosos, informamos que este livro foi impresso no mês de abril
de 2019, em papel Pólen Soft, pela Gráfica Rettec.